박물관의 정치학

국립중앙도서관 출판시 도서목록(CIP)

박물관의 정치학 / 가네코 아쓰시 지음 ;
박광현, 손지연, 정종현, 허병식 옮김.
서울 : 논형, 2009 (일본근대스펙트럼 ; 9)

원표제: 博物館の政治学
원저자명: 金子淳
참고문헌과 색인수록
일본어 원작을 한국어로 번역
ISBN 978-89-6357-600-8 04910 : ₩15000
ISBN 978-89-90618-90-0(세트)

박물관[博物館]

606.913-KDC4
708.952-DDC21
CIP2009003472

박물관의 정치학

가네코 아쓰시 지음

박광현 외 옮김

노형

博物館の政治学, 金子淳 著, 青弓社

HAKUBUTSU NO SEIJIGAKU
by Atsushi Kaneko

© 2001 Atsushi Kaneko
Originally Japanese edition published by Seikyusha, 2001
Korean translation rights arranged with Seikyusha
Translation copyright © 2009 Nonhyung

박물관의 정치학

지은이 가네코 아쓰시
옮긴이 박광현 손지연 정종현 허병식

초판 1쇄 인쇄 2009년 11월 20일
초판 1쇄 발행 2009년 11월 30일

펴낸곳 논형
펴낸이 소재두
편 집 김현경, 김가영
표 지 김예나
홍 보 박은정
등록번호 제2003-000019호
등록일자 2003년 3월 5일
주 소 서울시 관악구 성현동 7-78 한림토이프라자 6층
전 화 02-887-3561
팩 스 02-887-6690

ISBN 978-89-6357-600-8 04910
값 15,000원

기획의 말

일본을 가깝고도 먼 나라라고 한다. 감정적인 거리를 뜻하는 말이겠지만, 학문적으로 무엇이 가깝고 무엇이 먼지 아직 불분명하다. 학문은 감정에 흔들려서는 안 된다. 지금까지 우리 학문은 일본을 평가하려고만 들었지, 분석하려고 하지 않았다. 더욱이 일본을 알아나가는 행위는 운명적으로 우리를 이해하는 길과 통해 있다. 그것이 백제 멸망 이후 바다를 넘어간 도래민족의 찬란한 문화, 조선통신사가 전한 선진 중국의 문물과 같은 자랑스러운 기억이든, 혹은 임진왜란, 정유재란, 식민통치로 이어지는 아픈 상처이든 일본과 한국은 떼어놓을 수 없는 적이자 동지이다.

그런 가운데 근대는 바로 그 질서를 뒤엎는 혁명적인 시기였다. 메이지유신을 통해 서구의 기술과 문물을 받아들인 일본은 동양의 근대화에서 하나의 본보기로 여겨졌으며, 그들 또한 자신들의 기준을 동양에 강제적으로 이식시켰다. 근대는 한마디로 엄청난 높이, 놀라운 규모, 그리고 무서운 속도로 우리들에게 다가왔으며, 지금까지 경험하지 못한 공포와 함께 강한 매력을 선물하였다.

‘일본 근대 스펙트럼’은 일본이 수용한 근대의 원형, 그리고 그것이 일본에 뿌리내리기까지 어떤 과정을 거쳐 변모했는지를 살피고자 한다. 특히 백화점, 박람회, 운동회, 철도와 여행 등 일련의 작업을 통해 근대 초기, 일본 사회를 충격과 흥분으로 몰아넣은 실상들을 하나하나 캐내고자 한다. 왜냐하면 우린 아직 그 높이, 규모, 속도를 정확히 측정한 적이 없기 때문이다. 다행히 ‘근대 일본의 스펙트럼’ 시리즈에서 소개하는 책들은 현재 일본 학계를 이끄는 대표적인 저서들로 전체를 가늠하는데 큰 힘이 될 것이다.

　물론 이번 시리즈를 통해 우리가 얻고자 하는 결실은 일본 근대의 이해만이 아니다. 이번 작업을 통해 우리는 우리 근대사회의 일상을 잴 수 있는 도구를 얻을 수 있을 것이다. 식민지 조선사회를 형성하였던 근대의 맹아, 근대의 유혹과 반응, 그리고 그 근대의 변모들을 거대 담론으로만 재단한다면 근대의 본질을 놓치고 말 것이다. 근대는 일상의 승리였으며, 인간 본위의 욕망이 분출된 시기였기 때문이다. 안타깝게도 우리는 근대사회의 조각들마저 잃어버렸거나 무시하여 왔다. 이제 이번 시리즈로 비록 모자라고 조각난 기억들과 자료들이지만, 이들을 어떻게 맞춰나가야 할지 그 지혜를 엿보는 것도 유익할 것이다.

　기획자가 백화점, 박람회, 운동회, 일본의 군대, 철도와 여행 등을 시리즈로 묶은 이유는 이들 주제가 근대의 본질, 일상의 면모, 욕망의 현주소를 보여주는 구체적인 예라고 생각했기 때문이다. 수많은 상품을 한자리에 모아서 진열하고 파는 욕망의 궁전, 그리고 새로운 가치와 꿈을 주입하던 박람회는 말 그대로 ‘널리 보는’ 행위가 중심이다. 전통적인 몸의 쓰임새와는 전혀 다른 새로운 움직임을 보여주었다는 점에서는 운동회와 여행은 근대적 신체가 어떻게 만들어졌으며, 근대적 신체에 무엇이 요구되었는지를 살피는 계기가 될 수도 있을 것이다. 이런저런 의미에서 근대를 한마디로

'보기'와 '움직이기'의 시대라고 할 수도 있겠다.

'일본 근대 스펙트럼'은 바로 근대라는 빛이 일본 사회 속에서 어떤 다양한 색깔을 띠면서 전개되었는지를 살피는 작업이다. 또한 그 다양성이야말로 당대를 살아가던 사람들의 고민이자 기쁨이고 삶이었음을 증명해 보이고자 한다. 그리고 궁극적으로는 한국사회의 근대 실상을 다양한 스펙트럼으로 조명되고, 입증하는 계기가 되었으면 좋겠다.

논형 기획위원회

차례

서장
박물관의 '정치성'에 대하여

당위로서의 박물관 상_像

'박물관학'이라는 분과 학문이 있다. 그것은 박물관 학예사의 자격을 취득하는 데 필요한 대학 커리큘럼 중 하나의 과목이기 때문에, 제도적인 요구로 인해 어렵사리 연명하는 학문의 성격이 강하다. 따라서 대중적으로는 그다지 알려지지 않은 분과 학문일지 모른다. 그런데 최근, 특히 1990년대에 들어서 그러한 박물관학과 그 주변 영역에 관한 도서가 차례로 간행되기 시작했다. 여기서는 그 내용에 관한 개별적인 평가는 유보하겠지만, 적어도 이러한 현상이 박물관 관련 서적을 구독하는 일정한 독자층의 성립을 의미하는 것임에는 틀림없는 듯하다. 박물관 건설 붐이라는 현상적인 측면뿐만 아니라 사람들의 관심 자체가 박물관으로 향하고 있다는 사실의 반증일지 모른다.

　　최근 10년간만 어림잡아 보아도 박물관을 둘러싸고 상당히 이목을 끌었던 몇 가지 화제를 상기할 수 있다. 각각 시간의 차이는 다소 있지만,

가령 미술관 교육, 워크숍, 환경 박물관, 참가·체험, 어린이 박물관, 디지털 박물관 등은 한동안 향후 박물관의 전망을 밝혀주는 유망한 키워드로서 과도한 기대를 모으며 한창 선전되었던 적도 있다. 물론 그 중에는 귀 기울일만한 가치가 있는 진지한 실천이나 탐구 등도 있었다고 할 수 있지만, 역시 단순히 일시적인 붐으로 소비되었던 사실을 부정할 수는 없다.

그런데 붐으로서 소비되었던 이러한 논의들에 대해 다시금 되돌아보면, 그 대부분이 '당위로서의 박물관 상像'을 이야기하고 있음을 깨닫게 된다. 다시 말해 '어떻게 존재해 왔는가'라는 존재 양상을 해명하는 것이 아니라, '어떻게 존재해야 할 것인가'라는 이념적인 규범을 논하고 있는 것이다. 그리고 거기에서 주장하는 박물관 상이 본질적으로 '당연한 모습'으로서 설정되어, 이른바 '노력해야 할 목표'나 '슬로건'으로서 기능해 왔다. 즉, 중요시되었던 것은 대상 그 자체의 인식이 아니라 그 가능성이었다. 그렇기 때문에 사회적 존재로서의 박물관을 객관적으로 분석하는 태도를 취하기 힘든 구조가 되었다.

물론 박물관은 숙명적으로 시민 사회와의 접점에서 항상 실천적인 역할을 하기 때문에, 바람직한 존재 방식을 모색하는 사고양식이 지배적이라는 사실은 필연적일 터이다. 이것은 오히려 교육학 등과 마찬가지로 대對사회적인 실천성이 중시되는 학문에서는 결여되어서는 안 될 중요한 관점이 된다. 하지만 스스로가 서 있는 존재 기반을 자명한 것으로 여긴 채, 그것을 문제 삼지 않고 기대 개념만으로 박물관 상을 논하려는 태도에는 역시 위화감을 느끼지 않을 수 없다.

말하자면 붐 속에서 시도된 것은 어떤 이념형을 수립하고(그 모델의 대부분이 구미歐美에 있긴 하지만) 그것을 향해 오로지 돌진하거나 더 나아가서는 현상을 타파하고 변혁을 도모하려는 일종의 운동적인 방법론이었다. 게다가 그 원동력이었던 것은 각자 안에 있는 소박한 '선의'였거나 무자각의 '정의'였다. 그러나 거기에서 '선의' 혹은 '정의'라고 판단할 수 있는 기준은 어디에 있을까? 소박한 '선의'나 무자각의 '정의'를 결집하여 만들어낸 결과가 무엇이었는지는 50여 년 전에 이미 경험했던 바일 것이다.

두말할 것도 없이 그 시점에서 어떤 '선의'에 의한 판단도 본래 그 단독으로는 존재할 수 없다. 그 시대의 사회적 상황을 매개로 해서 규정되는 것이며, 거기에는 판단 기준이 형성되는 과정이 존재한다. 하지만 그런 판단 기준이 자각화·명확화되지 않은 채 스스로가 믿고 있는 이상만을 특화하여 추구하려는 것은 지극히 위험하다고 할 수밖에 없다.

그리고 그 경우 '현실로서의 박물관'은 넘어서야 할 장애물로 여겨지고, 비판하는 대상으로서 고정화된다. 이상理想과는 정반대의 모습으로서 자리매김한 현실의 박물관은 그 순간 본래 구비하고 있어야 할 역사성이나 사회성과 단절되어 이미 식상한 것이 되어 버리고 만다. 그 순간, 사회와의 대응관계를 통해 현실의 박물관의 존재 양상을 진보적으로 문제제기하는 자세는 무력화되고 만다.

여기에서 필자는 이념형을 추구하여 새로운 것을 구성해 가고자 하는 것이 무의미하다는 사실을 강조하려는 것이 아니다. 그것은 그 자체로 중요한 것이지만, 사회와의 관계성 안에서 박물관 그 자체를 종합적으로 대상화하려는 의식이 희박함을 지적하고자 하는 것이다. 문제가 되는 것은 '규범 인식'이라는 필터를 통하지 않고 현실의 박물관을 접했을 경우 거기에서 무엇이 보이고 또 무엇을 알 수 있는가 하는 점이다.

이데올로기 장치로서의 박물관

박물관의 근본적인 기능이 유물 등의 물건을 수집하고 그것을 보여주는 곳이라는 사실에 대해서는 두말할 나위가 없다. 이 '수집한다' 혹은 '보여준다'라고 하는 행위 자체는 극히 정치적인 실천이며 개인의 컬렉션에서부터 국가가 보유하는 문화유산에 이르기까지 그 규모나 형태와는 상관없이 어떤 일정한 의도하에서 가치의 조정이 동반되는 이상, 그 안의 정치성은 불가피하게 내포될 수밖에 없다고 할 수 있다.

물론 거기에는 일방적으로 '보여주기'라는 행위만이 존재하는 것이 아니다. 그 의미를 주체적으로 독해해 가는 '관객'이 개입되어 있기 마련이다. 따라서 '보기/보여주기'라는 상호 매개적인 시선을 근거로 그 관계 양상은 더욱 중층적인 것일 수밖에 없다. 이와 같이 근대 박물관은 그런 방법으로 이미 정치성을 내재화하고 있으며 원리적으로 그것으로부터 자유로울 수 없다.

대영박물관의 예를 들 필요도 없이 근대 박물관은 이른바 권력의 상징이었다. 수집에서 전시에 이르는 일련의 과정 그 자체가 권력을 체현하는 것이며, 식민지주의적인 지배/피지배의 관계 안에서 박물관은 지배자에게 좋은 도구가 될 수 있다. 이 책에서 그 개요를 해명하려는 대동아박물관의 계획도 그 안에 내재해 있던 것은 대동아공영권의 풍부한 천연자원을 소개함으로써 남방 침략을 정당화시키는 동시에 남방민족 문화의 전시를 통해 일본 문화의 우수성을 부연코자 했던 이데올로기 그 자체였던 것이다.

다시 말해 그 사회의 다양한 매체 중에서 '시각에 호소하는' 것을 그 최대의 특징으로 삼는 박물관이라는 '장치'가 특정한 이데올로기로 매개된 가치를 보급하는 수단으로서 선택되어 왔던 것이다. 거기에 근대 박물관이 성립하는 주된 이유가 존재한다. 물론 그 이데올로기는 시대에 대응하여 변용을 거듭한다. 때로는 민주주의나 과학적인 진리의 추구를 표방하기도 하지만, 때로는 천황제 이데올로기를 옹호하기도 한다.

이 구조는 근대 박물관이 성립한 이래 기본적으로 변함없이 지속된 것이다. 박물관이라는 하나의 사회적인 '장치'는 좋든 싫든 사회적인 시스템 안에 포함되어 그 시대와 다층적으로 결부된 권력관계 안에서 그 기본적인 성격이 규정되며, 사회 상황을 매개로 해서 변용을 거듭해왔다.

따라서 현재 우리가 무의식적으로 자명하다고 인식하고 있는 존재기반 그 자체가 시대의 변천 안에서 흔들릴 위험이 있으며 결코 그것이 보편적인 것이 될 수 없음을 이해할 필요가 있다. 그리고 그 메커니즘이 어떤 것이지를 역사적 문맥 안에서 구체적인 사상事象을 통해 분명하게 해 나갈 필요가 있는 것이다.

박물관인人의 비정치성

패전 후 이제까지의 박물관학에서는 이런 문제를 어떻게 다뤄 왔을까. 예를 들어 전시나 보존, 그리고 교육 등 각각의 기능에 대응하는 영역에 관한 개별적인 연구에 대해서는 일정한 진전이 있었더라도, 일반적으로 박물관 관계자는 자신이 근거하는 박물관이라는 '장場' 자체에 무관심하고 둔감했던 바 이와 같은 관점을 갖는 일 자체가 거의 없었다. 즉, 종래의 박물관학이라는 틀 안에서 이런 과제는 주체적인 연구대상이 될 수 없었던 것이다.

이런 상황에 대해서 박물관학자인 이토 도시로伊藤寿朗는 예전에 "박물관 관계자의 독특한 비정치성"이라고 표현하고, 이 경향은 "패전 후 줄곧 유지된 체질"임을 지적한 바 있다(伊藤寿朗,「戦後博物館行政の問題」). 단지, 여기에서 사용된 '정치성'이란 '행정 문제'와 동의어이며, 그와 같은 문제를 '박물관계界에서의 행정 문제에 대한 관심의 희박성'으로도 환치될 수 있는 것이기 때문에 주의가 필요하지만, 이토는 그 원인에 대해서 다음과 같이 말하고 있다.

활동 내용 자체가 내재적으로 행정의 의미를 문제제기하는 등의 사회성이 희박하고, 반면에 그 개별 전문성은 행정 문제에의 무관심을 허용하고 있다.

이와 같이 박물관의 활동 내용 그 자체에서 원인을 찾은 뒤에 이렇게 진술한다.

행정의 은혜도, 이렇다 할 개입도 받지 않고 단지 관계자의 노력에 기대어 왔다고 하는 수준에서 [……] 행정 문제는 관념적인 진흥 요구의 대상이더라도 그 주요한 분석 대상이 되지 않았다.

더 나아가 박물관 관계자와 행정의 관계 안에서 형성되어 온 것을 지적하고 있는데, 이미 밝힌 것처럼 패전 후 일본의 박물관학이 안고 있는 체제 자체가 내재적으로 "행정 문제에 대한 관심의 희박성"을 지향해왔다고 이해해야 할 것이다.

이런 이토의 지적은 1971년의 단계에서 보면 대단히 예리한 현상 분석이었다고 할 수 있다. 그리고 이것은 행정 문제에 그치지 않고 박물관 자체에 대한 관계자의 인식 일반에 대해서도 적절한 분석이었으며, 4반세기가 지난 지금에도 상황은 거의 바뀌지 않았다고 생각한다.

행정 문제에 국한해서 생각해보면, 실제 제도상의 개편과 함께 몇 차례 논의된 바 있다. 그러나 그것은 오로지 박물관법에 따른 영향과 효과에만 집중되어 시종 이점과 단점에 치우친 논의였다. 또한 이런 문제는 관계자 자신의 처우에 직접적인 관계가 있기 때문에 행정적인 차원의 운동으로서 나타나는 경우가 많으며, 이토가 지적하듯이 "관념적인 진흥 요구의 대상"으로서 의미를 띤 적은 없었다.

과거 박물관 관계자들 사이에서도 이 박물관을 둘러싼 '정치성'에 대해서 전혀 관심이 없었던 것은 아니다. 그와 관련해 몇 가지 논고를 찾을 수가 있다. 가령 모리타 쓰네유키森田恒之는 '일본의 근대 박물관의 발전'을 1960년대 전후부터 진행된 인구의 대도시 집중과 농촌 및 산촌山村의 과소화, 그리고 '메이지明治(1868~1912) 100년'이 되는 1967년의 시점에서 찾고, 박물관이 '극히 정치적인 산물'이라고 지적하고 있다(森田恒之,「いま博物館は」). 또한 사사하라 료지笹原亮二는 도널드 혼Donald Horne의 소론을 바탕으로 "박물관은 사람들에 대한 지배를 보다 강고하며 확실한 것으로 만들어 가고자 하는 지배자 측의 명확한 의도에 근거한 대단히 정치적인 존재"라고 파악하고, 박물관이 전시를 통해 구현하고 있는 '향토'도 "근본적으로 정치적인 요인에 대응하여 변화하지 않을 수 없는 위험성을 안으로 감춘 미묘한 조작물에 지나지 않는다"고 말하고 있다(笹原亮二,「地域の誕生」).

그러나 이것들은 맹아적인 관심의 일부로서 존재했다 하더라도, 어디까지나 부대적인 '지적'이었을 뿐 반드시 본격적인 실증 연구를 동반한 것이 아니었다.

표상의 정치학

구미 영어권을 중심으로 한 박물관 연구(Museum Studies)에서는 1980년대 즈음부터 박물관이 지닌 권력성과 이데올로기성을 비판적으로 검증하려는 움직임이 활발하게 전개되기 시작했다. 최근 들어 이러한 움직임은 점차 그 세력을 확대해 가고 있다.[1] 이것은 문화 연구라는 커다란 지知의 유행과 깊이 관련되어 있으며, 문화의 정치성·권력성에 대한 관심의 고조를 배경으로 한 현상이었다고 할 만하다.

1 이 점에 대해서는 후쿠다 다마미(福田珠己)의 「地域を展示する」와 하시모토 히로유키(橋本裕之)의 「物質文化の劇場」을 참조.

이와 같은 문제의식을 공유하는 형태로, 일본에서도 최근 몇 년 동안 박물관학 이외의 인문·사회과학 쪽에서 박물관 및 그 주변 영역을 대상으로 하는 연구가 점차 늘어나고 있다. 박물관을 '문화를 표상하는 장치'로 인식하고 자기의 표상/타자의 표상이라는 관점에서 전시공간이 지니는 정치성이나 이데올로기성을 비판적으로 검토하려는 논의도 많았다.

예를 들어 미술사가 지노 가오리千野香織는 일반적으로 "무색투명한 중립적인 시설"이라고 여겨온 박물관에 대해서 의문을 품고, "박물관 전시란 특정한 목적을 가지고 학예사들이 만든 하나의 '작품'이다. 그것은 학술 논문과 소설, 음악, 연극 혹은 인터넷상의 홈페이지와 마찬가지로 '작품'이다. [······] 어떤 입장으로부터도 등거리의 위치에서 투명하고 중립적인 전시란 존재하지 않는다"(千野香織, 「戰爭と植民地の展示」)고 하는 기본적인 관점을 통해서 일본 안팎의 박물관이 '일본' 및 '일본'과 관련된 전쟁과 식민지 문제를 어떻게 전시하고 있는지를 검토하고 있다.

또한 1997년부터 1998년에 걸쳐 국립민족학박물관과 세타가야世田谷 미술관에서는 "이異문화에 대한 시선"이라는 테마로 전람회가 개최되었다. 여기에서는 1910년에 대영박물관이 민족지民族誌 부문에서 이문화를 전시한 것을 충실하게 재현함으로써 박물관에서 전시물을 전시한다는 행위 그 자체의 의미에 대해서 정면으로 문제제기하였다. 전시 기획자인 국립민족학박물관 교수 요시다 겐지吉田憲司는 "전시라는 것은 결코 중립적이고 객관적일 수 없으며, 특정한 의도를 가지고 만들어진 표상 장치"라는 전제 위에 "전시의 메시지를 현재화顯在化시키고 명시할 수 있도록 노력했다"고 말한다(吉田憲司, 『文化の「發見」』).

이들 연구 혹은 실천이 공유하고 있는 것은 문제를 '표상으로서의 전시'라는 국면에 한정한 위에 중립성을 가장한 전시도 사실 이데올로기의 구축물이라는 인식에 입각하고 있다고 주장하는 점이다. 다시 말해 전시라는 거대한 담론 공간을 텍스트로 상정하고, 거기에서 이데올로기적인 의미를 해독하는 방법론이 주류가 되기 시작한다. 또한 종래의 커뮤니케이션론의 도식을 원용하여 전시에 있어서의 메시지 발신/수용의 상호 매개적인 과정을 대상으로 포함시킨 연구도 눈에 띈다.

하지만 이 책의 관심은 거기에 있지 않다. 오히려 박물관이라는 존재 그 자체에 있다. 근대 박물관이라는 제도 혹은 조직 자체를 성립시키고 있는 사상은 어떠한 것인가. 그리고 사회는 박물관을 통해 무엇을 얻고자 했으며 또한 박물관에 어떠한 기능을 부여하였는가. 이런 물음에 대한 대답은 박물관의 기능 중 하나인 '전시'에 구애되어서는 일단 발견할 수 없을 것이다.

분명 박물관에서의 전시는 사회에 대해 발화하는 기능을 지니고 있기 때문에 거기에서 발생하는 의미 내용을 음미하고 해독해 가는 것도 필요하다. 하지만 근대 박물관이 '연구와 교육' 혹은 '보존과 공개'라는 일견 상반되는 어려운 문제에 부딪히게 되면서 그 해결을 위해 고투해왔다는 역사적 구속성으로부터는 벗어날 수 없게 된다. 오히려 여기서 문제로 삼고 싶은 것은 이와 같은 발화를 성립시키고 있는 근대 박물관이라는 제도나 구성 그 자체인 것이다.

이 책의 구성

이 책에서는 대략 1928년부터 1945년에 걸친 일본 국내(내지)에서의 박물관이 안고 있었던 정치적인 상황을 주로 고찰 대상으로 삼고 있다. 그 시작을 1928년으로 삼은 것은 일본 문부성에서 박물관에 관한 정책적 기반이 정비

됨과 동시에 '박물관사업촉진회'(이후 '일본박물관협회')라는 운동적 기반이 성립한 지표가 되는 해라는 인식에 기반하고 있다. 이것을 통해 박물관에 관한 '정책 - 운동'이라는 관계성이 발견되었을 뿐만 아니라, 그 해를 기점으로 이후 박물관 정책의 존재 이유가 규정되기 시작했다(1장 참조).

또한 이 책에서는 '국사관國史館'과 '대동아박물관'이라는 두 박물관 계획에 초점을 맞추고 있다. 이 두 박물관은 전시 체제하 국가가 그 위신을 걸고 대규모로 계획했던 것인데, 모두 일본이 패전함으로써 실현되지 못했던 이른바 '환영幻影의 박물관'이다(2장 및 4장 참조). 하지만 이 두 박물관 계획이 남긴 유산은 전후의 박물관 건설에 많은 영향을 끼쳤음은 물론 지금의 박물관계에도 그 그림자는 짙게 드리워져 있다.

이 책에서는 이 두 박물관을 독해하기 위한 열쇠로써 '정신성'과 '과학성'이라는 두 가지의 요소에 주목했다. 전쟁의 진전과 함께 국가는 '황국민皇國民의 연성'을 궁극적인 목표로 삼은 천황제 이데올로기에 매개된 '정신성'과, 총력전의 수행에 필요한 군사력과 직결되는 '과학성'이라는 두 가지의 이질적인 요소를 박물관에 요구하려고 했다. 이 점에 대해서 1930년대 중반에 이미 과학계 및 교육계는 '일본 정신과 과학의 통일'이라는 명제를 제출하였다. 그리고 이 '통일'에 내재된 모순의 해결이라는 난문難問을 총력전 체제하의 과학계·교육계에 강요했던 것이다.

박물관에서는 이와 같이 공공연한 슬로건으로는 존재하지 않았지만, 대략 비슷한 문제의 상황이 일어나고 있었다고 할 수 있다. 메이지 초기에 근대 박물관이 성립한 이후 박물관이 안고 있던 다양한 정책 과제는 총력전 체제가 확립되어감에 따라 점차 '정신성'과 '과학성'의 양자로 수렴되어 갔는데(3장 참조), 박물관이 지닌 다양성 때문에 양자의 '모순'으로서 일면적으로 주제화되기보다 오히려 '과학'과 '정신'이라는 대립 축을 중심으로 한 배치 관계에 의해서 박물관의 존재 양식이 규정된다고 파악하는 편이 타당할 것이다. 이런 인식을 기본적인 틀로 삼으면서 박물관과 정치의 관계에 대해서 구체적인 사상事象을 통해서 생각해보고자 한다.

1장

박물관과 정치 세계

1. 변용하는 정책 과제

박물관이 대상으로 삼는 영역은 지극히 넓다. 일반적으로 '박물관'이라는 말에서 연상되는 것과 같이 역사 계통이나 자연 계통의 박물관뿐만 아니라 미술관과 문학관, 천문관planetarium, 더 나아가 동물원, 식물원, 수족관 등도 박물관의 범주에 포함된다.

　　1951년에 제정된 '박물관법'이라는 법률이 헌법 → 교육기본법 → 사회교육법이라는 법체계 아래 위치하고 있기 때문에 박물관법과 관련된 사항은 교육 행정 안에 포함되어 문부과학성(지방공공단체 차원에서는 교육위원회)이 기본적으로 관장하게 되었다. 그러나 현실의 박물관은 교육 행정이라는 틀만으로는 한정할 수 없기 때문에 취급하는 분야나 그 성격에 따라서 소관 관청은 천차만별이다.

　　예를 들어 식물원이나 동물원은 공원 행정 안에 포함되어 있는 경우가 많으며, 관광지에 있는 박물관이나 새로운 마을 조성 사업의 중핵 시설로서 박물관의 대부분은 관광 행정의 일환으로 설립·운영되고 있다. 또한 지방 자치단체에서도 교육위원회가 아니라 상위 관할 관청 부서의 문화 사업을 담당하는 부서에서 관장하는 예가 늘고 있다.

이와 같이 박물관과 관련된 소관 관청의 혼재는 박물관이 사회적인 정책 과정에서 획득한 다양성에서 유래하고 있다. 메이지 초기에 서구에서 유입된 근대 박물관은 식산흥업殖産興業을 목적으로 박람회와 함께 국가로부터 장려되어 왔으며, 유물의 보존, 옛 신사와 사찰의 보존, 관광, 민중오락, 중요 미술품의 보존, 향토교육, 이과理科교육, 통속교육·사회교육, 사적史蹟 및 천연기념물의 보존 등 다양한 정책 과제를 병행해서 부여받아 왔다. 이런 다양한 요소에 대응하여 박물관이 대상으로 삼은 영역은 지극히 다양한 갈래에 걸쳐 있게 되었으며, 그에 따라 박물관의 개념도 확산되는 방향으로 나아갔던 것이다.

다음으로는 메이지 초기부터 다이쇼大正(1912~1926) 시기에 걸친 그 구체적인 전개 과정을 개관해 보겠다.

식산흥업

일본의 근대 박물관은 메이지 초기에 유럽으로부터 유입되어 근대화를 추진하는 메이지 신정부에 의해서 육성되어 갔다. 마치다 히사나리町田久成, 다나카 요시오田中芳男, 사노 쓰네타미佐野常民, 데지마 세이치手島精一, 구키 류이치久鬼隆一 등 막부幕府 말기부터 메이지 초기에 걸쳐 구미에 파견된 사절단이나 해외 유학생에 의해서 해외 박물관이 소개되었다. 이런 경험들을 원점으로 박물관을 통해 우선 식산흥업殖産興業의 기능으로서의 역할을 발견하기 시작했다. 특히 사쓰마薩摩번 출신의 영국 유학생으로서 대영박물관을 견학한 마치다 히사나리와 막부의 하급관리로서 파리 만국박람회에 파견되어 국립자연사박물관Jardin des Plantes을 견학한 다나카 요시오는 훗날 메이지 정부의 식산흥업 정책에 깊이 관여하였으며, 이 두 인물에 의한 경험과 사상은 그 후 박물관에 커다란 영향을 끼쳤다.

메이지 신정부는 식산흥업의 일환으로 박람회의 개최를 추진하는데, 박물관은 이런 박람회를 바탕으로 탄생했다. 1873년 오스트리아 빈에서 열린 만국박람회에 관여하였으며, 박람회 사무의 실질적인 책임자였던 공부工部대신 사노 쓰네타미는 종료 후 정리한 보고서에 첨부한 의견서 중에 "대박람회는 박물관을 확충·확대하여 그것을 일시에 시행하는 것에 불과하다. 따라서 항상 그 둘은 서로 떼려야 뗄 수 없는 것"이라고 적고, 박물관이 박람회와 불가분의 관계에 있음을 강조하였다(『東京国立博物館百年史』 자료편).

사실 일본 국내에서 개최된 박람회가 회기 종료 후에 박물관으로 바뀐 예는 많다. 도쿄 우에노上野에 있는 도쿄국립박물관도 그 기원은 1872년 3월 10일부터 4월 말까지 유시마湯島 성당을 회장으로 개최된 박람회였다. 이 박람회는 빈 만국박람회에 출품하기 위해 수집한 자료의 일부를 사전에 공개하기 위해 실시한 것이며, '문부성박물관'이라는 명칭으로 개최되었다. 출품을 위한 사무 처리는 태정관정원太政官正院(메이지 초기 최고의 행정·정치기관—옮긴이)에 설치된 '문부성 박물국'이 담당하고 있었기 때문에, 이와 같은 기묘한 이름을 붙인 것이다. 이 박람회는 예상을 초월한 대성황리에 진행되어 연인원 15만 명의 입장객을 모았다고 한다.

박람회 종료 후에는 자료의 일부를 빈 만국박람회에 보내고 차용 자료는 소장자에게 반환했지만, 관이 소유한 품목이 상당수 남아 있었다. 더불어 종료 후에도 공개를 요구하는 목소리가 많았기 때문에 관리들의 휴가 날짜인 끝자리가 1과 6인 날(단, 31일은 제외)에 공개하게 되어, 박람회라는 일시적인 것이 아니라 항시 공개하는 방향으로 나아갔다. 이것이 우에노에 있는 도쿄국립박물관의 전신이며, 이로써 일본에도 근대 박물관이 탄생한 것이다.

한편, 1872년에 교토京都를 시작으로 가나자와金沢, 이시카와石川, 니가타新潟, 나고야名古屋 등 각지에서 거의 매년 지방 박람회가 개최되었는데, 박람회 종료 후에는 그 수집 자료를 기초로 식산흥업형의 박물관이 생겨났다. 이것들은 지방산업의 육성이라는 과제를 전제로 그 효과적인 보급 수단으로서 박물관이라는 형태가 도입되었다는 점에서 공통점을 지닌다. 그 이후는 박람회를 매개로 하지 않고, 보다 직접적인 형태의 '상품 진열소'의 하나로 설립되기 시작한다.

고기구물보존

이런 식산흥업을 위한 박물관 설치와 깊게 관련되어 있던 것이 '고기구물보존古器舊物保存', 지금의 표현으로 말하자면 '문화재 보호'의 사상이었다. 예부터 전해오는 전통적인 문화재 소실을 방지하고 그 보존·공개를 위한 시설로서 박물관 건설이 장려되어 왔었다.

그 배경에는 1868년 3월 신불분리령神佛分離令(신도와 불교를 분리시키려는 포고령—옮긴이)이 포고되면서 진행된 이른바 '폐불훼석廢佛毀釈'의 문제가 있었다. 이 폐불훼석에 의해 불상이나 불구 등의 문화재가 파괴되는 등 피해가 증가하자 이런 고문화재 소실의 위기에 직면하여 '고기구물보존'의 사상이 점차 양성되어 갔다.

1871년 4월 25일에는 '대학'(당시 최고 학부이자 최고 교육행정기관—옮긴이)이 태정관에 '집고관集古館'의 건설을 제안하였다. 이 제안의 초안은 당시 교육 행정을 담당하던 '대학물산국大學物産局'에서 일하던 마치다 히사나리와 다나카

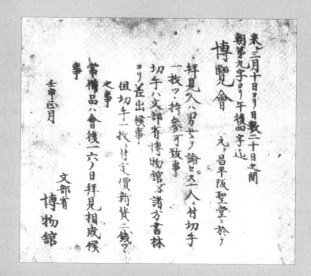

그림 1-1 박람회 관람표(좌) 박람회 광고(우)
그림 1-2 박람회장 사진

요시오 등이 썼는데, 문화재를 수집하고 보관하기 위한 자료관적인 시설의 건설을 제언하고 그것이 불가능하다면 부府나 현縣과 같은 지방행정기관에 대해서 '고기구물'의 보존을 도모하도록 포고해 줄 것을 요청했던 것이었다.

태정관은 이 제안을 받아들여 1871년 5월 23일에 '고기구물보존'을 위한 포고령을 내리고, 정부는 각지에 대대손손 전해져 오는 '고기구물'을 보존하도록 요구함과 동시에 전국에 산재해 있는 '고기구물'의 소재 확인을 위해서 지방관청을 통해 소재 목록을 제출하도록 요구했다. 이것이 일본 문화재 보호 정책의 효시였다고 일컬어진다. 그 결과, 전국에 산재해 있는 '고기구물'의 소재 조사가 각지에서 시작되었고, 그 이후 '고사사古社寺보존법'의 포고가 이어졌던 것이다.

또한 정부는 이 포고령의 정신을 살려 박람회를 계획했다. 그리고 실행에 옮긴 것이 앞서 언급한 1872년의 '문부성박물관'이다. 박람회의 취지로 "포고의 뜻에 따라서 대강 그것을 나열하여 세인의 관심을 모으는 데 공헌코자 한다"고 했던 것에서, 이 '고기구물보존법'의 포고를 의식하고 있었음을 알 수 있다. 하지만 '문부성박물관'은 빈 만국박람회에 참가하는 것이 직접적인 동기가 되었던 것이며, 식산흥업을 중심으로 근대화 정책을 추진하는 메이지 정부의 의향 중에 '고기구물보존' 즉 전통 문화재의 보호라는 사상이 혼재되어 있던 것이다.

황실 재산의 형성

1873년 11월에 일본 내의 행정 전반을 관장하는 내무성이 신설된 이래, 식산흥업에 관한 사무는 '내무성 권업료勸業寮'라는 부서의 소관이었다. 태정관의 관리하에 두었던 박람회사무국도 1875년 3월에 '박물관'이라고 개칭하여 내무성의 관할이 되었다. 이른바 '내무성 계열'의 박물관으로서 하나의 흐름이 형성되기 시작했다.

내무성은 당시 정부의 행정기관 중에서 절대적인 권력을 쥐고 있었으며, 그 권위를 과시하고 유지하기 위해서는 문부성의 박물관이나 그 밖에 부나 현 등과 같은 지방에 설립되어 있는 다양한 지방박물관에 대해서 차별화를 꾀할 필요가 있었다. 그 때문에 1876년 2월 내무대신 오쿠보 도시미치大久保利通는 태정대신 산조 사네토미三條實美에게 내무성의 박물관만을 '박물관'이라 부르고, 그 이외의 모든 박물관은 'ㅇㅇ박물관'이라고 부르도록 공포해 주길 바란다는 상신上申을 올렸다. 결국 태정관은 이 제안을 받아들여 '박물관'이라는 명칭은 내무성 박물관으로 한정하고 그 외에는 지방 이름 또는 다른 글자를 집어넣어 'ㅇㅇ박물관'이라고 부르도록 통달하고 있다 (椎名仙卓,『明治博物館事始』).

1881년에는 농상공업에 관한 행정사무를 통합하고 새롭게 농상무성이 내무성으로부터 분리·신설되었다. 식산흥업에 관한 사무도 농상무성에서 관장하고, 내무성의 박물관도 농상무성으로 이관하여 '농상무성 박물관'으로 개칭하였다. 농상무성의 사무장정에는 "박물관은 고기물의 보존과 미술의 장려에 관한 사무를 관할하고 박물관을 관수한다"(『東京博物館百年史』 자료편)고 해서, 점차 식산흥업에서 고기구물이나 미술품의 보존으로 그 대상이 이행해 갔던 것을 알 수 있다.

1886년 농상무성 박물국이 관장하던 박물관은 돌연 궁내성으로 이관된다. 이 조치는 쇼소인正倉院(나라시의 도다이지[東大寺] 대불전의 서북쪽에 있는 창고—옮긴이)의 천황가 재산을 궁내성으로 이관하려고 했던 궁내성 대신大臣 이토 히로부미伊藤博文의 발안에 의한 것으로 생각되는데(『東京博物館百年史』), 그 배후에는 1885년의 내각 제도의 발족을 계기로 천황제의 확립을 꾀하려고 했던 정부의 의도가 있었다. 이런 점에서 문화재 보호의 사상과 황실의 권위 신장이 결합되어 황실 재산의 충실을 도모할 것이 요청되었던 것이다. 이것은 해외의 왕립박물관을 모델로 했던 박물관 상像에 대한 접근이라고 파악할 수 있는데, 그 이유는 궁내성이 박물관에 대해서 천황제의 확립을 위해 측면에서 지원해 줄 것을 기대하고 있었기 때문이다.

그리고 여기에서 등장한 것이 구키 류이치였다. 1888년 9월 궁내성에 설치된 임시전국보물조사국의 조사위원장으로 임명된 구키는 이토 히로부미 밑에서 '제국박물관'의 창설을 위해 힘썼으며, 1889년 5월 16일에 도쿄의 제국박물관, 그리고 교토제국박물관 및 나라제국박물관이 설치되면서 초대 총장으로 취임한다. 이것은 어용외국인 페놀로사E. F. Fenollosa 등에 의한 '국립미술박물관' 구상을 실질적으로 계승한 것이기 때문에(高木博志,『近代天皇制の文化史的研究』), 제국박물관은 빠르게 고미술 쪽으로 경도되어 갔다. 그리고 그때까지 중심이었던 식산흥업 부문은 폐지되고, 역사 · 미술 · 미술공예 · 공예의 네 부문이 중심이 되어, '황실의 보물 수장국'(伊藤寿朗,「戦前博物館行政の諸問題」)으로 완전히 그 성격을 변질시키고 말았던 것이다.

이와 같이 문부성 → 내무성 → 농상무성 → 궁내성으로 어지럽게 그 소관이 바뀌었던 것은 근대국가가 형성 · 정비되어가는 과정에서 필요했던 여러 기능을 박물관에 요구한다는 태도 표현에 다름 아니며, 박물관의 성격 자체가 그러한 정책 과제의 추이와 대응해 변천할 수 있었던 것이다.

학교교육의 측면적 지원

이와 같이 식산흥업을 계기로 시작된 박물관과는 달리 학교교육과 깊게 관련되어 만들어진 박물관의 흐름도 있었다. 근대 교육제도의 확립 · 정비

와 함께 학교교육에 공헌하는 것을 목적으로 '교육박물관'의 설치가 요구되었던 것이다. 이것은 일본에서의 근대 박물관이 그 기점에 있어서 학교교육과 더불어 시작되었음을 의미하는 것이다(金子淳, 「学校教育と博物館『連帯』論の系譜とその位相」).

문부성박물관은 1834년에 박람회사무국으로 병합되었기 때문에 소멸한 상태였다. 그러나 문부성 쪽은 합병 직후부터 이 박물관을 박람회사무국으로부터 반환하기 위한 운동을 시작하고 있었다. 당시 문부성의 업무를 장악하고 있던 다나카 후지마로田中不二麿는 학교교육을 위해서는 박물관이 필요하다고 역설하고, 박람회사무국에서의 분리를 재차 요구하였다. 한편 박람회사무국에서는 학교만이 아니라 모든 사람이 이용할 수 있도록 대박물관을 만들어야 하며, 분리는 옳은 정책이 아니라고 생각했다. 박물관과 학교교육의 관계성을 둘러싼 이와 같은 양자의 견해 차이는 그 전제로 삼아야 할 박물관 상의 차이가 직접적으로 투영되었던 것이었다고 할 수 있다.

결국, 1875년 2월에 박람회사무국으로 병합되었던 문부성박물관이 일단 반환되었지만(같은 해 4월에 '도쿄박물관'으로 개칭) 다나카 후지마로에 의한 문부성박물관의 반환 운동 중에서 학교교육에 공헌할 박물관이라는 논리가 생겨났고, 이후 그것은 교육박물관의 기초가 되었던 것이다.

그 시기 다나카 후지마로는 캐나다 토론토의 교육박물관을 시찰했을 때의 경험을 통해 교육박물관의 설립을 구상했다. 1877년 1월 다나카의 노력에 의해 우에노공원에 '교육박물관'이 설치되어 도쿄박물관을 계승하는 형태로 개관했다. 교육박물관 규칙에는 "문부성이 관할하고 모든 교육상 필수적인 내외 제반의 물품을 수집하고 교육에 종사하는 자에게 도움을 주고, 더불어 공중의 내관來觀에 이바지하며 세간의 이익을 도모하기 위해 설립하는 바다"(『国立科学博物館百年史』)라고 규정하고, 그것이 내무성에 의한 식산흥업을 위한 박물관이 아니라, 어디까지나 학교교육을 지탱하는 교직원을 위한 박물관임을 강조하였다. 실제로 교육박물관에서는 학교에서 사용하는 모형이나 박물표본·실험기구 등을 적극적으로 수집하고 대출하는 등 학교교육을 보완하는 활동을 주로 수행하였다.

또한 이 교육박물관은 1881년에 '도쿄교육박물관'이라 명칭이 바뀌었고 그 이후에도 '고등사범학교부속 도쿄교육박물관', '도쿄과학박물관' 등으로 거듭 명칭이 바뀌면서 현재 국립과학박물관에 이르고 있다.

한편, 이렇게 중앙에서 추진한 교육박물관의 설립은 지방의 교육박물관 설립을 재촉했으며 각지에 교육박물관을 설립토록 만들었다. 1874년에는 오사카의 박물관, 1875년에는 교토의 박물관, 나라奈良의 박물관 등이 개관했는데(椎名仙卓, 『日本博物館発達史』) 이것들은 문부성 계열에 속하는 이른바 교육박물관으로 규정할 수 있는 것이었다.

통속교육(사회교육)

교육제도의 보완 기능을 부여받은 교육박물관은 메이지 후기가 되면 그 대상이 통속교육에까지 확대된다. 통속교육이란 지금의 사회교육에 대응하는 말로, 한마디로 말하자면 아동·생도가 아니라 성인을 대상으로 한 교육을 가리킨다. 일반적으로 문부성이 통속교육에 착수한 것은 러일전쟁 직후부터이며, 1905년의 청년 단체의 지도나 이듬해인 1906년의 '통속교육조사회'의 답신에 기초한 통속강담회나 환등회幻燈會 등의 개최 장려가 그 시초로 여겨지고 있다. 그리고 1910년의 대역大逆사건(사회주의자 고토쿠 슈스이[幸德秋水] 등이 천황 암살을 계획했다는 이유로 검거된 사건—옮긴이)을 계기로 국민사상의 건전화가 긴급한 과제로 여겨지면서 교육칙어의 사상을 철저하게 일반

민중에게까지 널리 보급시킬 필요가 있었다.

1911년 5월에 문부성은 통속교육에 관한 기본적인 생각을 정리하여 통속교육을 보다 발전·확충시킬 것을 목적으로 '통속교육조사위원회'를 설치한다. 이 조사위원회에서는 통속교육을 추진하기 위해 강연회의 권장, 영화의 활용, 도서관의 확충 등 몇 가지 구체적인 방책을 제시하였다. 또한 가결된 「통속교육조사 및 시설에 관한 건」의 제7조에서는 "통속도서관 순회문고 및 그 외 각종 전람사업의 보급 개선 및 이용을 도모할 것"(강조는 인용자)을 제시하였는데, 이 '그 외 각종 전람 사업'이란 말은 통속박물관을 시사하는 것이었다고 한다(倉内史郎, 『明治末期社会教育観の研究』). 1912년 8월에는 이 통속교육조사회의 답신을 받은 문부성이 도쿄고등사범학교장에게 통속교육에 관한 전람 및 강연 등의 시설을 학교의 부속 도쿄교육박물관에 설치하도록 요청하고 있다(『国立科学博物館百年史』). 이 학교 교장은 그러한 요청에 응하여 '통속교육관'[1]을 병설한다.

1913년 문부성의 기구 개정에 따라 보통학무국 제3과의 사무분장에 '통속교육'이 명시된 후 통속교육은 점차 진흥되어 갔다. 이와 함께 도쿄고등사범학교의 부속이었던 도쿄과학박물관은 학교로부터 독립하여 문부성 보통학무국의 소관이 되었다. 더 나아가 1921년 6월 23일, 문부성 관제의 개정에 따라 '통속교육'이라는 용어가 '사회교육'으로 바뀌고, 다음해 6월 24일에는 '도쿄교육박물관'에서 '도쿄박물관'으로 명칭이 바뀌었다. "문부대신의 관리에 속하고 자연과학 및 그 응용에 관해서 사회교육상 필요한 물품을 수집하고 진열하여 공중의 관람에 이바지한다"(도쿄박물관 관제 제1조)며 자연과학의 자료에 근거한 이른바 '과학박물관'으로서의 성격을 명시하고, 공중을 대상으로 한 문부성 직속의 사회교육 시설로서 성립하게 되었던 것이다(『国立科学博物館百年史』).

고사사보존법/사적명승천연기념물보존법

1897년 '고사사古社寺보존법'이 내무성의 주도로 제정된다. 이것은 신사나 사찰에 있는 건조물이나 보물 중에서 역사적 가치나 미술적 규모를 지닌 것은 '특별보호건조물' 또는 '국보'로 지정할 것을 정한 법률이며, 미술 행정의 일환으로 행해진 것이었다. 이로써 천황가의 보물을 제외한 옛 신사와 사찰의 고미술에 관한 보호 행정은 내무성에서 통괄하게 되었다. 이 법의 제7조에는 "신사와 사찰은 내무대신의 명에 의해 관립 또는 공립 박물관에 국보를 출진出陣하는 것을 의무로 한다"고 정해져 박물관에서의 공개가 의무화되었다.

그런데 옛 신사와 옛 사찰의 '고기구물古器舊物' 보존을 담당했던 것은 내무성 사사국社寺局(신사 및 사찰, 그리고 천리교 등의 신종교와 관련된 모든 행정을 관장. 1900년에 신사국과 종교국으로 분리됨—옮긴이)이었다. 한편, 1888년에 설치된 임시전국보물조사국은 궁내성 아래에서 운영되었으니 문화재 보호 행정은 내무성과 궁내성을 중심으로 이뤄지고 있었다.

메이지 40년대(1910년대 후반부터 1920년대 중반까지)에 이르면 사적, 명승, 천연기념물까지도 보존의 대상에 포함시키고, 내무성 보존 행정의 범위는 자연과학 분야까지 확대된다. 1911년에는 자연과학 관계의 학자를 중심으로 하여 '사적명승천연기념물보존협회'라는 민간단체가 결성되었다.

이 협회는 잡지 『사적명승천연기념물』을 간행하는 등 활발하게 계몽과 연구 활동을 전개했다. 이런 운동의 결과, 1919년에 '사적명승천연기념물보존법'이 제정되어 내무성의 소관이 되었다. 그런데 1913년에 내무성 소관이었던 종교국을 문부성으로 이관하면서 종무宗務 행정은 문부성 소관이 되어 있었다. 이 때문에 옛 신사와 사찰의 보존은 문부성 소관, 사적명승천연기념물 보존은 내무성 소관으로 보존 행정이 이원화되었는데, 이 상태가 쇼와昭和(1926~1989) 초기까지 계속되었던 것이다.

2. '박물관 정책'의 등장

박물관사업촉진회의 결성

지금까지 살펴온 것처럼, 일본에서의 근대 박물관은 어떤 특정한 정책을 실현하기 위한 하나의 수단으로서 자리매김 되었는데, 항상 어떤 식으로든 측면에서 정책을 지탱함으로써 때로는 일반 대중에 대한 보급·계몽 시설로서, 때로는 행정상의 창고로서 이용되어 왔다. 그리고 그 때문에 박물관으로서의 독자적인 영역을 형성한 적이 없었다.

이로 인해 박물관 관계자가 공통의 과제 아래 결집할 기회는 너무도 부족했고, 이른바 '박물관계界'가 형성될 토양도 준비되어 있지 않았다. 현실에서는 단지 개별 박물관마다 직원의 개인적인 노력에 기대는 바가 컸으며, 조직적인 대응으로 발전하는 일은 없었던 것이다. 그런 가운데 1928년에 박물관 관계자의 일원적인 운동 조직으로서 '박물관사업촉진회'가 발족한 것은 일본 박물관 역사에 있어서 커다란 사건이었다.

박물관사업촉진회(1931년 일본박물관협회로 개칭)는 '쇼와대전大典사업' 즉, 쇼와 천황의 즉위식으로 인해 각지에서 생겨난 박물관 건설의 기운을 배경으로 다나하시 겐타로棚橋源太郎의 제안에 기초하여 "박물관에 관한 사상을 보급하고 그것의 건설 완성의 기운을 촉진할"(博物館事業促進会 규칙 제2조) 것을 목적으로 창립되었다.

그림 1-3 다나하시 겐타로
(『圖說博物館史』)

그림 1-4 히라야마 나리노부
(『博物館研究』 2-10)

이 박물관사업촉진회 창립의 주역이었던 다나하시 겐타로는 일본에서 '박물관의 아버지'라고 불리며, 전전戰前·전중戰中·전후戰後를 통해 박물관의 '이론적·조직적 지도자'(伊藤寿朗,「日本博物館発達史」)로 알려져 있다.

1869년 기후岐阜현에서 태어난 다나하시는 1903년 36세의 나이에 도쿄고등사범학교 교수가 되어 관찰이나 실험 등 실물을 중심으로 한 이과교육에 힘을 쏟았다. 3년 후인 1906년 도쿄고등사범학교 부속교육박물관 주사로 임명되면서부터 박물관과 관계를 맺게 되었는데, 이것이 메이지·다이쇼·쇼와에 걸친 다나하시의 박물관 인생에 기점이 되었다. 1909년에 구미 박물관 조사를 위해 독일과 미국으로 2년간 파견되어 해외 박물관을 시찰한 경험을 바탕으로, 이후 박물관학의 기초를 형성시켰다. 귀국 후 도쿄교육박물관 관장이 된 다나하시는 도쿄교육품연구회東京教育品研究会의 설립과 통속교육관의 개설, '생활의 과학화'를 테마로 한 특별전람회의 개최 등 '과학박물관'으로서의 도쿄교육박물관 부흥에 힘을 쏟았다. 1925년 1월부터는 박물관 조사를 위해 프랑스에 1년간 파견되었고, 귀국 후에는 적십자박물관의 창립에 종사했다.

그리고 1928년 다나하시는 '박물관계'의 형성을 도모하며 박물관사업 촉진회를 조직한 것이다. 회장에는 일본 적십자사 사장인 히라야마 나리노부平山成信를 앉히고, 자신은 전무이사로서 기관지『박물관연구博物館研究』의 편집을 맡았다.

박물관사업촉진회에서는 설립과 동시에 조사위원회를 설치하여 ① 박물관령에 관한 건, ② 본국에 건설해야 할 박물관의 종류와 규모 및 배치에 관한 건, ③ 이미 설립된 진열관, 전람소 등을 확장하여 박물관으로 개조하는 안案 등 세 가지 사항에 관해서 조사를 개시하는(『博物館研究』 1-1, 1928) 한편, 「본국에 배치해야 할 박물관의 종류 및 배치 안」을 정리하여 같은 해 8월 9일에「박물관 시설에 관한 건의」를 문부대신에게 제출하는 등 박물관의 진흥을 위해 대정부 운동도 열심히 펼쳤다. 1929년부터는 박물관 관계자의 전국적인 집회인 전국박물관대회(당초에는 '박물관 및 유사시설 주임자 협의회'로 발족)를 개시하여 박물관에 관한 문제를 협의하고 정부의 자문에 대해 답신하는 등의 일을 했다.

그 후로도 이 촉진회는 1940년대를 분기점으로 박물관령의 제정을 비롯해 박물관의 진흥을 위한 활동을 활발하게 전개하며, 박물관 관계자의 일원적 운동 조직으로서 기능하고 있었다. 이런 운동 조직이 창립되어 그때까지 개별적으로 운영되어 온 박물관을 결속하고 조직을 일원화한 것은 박물관 관계자에게 커다란 의미를 갖는 것일 뿐만 아니라, 그로 인해 일본에서 박물관의 조직적 기반이 성립한 것을 의미하기도 한다.

박물관 정책의 기반 확립

박물관사업촉진회가 창립된 1928년은 정책적인 측면에서도 하나의 지표가 되는 해였다. 우선, 11월 6일에 그때까지 내무성 소관이었던 사적명승천 연기념물보존과 관련한 사업이 문부성 종교국으로 이관되어, 옛 신사와 옛 사찰의 보존과 더불어 문부성 종교국으로 일원화되기 시작했다. 그에 동반하여 12월 14일에는 종교국 고사사보존과가 그 대상을 확대하여 보존 과로 개편되었다.

또한 같은 해에 국가적인 문화재의 보존을 '고사사'에 국한했던 '고사 사보존법'을 개정하려는 움직임이 있었다. 이것은 이 법의 대상 밖에 있던 성곽과 건축이나 옛 다이묘大名(유력한 무사 계급—옮긴이) 집안의 보물 등 국가 · 지방공공단체 및 개인이 소장하고 있는 물건 등도 국보로 지정하려는 것으 로, 이듬해인 1929년에 '국보보존법'이 공포되는 동시에 관련 법령에 관한 일련의 대개정이 이뤄졌다.

박물관에 관해서는 "국보의 소유자는 주무대신의 명령에 의거하여 1년 내에 황실, 관립 또는 공립의 박물관 또는 미술관에 그 국보를 출진할 의무가 있다"(국보보존법 제7조)고 정하였다. 이 국보보존법에 의하여 문화재 의 국보지정 및 보호의 대상범위가 확대되어 문화재 보호 행정은 문부성으 로 일원화되기 시작했던 것이다.

문부성은 1929년에 일본에서 최초의 전국 박물관 조사를 실시하여 『상치常置관람시설일람』의 간행을 개시함과 동시에 외국 박물관 제도의 조사에도 착수하여 『프랑스 박물관 제도의 조사』[2]를 정리하 였다. 더 나아가 같은 해 5월에 문부성 주최의 '박물관 강습회' 를 도쿄박물관(지금의 도쿄국립박물관)에서 처음 개최하였다.

7월에는 보통학무국 사회교육과를 개편하여 사회교육 국을 신설하고 박물관은 성인교육과의 소관이 되었다. 이것은 박물관을 새 롭게 사회교육 정책안으로 편입시킨다는 문부성의 자세를 드러낸 것이다.

2 『常置觀覽施設一覽』 및 『佛蘭西博物館制度の調査』 는 각각 伊藤寿朗 감수, 『博 物館基本文獻集』 제9권과 제 3권에 재록되어 있다.

그림 1-5 제1회 박물관 및 유사시설 주임자 협의회 (『博物館硏究』2-6)
그림 1-6 제7회 전국박물관대회 기념사진(1936년)(『博物館硏究』9-11)

그림 1-7 대례 기념 이바라기현립 교육참고관 (『博物館研究』 2-3)

이렇게 정부 내부에서 박물관을 적극적인 정책 대상으로 여기고, 그 정책적 기반을 정비하려는 움직임이 이 시기를 경계로 해 본격적으로 시작되었던 것이다. 즉, 이 시기에 '박물관 정책'이라는 영역이 실체와 함께 등장했다고 할 수 있을 것이다.

이상과 같이, 1928년이라는 해는 한편으로는 박물관사업촉진회라는 박물관 관계자의 전국적인 운동 조직이 성립한 해이며, 다른 한편으로는 문부성에서 박물관에 관한 정책적 기반의 정리가 개시되었다는 측면에서 박물관의 역사에서 커다란 의미를 지닌 해였다. 그리고 이것은 박물관에 관해서 '정책 - 운동'이라는 관계성이 발현되고, '박물관 정책'의 상대적인 위치가 규정된 것을 의미함과 동시에, 그 후 국가에 의한 박물관 기능이 적극적으로 활용되기 시작하는 하나의 포석이 되기도 했던 것이다.

3. 황실 의례와 박물관 진흥

황실 의례를 계기로 이뤄진 박물관 계획

박물관사업촉진회가 설립된 1928년은 쇼와 천황의 즉위 의례가 거행된 해이기도 했다. 1925년 12월 25일에 다이쇼 천황의 사망과 더불어 쇼와 천황이 즉위했고, 1928년에 그 즉위를 축하하는 대전大典기념사업이 거행되기 시작했다. 그리고 이 기념사업에 맞춰 각지에 박물관 계획의 기운이 고양되기 시작했던 것이다.

　　그런데 다이쇼부터 쇼와 초기까지의 박물관 설립은 천황 즉위, 황태자 성혼, 황태자 탄생 등의 황실 의례를 계기로 이뤄진 것이 많았다. 이 점에 대해서 마루코 와타루丸子亘는 "황제의 경사를 이용하여 발전의 좋은 기회로 삼고자 하는 것은 흔히 있던 일로 제국헌법시대에 특히 많았다. 박물관 등의 문화학술사업을 추진함에 있어서도 황실 편승의 사업이 많았던 것은 좋게 말하자면 황실 중심이라는 동양적인 정치 방식일 것이다"(丸子亘,「大正昭和期の博物館発達の展望と問題点」)라고 밝히고 있는데, 마루코가 지적한 것처럼 '황실 편승의 사업'으로서의 박물관 진흥은 대개 다이쇼 천황의 즉위 기념사업을 효시로 하고 있다. 1917년 4월에 개관한 대례大禮(천황 즉위 의식) 기념 이바라키茨城현립 교육참고관(1945년 8월에 소실되어 폐관), 같은 해 12월 20일에 개관한 대전大典기념 야마구치교육박물관(지금의 야마구치현립박물관), 1919년 2월 1일에 개관한 시립 오사카시민박물관(1939년에 폐관), 1924년 1월 10일에 개관한 대전기념 교토식물원(지금의 교토부립식물원) 등이 거기에 속한다.

　　그 후에도 1922년 1월 26일에 황태자(이후 쇼와 천황)의 성혼을 기념하여 궁내성이 관리하던 우에노공원 및 우에노동물원을 도쿄시에, 교토제실帝室

박물관을 교토시에 하사하고, 각각 은사恩賜 우에노공원, 은사 우에노동물원, 은사 교토박물관이라고 명칭을 바꾸었다(『東京国立博物館百年史』). 그와 동시에 우에노공원의 부지 400평이 미술관 건설 부지로서 도쿄부東京府에 하사되었던 것을 하나의 계기로,[3] 도쿄부미술관(지금의 도쿄도미술관)이 1926년에 개관하였다. 더 나아가 황태자의 성혼을 기념하여 시부자와 에이치渋沢栄一의 제창으로 우에노공원에 과학박물관을 건설하여 헌납하려는 움직임도 있었다. 대표자로는 후루이치 기미타케古市公威(토목학회 회장), 다카마쓰 도요기치高松豊吉(농상무성 공업시험소 소장), 오코치 마사토시大河内政敏(이화학연구소 소장), 히라야마 나리노부平山成信(일본적십자사 사장), 우사미 가쓰오宇佐見勝夫(도쿄부 지사), 나가타 히데지로永田秀次郎(도쿄시 시장) 등이 연서하여 실업계로부터 200만 엔의 기부금과 문부성으로부터 150만 엔의 보조금을 받아 계획하였지만, 결국 간토關東대지진에 의해서 중지되었다(棚橋源太郎, 『博物館・美術館史』).

3 도쿄부미술관의 건설에 있어서는 1921년에 평화기념 도쿄박람회의 개최를 계기로 미술관을 건설하자는 건의가 도쿄부 의회에 제출되었고, 또한 후쿠오카(福岡)시 와카마쓰(若松)의 사토 게타로(佐藤慶太郎)로부터 건설자금 100만 엔이 제공되었던 것도 그 배경에 있다.

쇼와대전사업

하지만 이런 황실 의례를 이용한 박물관 진흥이 본격화한 것은 쇼와대전大典사업부터다. 그리고 이러한 움직임 가운데 1928년에 박물관사업촉진회가 탄생했던 것이다.

　　박물관사업촉진회가 먼저 착수한 사업 중 하나는 "천황 즉위 기념의 사업으로서 박물관 건설의 권유"(「박물관사업촉진회 사업 보고」, 『博物館研究』 3-3, 1930년)가 있었다. "대전기념 사업으로서 각지에 다양한 계획이 있기 때문에 본회는 이 좋은 기회를 놓치지 않고 박물관 건설을 장려"(『博物館研究』 1-1, 1928년)할 목적으로 조선·타이완총독부, 간토·사할린·홋카이도청 장관·각 부현府縣 지사, 전국 각 시장·경성·평양·부산부 장관, 각 부현교육회장·농農회장, 각 상공회의소 회장, 각종 협회장 등 합계 399명에게 권장하는 문서를 송부하고 박물관 건설에 대한 협력을 호소했다.

그 문서에는 박물관이 과거의 "진귀한 물품을 보관하기 위한 창고"에서 "사회교육기관", "학교교육의 보조기관", "연구기관", "학예교육기관"으로서 필수불가결한 것으로 바뀌었으며, "기념사업으로서 이 만큼 모든 용건을 구비하고 있는 것은 달리 없을 것"이라고 박물관 건설의 필요성을 강조하고 있다(日本博物館協會, 『わが国の近代博物館施設発達資料の集成とその研究 大正·昭和編』).

그런데 박물관사업촉진회가 성립한 쇼와 초기는 박물관을 지탱하는 사회적 여건이 아직 마련되어 있지 않았다. 그 때문에 박물관계界는 외부의 권력에 의존함으로써 박물관의 진흥을 꾀한다고 하는 방법론밖에 가질 수 없었다고 생각된다. 그 점에서 쇼와대전사업은 절호의 기회였던 것이다.

각지에 배포한 문서에서 "본회는 대전기념사업으로서 박물관의 건설이 가장 적당하다고 생각한다"(같은 책)고 밝힌 박물관사업촉진회는 황실 의례를 이용하는 것이 박물관의 중요성·유용성을 호소하는 천재일우의 기회라고 파악했다. 즉, 박물관계는 그 조직의 성립 때 천황제라는 권위에 의존함으로써 진흥을 꾀한다는 수단을 선택했으며, 동시에 향후 박물관계의 존재 방식에 대한 방향을 제시하기도 했다.

그렇다면, 이 박물관사업촉진회의 호소에 대한 반응의 하나로 가나가와神奈川현의 예를 들어보자. 가나가와현에는 1928년 4월 11일, 이 박물관사업촉진회가 권유하는 글에 대해서 "시의적절한 의견"이라고 높이 평가하고, "참고로 삼길 바란다"며 권장문의 전문을 소개한 「어대례御大禮 기념사업권장에 관한 건」을 각 시정촌市町村(행정단위─옮긴이)의 행정 책임자와 각 학교의 교장들에게 통지했다. 더 나아가 4월 14일에는 「어대례 기념사업권장에 관한 건」을 각 시정촌장에게 통첩하고 "위의 사항은 가장 적절한 것이라고 인정되는 바, 귀 시정촌은 서둘러 그것이 실현되도록 노력해야 할 것"이라며 '도서관'(아동문고, 아동도서관), '천황사진의 봉안소 건설', '기념식수' 등과 함께 '박물관'(아동박물관, 학교박물관)을 제시하고 있다(『神奈川県教育史』).

한편, 문부성도 1928년 3월 2일에 같은 취지를 「어대례 기념사업권장에 관한 건의 통첩」으로 각 지방 장관에게 통첩하고 있다. 거기에는 "지금 폐하 즉위의 대의례 및 대상제大嘗祭4는 국민이 모두 적자의 성의를 다하고 경하해야 할 국가의 대전이며, 이런 경축을 장래에 전해야 할 길은 굳이 많다고 하더라도, 지방의 실정에 응하고 기념사업으로서 적당한 교육시설을 기획하는 것은 자못 시의적절한 사업이라 본다"며 기념사업으로서 교육시

설의 건설을 장려하고, 더불어 그 구체적인 예로서 "도서관과 박물관 및 각종 교육회관을 건립하고 학교 기본재산을 조성하며 육영사업의 진흥을 도모할"(『社會敎育』 5-4, 1928년) 것을 제시하고 있다.

이렇게 대전기념사업을 계기로 일본 각지에서 박물관 건설 계획이 발흥했다. 그 주요 움직임을 표로 정리했는데, 그 실질적인 담당자는 각 현과 시정촌의 지방자치단체였다.

또한 박물관 설립에 있어서는 반관반민半官半民적 단체인 각 현 교육회의 존재를 간과할 수 없다. 교육회란 교사나 교육 관계자들이 주로 참가하는 직능 단체지만, 이 시기에는 익찬 단체翼贊團體(천황을 중심으로 거국일치의 정치체제 강화를 목적으로 결성된 정치 결사─옮긴이)적인 성격을 띠기 시작해 권력의 말단 기구이자 파시즘 교육 체제를 적극적으로 추진해 가는 담당자로서 기능하

고 있었다.

아키타秋田현 교육회에서는 1927년 11월, 천황 즉위를 기념하는 대례의 기념사업으로서 박물관 건설에 관한 건의를 지사에게 제출하고 있다. 이 사업을 건의하게 된 배경은 쇼와 천황이 아키타현을 시찰할 때 나온 "한층 교육산업의 진흥에 기할 필요가 있다"는 말이었으며, 그 실현을 위해서는 박물관을 건설하는 것이 최선이라고 생각했던 것 같다. 건의서에서는 "황실에 관한 전시실 하나를 실내에 특별히 설치하고, 고귀한 문헌과 보물을 봉헌하여, 일반에게 황실의 존엄, 특히 인휼仁恤의 사례를 관람하도록 하고 현민縣民에게 항상 황실중심주의 정신을 고취"함을 그 목적으로 한다고 제시하고 있었다(『博物館研究』1-2, 1928년). 즉, 아키타현 교육회에서는 황실 경사를 기념하는 박물관을 건설함으로써 "황실중심주의 정신을 고취"할 것을 기대하고 있었다고 할 수 있다.

한편, 민간에서도 시부자와 에이치·고 세이노스케鄕誠之助·도쿠가와 이에사토德川家達의 발안으로 쇼와 천황의 즉위를 기념하여 간토대지진으로 대부분 건물이 소실된 도쿄제실帝室박물관을 부흥시켜 '동양고미술박물관'으로 제실에 헌납하려는 움직임도 있었으며, 1928년 9월에 '대례기념제실박물관부흥익찬회大禮記念帝室博物館復興翼贊會'가 결성되었다(『東京國立博物館百年史』).

이렇게 쇼와 초기에는 황실 의례를 계기로 삼은 박물관 진흥이 활발해졌으며, 다른 한편에서는 박물관사업촉진회와 같이 박물관의 조직적 기반의 성립이라는 부산물도 생겨났다. 여기에서는 천황제에 의존하는 형태로 박물관의 진흥을 꾀한다고 하는 구도를 발견할 수 있다.

표 1-1 쇼와 어대전기념박물관 계획 일람

설치 주체	계획명	개요	개관년
철도성	철도박물관	요쓰야(四谷)터널에 들어가는 공사비 100만 엔으로 대철도박물관을 건설하고, 에이라쿠초(永樂町)에 있는 기존의 철도박물관도 합병할 예정이었다. 그러나 이 계획을 들은 에이라쿠초(江木)철도 대신은"어리석은 일을……" 이라는 한마디로 중지를 명령했다.	
상공성	대전기념상공참고관 (大典記念商工參考館)	상공심의회는 1928년(쇼와 3년) 10월 16일 제국공예회 회장 사카타니 요시로(阪谷芳郎)의 제창에 의한 상공참고관(商工參考館)을 상공성의 사업으로 하는 것을 결정하고, 상공성의 1928년도 예산으로 상공박물관 건설준비비 3만 6000엔을 계상했다.	
아키타현	어즉위기념박물관 (御卽位記念博物館)	아키타현교육회는 1927년(쇼와 2년) 11월, 어즉위기념대례의 기념사업으로서 박물관 건설에 관한 건의를 지사에게 제출했다. 그 건의문에서 "교육산업의 향상발전을 기"하고 "황실중심주의의 정신을 고취하며" "근왕애국의 지기에 불타는 헌신희생을 떨칠 당년지사의 충렬을 기리는 것"을 박물관 건설의 목적으로 하고 있다.	
가고시마현	향토박물관 (현 가고시마현립박물관)	지학(地學[사쿠라지마櫻島])를 중심으로 한 암석·지질에 관한 것), 생물, 고고, 명승지의 4부문의 자료를 수집하고, 현립 도서관 내의 1층·3층에 진열장을 설치	1928.
센다이시	대전기념향토박물관 (大典記念鄕土博物館)	센다이시의회 의원인 기쿠타 사다사토(菊田定鄕)는 센다이(仙台)의 명문·다테(伊達) 가문 소장의 보물을 바탕으로 한 박물관의 건설을 제창하고, 1928년 8월에 시의회 의장에게 건의했다.	
요코하마시	대전기념상공장려관 (大典記念商工獎勵館) (이후 폐관)	공사비 60만 엔을 투자해서 야마시타초(山下町)의 미국영사관 터에 철조 콘크리트 4개를 세워 상공장려관을 건설	1929.4.23.
교토시	대례기념교토미술관 (大禮記念京都美術館) (현 교토시미술관)	오카자키(岡崎)공원 상품진열소 터에 공비 65만 엔으로 건설	1933.11.
오사카시	오사카성	오사카시의 대전사업은 오사카성 공	1933.11.

	천수각·역사박물관	원의 재흥이었는데,1928년 10월 26일, 오사카성 천수각을 역사박물관으로 삼기로 결정했다.	
오카야마시	대전기념향토박물관 (뒤에 폐관)	고바시초시(小橋町市)교육관의 부지 내 40평에 공사비 1만 엔으로 목조양관 건물의 소박물관을 건설하고, 미술품·발굴품·특산품 그 외 역사적 자료를 수집.	1929.
후쿠오카시	기념동식물원 (뒤에 폐관)	후쿠오카시 어대전봉축준비위원회는 1928년 9월 24일에 동식물원의 건설을 결정했지만, 시민의 불평과 부지의 문제 때문에 백지가 되었던 것인데 지사 경질에 의해 1933년경부터 다시 부활하고 이 공원의 도호(東邦)차고 옆 부지로 결정했다.	1933.8.
오이타현 나카쓰시	후쿠자와기념관	나카쓰(中津) 시장과 보좌관에 의해 추진되었으며, 150평 부지에 건설되었다.	1930.6.11.
현립 오카야마상업학교	산업박물관 (뒤에 폐관)	내외공업품, 우수국산품, 지역박물 참고품, 유망한 신공업, 문화 발달의 현재와 과거, 그 밖에 고고학상의 참고품까지 전시가 구성되고 있다.	1929.3.9.
기후고등림학교	어대전기념 나카식물원 (현 기후대학 농학부식물원)	지역의 나카무라(那加村)로부터 토지 의무상 제공을 받았던 기후고등농림학교는 그 부지에 나카(那加)식물원을 신설. 전원을 자연분류원, 응용수목원, 구계(區系)수목원, 생태수목원의 4개로 분류.	1928.11.21.
오사카부립 산파회	출산박물관	"출산의 지식보급 및 교양을 도모하는 것"을 목적으로 하여 출산박물관을 계획하고, 1928년 11월에 설립자금 15만 엔의 기부금 모집의 인가가 내렸다.	
구마모토시 소재 호소카와 후작가	역사박물관	구마모토시에서는 어대전기념으로 서공예당의 계획을 세우고, 그 기부를 세천후작가에 신청했는데, 호소카와(細川) 가문의 나카지마 다메키(中島爲喜)는 역사박물관 건설을 희망하는 뜻을 전했다. 시는 위원회 설립을 협의하고 부지를 구마모토성 내 유년학교 자리로 할 것을 결정.	

4. '국체명징' 운동과 박물관

일본박물관협회의 전환

1931년의 만주사변을 계기로 군국주의적인 색채가 점차 짙어져 갔는데, 박물관에 있어서도 시류에 따른 형태의 운동적·정책적·사상적인 전환이 급격하게 이뤄졌다.

1932년에 일본박물관협회의 사무국이 문부성 안으로 이전하고, 이듬해인 1933년에는 일본박물관협회의 상무이사로 마쓰모토松本고등학교의 전 교장이었던 문부성 사회교육과 촉탁 오와타리 주타로大渡忠太郎가 취임했다. 그 이후 일본박물관협회의 체질 전환이 두드러지게 되었다. 특히 같은 해 5월에 개최되었던 제5회 전국박물관대회에서 문부대신에게 보낸 답신에서는 그때까지의 소박한 진흥 요구에서 적극적인 국민 교화를 강조하는 쪽으로 일변하게 되었던 것을 알 수 있다.

그리고 "(박물관 사업이) 국난 타개와 거국일치 운동의 일익을 담당하는 것은 당연한 책무"(「全國博物館週間趣意書」, 『博物館硏究』 6-10, 1933년)라고 하고, 1933년부터 매년 11월에 메이지절明治節(메이지 천황의 생일)를 중심으로 전국 박물관 주간을 개시하여 박물관 사업의 보급을 목적으로 한 운동을 전개해 갔다. 일본박물관협회는 그 활동 방침에서 "국민교화 운동의 일익에 참가하거나 혹은 건국 역사의 천명, 산업자원의 전시 등에 따른 국민 개발과 거국일치를 위해서 책무를 다할"(「日本博物館協會は何をするか」, 『博物館硏究』 7-3, 1934년) 것을 목적으로 언급하며, 조직 자체가 교화 단체로서의 길을 선택해 가게 되는 것이다.

표 1-2 일본박물관협회 답신의 변천

제1회 박물관 및 유사시설 주임자협의회/1929년(쇼와 4년) 5월 22일, 23일

문부성 자문	현시의 아국(我國)의 상황에 비춘 박물관의 보급 발달에 관한 적당한 방책 여하
답신	1. 신속히 박물관령을 제정하는 것 2. 도·부·현에는 반드시 1개 이상의 공립박물관을 설치하게 하는 것 3. 박물관원의 양성 및 기능 보습에 관한 시설을 만드는 것 4. 공사립박물관에 대해서 국고로부터 보조금을 교부하는 것 5. 박물관에 관한 국민의 사상을 계몽하기 위해 국정교과서에 박물관의 한 과를 더해 사범학교의 교육과에 학교교육상에 박물관 이용의 일항을 더하게 하는 것 6. 본성(本省)에서 실시할 수 있는 사상 선도 및 성인 교육의 강습회 등에 박물관을 이용하게 하는 것 7. 문부성에 박물관 사업지도 장려의 전임 직원을 두는 것 [1929년(쇼와 4년) 5월 27일 문부대신]

출전: 『博物館研究』 2-6, 1929년.

제5회 전국박물관대회/1933년(쇼와 8년) 5월 6일, 7일

문부성 자문	시국에 비추어 박물관으로서 특히 유의해야만 할 사항 여하
답신	……주로 만몽 문제를 중심으로 하는 현시의 일본 대 열강의 문제라고 해석하여 답신하고 다만 사상 문제 등도 종속적으로 고려하는 것으로 하며 [……] 목하의 비상 시국을 국민에게 정당하게 이해시킴으로써 민심을 작흥하고 시국에 선처하는 것을 필요로 하며 그를 위해서는 아래와 같은 방법을 구상하는 것을 필요로 한다고 사유하는 것이며 제1, 문부 당국은 정부의 사업으로서 또는 그러한 기관의 사업으로서 시국을 이해시키기 위해 필요한 도표(교묘하게 통계적으로 혹은 도해적으로 보였던 것)를 가급적 많이 작성하고 각종 박물관의 수요에 응해서 배포하고 또는 각종의 학교 등에도 분포하는 것 제2, 국체를 이해하고 국민정신으로 진작하기에 유익하다고 인식되는 역사적 문서 회화 등을 복제하여서 각 박물관 및 학교 등에도 분포하는 것 제3, 만몽 산물의 표본류 등을 가급적 많이 모아 그것을 각지 박물관에 배포하는 것 제4, 시국을 이해시키기 위해 적절한 영화를 작성하고 그것을 각종 박물관 및 교육 단체 등에 대여하는 것[……] 제7, 정부에서 수집한 전리품 또는 만몽의 자원에 관한 참고자료 등은 가능한 한 무료로 제일 먼저 박물관에 기증시키는 것 제8, 만몽의 학술적 조사 및 자료 수집을 계획시키는 것 상기의 조사 및 수집에는 박물관 관계자도 참가하게 할 것 [1933년(쇼와 8년) 5월 11일 문부대신]

출전: 『博物館研究』 6-5·6, 1933년.

교학쇄신평의회

이런 운동으로 방향을 전환하는 한편, 문부성을 중심으로 정부 안에서 박물관은 전시 체제의 일익을 담당하는 기관으로 차츰 자리매김하게 되었다.

1935년의 이른바 '천황기관설天皇機關說(주권은 국가에 있으며, 천황은 法人이자 국가의 최고기관임을 주장한 학설－옮긴이) 문제'를 계기로 '이단'의 학문이나 사상을 배제하는 방향으로 나아갔고, 천황의 존엄을 기조로 한 '국체명징國體明徵' 운동이 전개되기 시작하자, 문부성은 그 구체화의 시작으로서 1935년부터 약 2년간 문부대신의 자문기관인 교학쇄신평의회를 설치했다.

교학쇄신평의회는 1936년에 「교학쇄신에 관한 답신」을 제출하는데, 전체적으로 강조했던 것은 철저한 '국체명징'이었으며, '국체'와 '일본 정신'을 기조로 하는 천황제 이데올로기의 확립을 의도한 것이었다. 어떤 측면에서 '신비적인 국체론'(海老原治善, 『續・日本教育政策史』)이 세력을 떨쳤지만, "쇼와 전전戰前기의 파시즘 교육정책에 대한 기본적인 이념을 제시했다"(安川寿之輔, 「國家總動員體制下の教育政策」)고 평가되기도 했다.

박물관도 이런 문맥 안에서 자리매김하고 있었다. 답신 가운데 「사회교육 쇄신에 관한 실시사항」에서는 "서양 사상의 순화에 노력하고 새로운 자각 아래 그 정신・내용의 쇄신을 도모한다". 즉, '서양 사상'이라는 '사념邪念'을 제거하고 일본 정신에 근거한 교육으로 변모해 나갈 것을 지향하고 있었다. 그리고 "국민의 사상・문화의 발달에 지대한 관계를 지니고 있는 도서관・박물관의 발달을 기하는 데 노력해야 한다"(『近代日本教育制度史料』제14권)며 그 방향성을 제시하고, 교육 쇄신의 유효한 수단으로서 도서관・박물관을 자리매김하였던 것이다. 거기에서는 사상선도思想先導의 수단으로서 일원화되고 그 교화적 측면이 비대화되었던 지극히 정신주의적 박물관 상을 발견할 수 있다.

그림 1-8
제2회(1934년), 제6회(1938년)
전 일본 박물관주간 포스터
(『博物館研究』7-12, 11-10)

그림 1-9
제3회 전 일본 박물관주간 풍경
(『博物館研究』8-12)

2장
내셔널리즘의 제전 속에서

_환영의 '국사관' 계획

1. 기원 2600년과 박물관

기원 2600년 기념박물관 계획

1940년(쇼와 15년)은 간무神武 천황이 나라현에 소재한 가시하라橿原에서 처음
즉위했다고 일컬어지는 해로부터 2600년이 되는 해다. 이 '기원紀元(皇紀)
2600년'을 기념하는 행사나 사업이 내외 각지에서 거행되었다. 그 중 11월
10일에는 정부가 주최하는 기념식전이 거행되었는데, 그 회장으로 쓰인
천황이 기거하는 궁성宮城(=皇居) 앞 광장에서는 천황과 황후가 배석한 가운
데 각계 대표자 5만 명 이상이 참례했다.

　　또한 이 날부터 5일 동안은 깃발과 제등 행렬, 그리고 음악 행진과 축하
연회 등의 떠들썩한 축제가 전국 곳곳에서 계속되었다. '기원 2600년'을
겨냥한 역사서가 서점에 진열되고, 기원 2600년 봉축 국민가요가 거리에
울려 퍼졌다. 천손강림天孫降臨 전설의 무대인 미야자키宮崎현 다카치호高千穗

에서는 거대한 '팔굉지기축주八紘之基軸柱'가 세워졌다. 내각이 파악하고 있는 것만 해도 1만 5000건 남짓의 행사가 거행되었는데, 지출 비용은 총 1억 6000만 엔 이상이었다고 일컬어지고 있다(『紀元二千六百年祝典記錄』제11권).

이처럼 국가 차원에서 거행된 제전 가운데 박물관도 '선전부대'로서의 역할을 담당했다. 무엇보다 기원 2600년을 기념해 박물관 설립의 움직임이 활발해진 점이 눈에 띈다.

1923년(다이쇼 12년) 간토대지진(원문은 関東大震災, 이하 간토대지진으로 표기—옮긴이)으로 오차노미즈お茶の水 본관이 전소된 도쿄박물관(1933년 2월에 도쿄과학박물관으로 개칭. 지금의 국립과학박물관) 측은 1933년 11월에 우에노공원에 새로운 건물을 준공해 일반에 공개했는데, 개관과 동시에 시설의 협소성이 지적되어 기원 2600년을 계기로 확장 운동이 일어나기 시작한다. 개관한 지 불과 몇 년도 되지 않은 건물의 증축·확장 계획에 대해서 350만 엔을 요구하는 것 자체가 무모한 계획이었지만, 더 큰 문제는 기원 2600년 기념사업에 기대어 그 재정을 확보하려 했다는 데에 있었다(「皇紀二千六百年記念東京科学博物館拡張計画」, 『自然科学と博物館』제87호, 1937년).

또한 기원 2600년을 계기로 설립 운동이 고양되었던 계획 중에는 '국립자연박물관'이 있었다. 예컨대 일본동물학회장 야쓰 나오히데谷津直秀, 일본식물학회장 후지이 겐지로藤井健次郎, 일본지질학회장 도쿠나가 시게야스德永重康, 일본조류학회장 다카쓰카사 노부스케鷹司信輔, 일본곤충학회장 사사키 주지로佐々木忠次郎, 응용동물학회장 오카지마 긴지岡島銀次 등이 연명으로 제출한 「국립자연사박물관 설립 청원서」가 1938년 제73회 제국의회에서 채택된다. 그와 똑같은 청원이 이듬해 제74회 제국의회 귀족원에도 제출되어 채택된다. 이러한 일련의 청원은 1941년 국립자원과학연구소의 창립으로 결실을 맺게 된다.

이러한 사항에 관해서는 시이나 노리타카椎名仙卓와 이토 도시로伊藤寿朗가 각각 다음과 같은 견해를 제시하고 있다. 시이나는 '과학계 박물관 설립 운동'이라는 문맥 속에 '황기皇紀 2600년 기념사업으로 설치 운동'을 자리매김하고 공업박물관, 자연사박물관, 음악박물관, 영화박물관, 실업박물관의 설치 운동과 함께 도쿄과학박물관 확장 운동 등을 언급하며 그 내용을 소개하고 있다. 그리고 이러한 운동들을 총괄하여 "쇼와 초기의 대전기념사업에 편승한 지방 박물관 설치 운동에 비교하면 매우 저조했으며" "기념사업에 편승한 진부한 운동에 지나지 않았다"고 단언한다(椎名仙卓, 『日本博物館発達史』). 또한 이토는 "황기 2600년 기념박물관 설립 실태는 1940년에 11개관이었고 이듬해에는 4개관에 불과했으며, 그것도 폐관으로 인해 총수는 거꾸로 감소했던 것이다. 이 시기는 전시통제경제로 인해 국가 재정의 70~80%를 군사비가 차지했고, 국민총생산력은 한계에 달해 새로운 문화시설의 조직적 확장 따위는 물리적으로 불가능에 가까운 상황이었다"고 분석하였다(伊藤寿朗, 『日本博物館発達史』).

이 두 사람의 견해는 박물관 관계자의 설치 운동과 경제 상황에 규정된 박물관 수의 양적 추이 중 어느 쪽에 비중을 두고 있느냐는 점에 차이는 있지만, 두 사람 모두 기원 2600년을 기념하기 위한 박물관 설립 운동이라는 현상에 초점을 맞춰서 기원 2600년은 박물관에 대해서 영향을 미치지 못했다는 공통된 결론을 내리고 있다. 분명 이토의 지적대로 전시 체제의 진전에 따라 국가 재정난이 심각한 상황 속에서 박물관 사업과 같이 커다란 경비를 요하는 사업이 후퇴하는 것은 당연한 일이며, [표 2-1]에 나타난 것처럼 실제로 설립된 박물관 숫자는 계획에 비해 턱없이 모자랐다. 그러나 오히려 여기서 주목해야 할 것은 박물관계가 이 제전을 이용해 무엇을 추구했으며 국가는 박물관을 통해 무엇을 보급하려고 했는지, 그리고 거기에는 어떠한 정치적인 역학이 작용하고 있었을까 하는 점이다.

표 2-1 기원 2600년 기념 박물관 계획

설치 주체	계획명	개요	개관년
문부성	현대미술관	"일본 미술의 발전을 기하고 또 국민정조의 도야를 도모할 수 있는 국가적 계획"으로서 건설을 계획	
사이타마현	기념관(가칭)	청년수양단련도장 '나가카와도장(氷川道場)(가칭)'의 건설과 함께 계획. 60만 엔의 예산을 들여 1940년(쇼와 15년) 3월 12일에 승인	
도치기현	향토박물관	"향토 출신의 근왕지사(勤王志士) 및 야스쿠니(靖国) 영령의 물품·문헌을 보존 현창하고 이와 함께 현민의 교양 향상을 도모하기 위해서" 향토박물관, 도서관, 강당, 무도장으로 구성된 '시모쓰케(下野)문화시설'을 계획	
야마구치현	흥아기념관	야마구치현 야스쿠니신사와 인접한 300평 부지에 군사원호기부금 30만 엔을 재원으로 계획	
후쿠오카현	국사박물관	후쿠오카현 사사병사과(社寺兵事課)에 의해 계획되었으며 정치·경제·산업 관련 자료수집과 전시 예정. 총 공사비 약150만 엔	
나라현	야마토국사관 (현 나라현립 가시하라고고학연구소 부속박물관)	가시하라신궁 외원(外苑)에 건설되었던 대강당·건국회관·팔굉료(八紘寮)·가시하라문고·야외공당(野外公堂)·대운동장·미소기바(禊場) 등 10개의 시설로 된 '가시하라도장(橿原道場)'의 일부로서, 하라다적선회(原田積善會)의 출자에 의해 건설되었다. 공사비 15만 엔의 목조 단층 건물	1940.11.18
고베시	향토박물관	'사회교육의 중심기관'으로서 고베시와 관련된 과학·역사·미술 자료 수집. 신축비 130만 엔, 설비비 20만 엔 예산으로 설립	
고베시	삼림대식물원 (현 고베시립삼림식물원)	10년 계획으로 경비 약 100만 엔을 투자하여, 종래의 정원식을 피해, 식물의 생육상태를 그대로 보여주고, 원내에는 사슴이나 원숭이 등을 방목하는 등 친자연적인 교육 시설로 계획	1940.2.11
나가사키시	나가사키시박물관 (현 나가사키시립박물관)	1939년(쇼와 14년)에 시의회로부터 창설을 결의한 후, 같은 해 나가사키상품진열소를 개축하여 시립나가사키사료(史料)박물관이라는 명칭으로 임시 개관한 후, 다음해 5월 나가사키시박물관으로 개칭하였다. 이후 1942년(쇼와 17년) 2월 11일 정식으로 개관	1942.2.11
국풍회	국체관	구체적 활동으로서는 '국체명징에 관한 실물지도(實物指導)의 대설비', '국체의 근간배양에 관한 광범위한 자료의 수집', '각 시대의 사료편찬 및 정사(正史)편수', '특수 자료의 편찬 및 연구', '출판사업', '국체명징에 관한 강연' 등을 제안	
일본민족박물관 설립위원회	일본민족박물관	"국운의 약진과 국가 내외의 정세를 고려하여 일본 문화의 현상을 국민에게 철저하게 하고, 나아	

		가 이를 세계에 이해시키기 위해" 일본민족박물관의 건설을 제창	
(※)	국립자연박물관	1938년(쇼와 13년)의 제73회 제국의회 중의원에서 '우리나라에 각종 천연자원을 종합적 또 유기적으로 수집·조사·정리하고, 장래의 이용갱생에 이바지하는' 것을 목적으로, 청원서를 제출하여 채택되었다. 아울러 다음 제74와 75회 제국의회에서도 같은 청원이 채택	
음악박물관 건설준비위원회	음악박물관	동아(東亞)음악에 관한 자료를 수집하고, 연구기관적인 성격을 준비했던 박물관을 구상하고, 전국적인 규모에 걸쳐 설치 운동을 전개. 그 사이 활동의 일환으로서 '동아음악문화전람회'를 됴쿄과학박물관에서 개최	
미토시 도키와신사	역사박물관	별격관폐사(別格官幣社) 도키와신사 궁사인 오가와(小川)가 계획하고, 이 신사 경내의 인접지 500평에 신사소유지 200평을 더해서 부지를 예정하고 있다.	
현대미술관 건설촉진연맹	현대미술관	일본 미술계를 대표하는 미술가 사이에서 결성되었던 현대미술관건설촉진연맹이 문부성의 기원 2600년 기념 근대미술관 건설 계획을 받아 도쿄시장에게 진정서를 제출했다.	
도쿄부 풍치협회연합회	자연박물관· 향토관	무사시노의 흔적이 남아 있는 적당한 장소를 선정하고 구역 내의 식물·생물 등을 자연 그대로 영구하게 남기는 '자연박물관'과 무사시노의 기념자료를 보존하는 '향토관'을 계획	
나가노현 시나노	시나노향토박물관	역사부·미술부·미술공예부·자연부·산업부·교육부의 6부로부터 박물관을 기획. 그 외 특별설비로서 연구실·강당을 부설하는 것을 예정하고 있다.	
요시노 구마노 국립공원협회	역사박물관· 고산식물원	요시노구마노국립공원 내의 요시노야마(吉野山)에 '요시노조(吉野朝)박물관'을, 오미네(大峰) 산록에 '요시노 구마노 고산식물원'의 건설을 계획	
미오 구니조	재단법인 난키(南紀)미술관 (이후 폐관)	전 와카야마시의원인 미오 구니조는 자택에 공사비 30만 엔으로 미술관을 건설하고, 그 외 유지비 수집자료 2000점 등 200만 엔에 상당하는 기부를 와카야마현에 제출해, 재단법인으로 개관	
가가와현 나카타도군 소학교장회	해양박물관	바다의 신을 모시는 고토히라궁(金刀比羅宮)의 산 위로 수산물 그 외 바다에 관한 것을 수집한 '해양박물관'을 계획	

출전: 『博物館研究』 각호, 「자연과학과 박물관」 각호 및 『기원 2600년 축전 기록』 8권을 근거로 필자가 작성.
(※) 야쓰 나오히데(谷津直英), 일본동물학회장·후지이 겐지로(藤井健次郎), 일본식물학회장·도쿠나가 시게야스(德永重康), 일본지질학회장·다카쓰카사 노부스케(鷹司信輔), 일본조학회장·사사키 주지로(佐佐木忠次郎), 일본곤충학회장·오카지마 긴지(岡島銀次), 응용동물학회장.

전시되는 '기원 2600년'

'기원 2600년'과 박물관의 관계에 대해서는 '기원 2600년 기념'을 내세운 전람회가 많았던 점도 특징의 하나로 들 수 있다. 도쿄제실박물관에서는 1940년 11월 5일부터 24일까지 '쇼소인正倉院유물 특별전람'을 개최하여 나라의 쇼소인 유물을 처음으로 일반인에게 공개했는데, 이 전람회는 40만 명이 넘는 입장객이 드는 이례적인 성황을 이루었다(野間清六, 「正倉院御物特別展觀に於ける拜觀者」).

그 밖에도 체신박물관遞信博物館의 '기원 2600년 기념 체신교통문화전람회', 와세다대학 연극박물관의 '세계연극문화전람회', 신궁징고관神宮徵古館 농업관의 '기원 2600년 기념전', 일본적십자박물관의 '기원 2600년 봉축 위생일본회고전', 부민협회富民協會농업박물관의 '흥농 2600년전興農二千六百年展' 등 박물관 주최의 기원 2600년 기념 전람회가 수없이 개최되었다. 특히, "농업 일본 흥륭의 역사를 말한다"라는 테마로 1940년 2월부터 10월에 걸쳐 교토시, 오사카시, 후쿠오카시, 오카야마현, 기후현, 가가와현 등지를 순회하며 개최된 '흥농 2600년전'은 많은 관람객을 모았다고 한다(『博物館研究』 13-5, 1940년).

이러한 박물관 주최의 전람회는 같은 시기에 백화점 등이 개최한 전람회의 성황과도 관련이 있다. [표 2-2]와 같이 기원 2600년을 기념한 수많은 전람회가 주로 백화점에서 열렸는데, 그것은 "눈에 호소하는 교육기관"을 표방하는 박물관에도 적지 않은 영향을 끼친다.

또한 학교행사의 일환으로 시행되었던 어린이 그림이나 서예 작품을 전시하는 전람회의 동향도 중요하다. 문부성은 1939년 9월 28일의 「기원 2600년 신년 봉축 실시요강」을 필두로, 10월 24일의 「기원 2600년 신년

표 2-2 기원 2600년 기념 전람회 일람

1938년(쇼와 13년)

기일	명칭	회장	주최(후원)
5.21~5.31	황기 2600년 기념 일본만국박람회회장 모형전관	다카지마야 교토점	일본만국박람회협회

1939년(쇼와 14년)

기일	명칭	회장	주최(후원)
2.24~2.29	봉축 2600년 신사보물전람회	긴자 마쓰자카야	도쿄부관광협회(내무성)
4.12~4.27	기원 2600년 봉찬전람회	다카지마야 도쿄점	기원 2600년봉찬회
5.14~5.25	기원 2600년 봉찬전람회	다카지마야 난바점(교토)	기원 2600년봉찬회
5.29~6.7	기원 2600년 봉찬전람회	다카지마야 도리마루점 (교토)	기원 2600년봉축회
6.20~7.5	기원 2600년 봉찬전람회	다마야백화점(후쿠오카)	기원 2600년봉축회 후쿠오카현 지부
7.15~7.31	기원 2600년 봉찬전람회	야마가타야백화점(가고시마)	기원 2600년봉축회 가고시마 지부
8.31~9.15	기원 2600년 봉찬전람회	마쓰자카야 본점	기원 2600년봉축회
10.1~10.15	기원 2600년 봉찬전람회	이마이백화점(홋카이도)	기원 2600년봉축회 홋카이도 지부
11.1~11.13	기원 2600년 봉찬전람회	후쿠야백화점(히로시마)	기원 2600년봉축회 히로시마현 지부

1940년(쇼와 15년)

기일	명칭	회장	주최(후원)
1.7~1.16	황기 2600년 봉찬 서도대전람회	도쿄부미술관	다이토서도원 (기원 2600년축전사무국·문부성·내무성)
1.9~1.28	기원 2600년봉축전람회	시내 7개 백화점	기원 2600년봉축회 (기원 2600년축전사무국·내각정보국)
	우리의 신천지	신주쿠 이세탄	
	우리의 황군 (대파노라마관·빛나는 '무훈관')	니혼바시 다카지마야	
	우리의 정신	긴자 마쓰야	
	우리의 생활(역사부)	마쓰자카야 우에노	
	우리의 생활(신생활부)	마쓰자카야 긴자	
	우리의 조상	니혼바시 미쓰코시	
	우리의 국토	니혼바시 시로키야	
2.1~5.31	황기 2600년 기념전	신궁징고관 농업관	신궁황학관(皇學館)·신궁문고(文庫)
2.7~2.16	기원 2600년 봉찬전람회	조지야백화점(경성)	조선총독부

2.24~2.29	봉축 2600년 신사보물전람회	긴자 마쓰자카야	도쿄부관광협회(내무성)
3.20~4.20	기원 2600년 기념 빛나는 기술전람회	우에노 이케노 하타박람회장	도쿄니치니치신문사·일본기술협회 (내무·대장·육군·해군·문부·상공·체신·철도·척무·후생 각성)
3.25~3.31	기원 2600년 봉찬전람회	다카라야마백화점(신경)	신경시·신경시협화회
3.30~4.7	기원 2600년 봉축전람회 「우리의 정신」	신사이바시주고(오사카)	기원 2600년봉축회 (기원 2600년축전사무국·내각정보국)
4.2~4.7	요코야마 다이칸(橫山大觀)기원 2600년 봉축기념전	니혼바시 미쓰코시·다카지마야 도쿄점	
4.2~4.14	기원 2600년 봉축전람회 「우리의 선조」	고라이바시 미쓰코시 (오사카)	기원 2600년봉축회 (기원 2600년축전사무국·내각정보국)
4.2~4.20	기원 2600년 봉축전람회 「우리의 생활」	니혼바시 마쓰자카야	기원 2600년봉축회 (기원 2600년축전사무국·내각정보국)
4.3~4.14	기원 2600년 봉축전람회 「우리의 황군」	다카지마야 오사카점	기원 2600년 봉축회
4.3~5.12	2600년 일본역사전	오사카시립미술관·오사카성천수각	오사카마이니치신문사 오사카시
4.21~5.15	기원 2600년 봉축 일본화전람회	대례기념교토시미술관	오사카마이니치신문사
4.28~5.4	기원 2600년 봉찬전람회	봉천시 공회당(봉천)	봉천시·봉천시 협화회
4.28~5.7	기원 2600년 기념미술전(종합)	히로시마현산업장려관	히로시마현 미술협회
5.4~5.22	기원 2600년 기념 일본문화사전람회	도쿄부미술관	아사히신문사
5.14~5.19	기원 2600년 봉찬전람회	미쓰코시 지점(대련)	관동국시정부
5.21~5.28	기원 2600년을 맞이하여 해군주간전	다카지마야 도쿄점	요미우리신문사
5.21~6.18	기원 2600년 봉축 일본화전람회	도쿄부미술관	도쿄니치니치신문사
6.20~7.10	기원 2600년 기념 통신교통문화전람회	체신박물관	국제교통문화협회·체신박물관
10.1~11.24	기원 2600년 봉축 미술전람회	도쿄부미술관	문부성·기원 2600년봉축회 (기원 2600년축전사무국·도쿄부)
10.20~	기원 2600년 봉축 위생일본회고전	일본적십자박물관	일본적십자박물관
10.23~11.6	황기 2600년 봉축 기념 일본근세명화전	은사(恩賜) 교토박물관	은사 교토박물관
11.1~11.15	일본민족해외발전전람회	다카지마야 도쿄점	기원 2600년축전사무국
11.1~11.30	황기 2600년 봉축전람회	일본민예관	일본민예관
11.5~11.24	쇼소인 어물특별전관	도쿄제실박물관	도쿄제실박물관

봉축 실시에 관한 건」, 그리고 1940년 2월 15일의 「기원 2600년 기원절을 즈음하여 조서詔書를 반포함에 교육교화 책임자의 교지敎旨 수행 방안」 등의 여러 정책에 따라 이러한 전람회가 '교육의 통일성과 획일성을 도모하기 위한 수단'으로 실시되었던 것이다(山本信良 · 今野敏彦, 『大正 · 昭和敎育の天皇制イデオロギーⅡ』).

예컨대 1940년 1월 20일부터 21일까지 열린 사이타마현 교육회, 소학교 교원회 주최의 「기원 2600년 기념 아동작품 전람회」는, "각 군과 시에 있는 각 학교의 모든 아동의 그림 · 수공 · 서예 작품을 엄선한 것 수천 점"을 전시하는 것이었는데, 그 작품 내용은 "건국 정신을 발양하고 일본 문화를 향상시키는 아동작품으로 한다"고 규정하고, 구체적으로는 군대 · 군함 · 비행기 · 국기 · 신사 · 봉안전 등을 그리도록 지시했다고 한다(山本信良 · 今野敏彦, 『大正 · 昭和敎育の天皇制イデオロギーⅡ』).

이러한 움직임은 학교뿐만 아니라, 전람회라는 형식을 꼭 필요로 하는 미술계의 경우도 마찬가지였다. 요코야마 다이칸橫山大觀을 비롯한 당시 유명한 일본화 화가 11명에게 위촉한 일본화 「조국역사에마키肇國歷史絵卷」 등이 주요 전시품이었던 '기원 2600년 봉찬전람회'는 1939년 4월 20일부터 27일까지 백화점 다카지마야高島屋 도쿄 지점에서 개최된 후, 오사카, 교토, 후쿠오카, 가고시마, 나고야, 삿포로, 히로시마, 경성, 신경新京, 봉천奉天, 대련大連 등지를 순회하며, 공식적으로 440만 명의 관객이 관람했다고 한다(古川隆久, 「紀元二千六百年奉祝会開催イベントと三大新聞社」). 또, 1940년 4월 2일부터 7일까지 개최된 '요코야마다이칸橫山大觀 기원 2600년 봉축기념전'은 요코야마 다이칸의 화단 데뷔 50주년 기념을 겸한 것으로, '산'과 '바다'를 주제로 한 열 작품씩을 각각 니혼바시 미쓰코시日本橋三越와 다카지마야 도쿄점 두 곳에 나눠 동시에 전시했다.

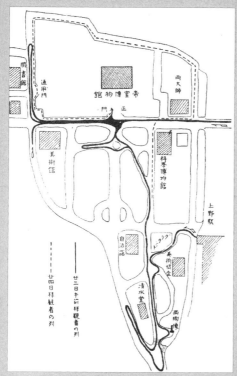

그림 2-1
도쿄제실박물관
'쇼소인 어물특별전' 관람자의 예
(「博物館研究」 13-12)

그림 2-2
도쿄제실박물관
'쇼소인 어물특별전'
(「博物館研究」 13-12)

이러한 미술계의 동향을 총괄하는 듯한 역할을 담당했던 것이 1940년 9월부터 11월에 걸쳐 도쿄부미술관에서 개최되었던 '기원 2600년 봉축 미술전람회'였다. 문부성이 기원 2600년 봉축회와 공동으로 주최한 이 전람회는 미술계 주요 단체가 거의 참가했으며, 전전戰前 미술의 집대성이라고도 할 만한 스케일과 내용을 지닌 것이었다. 미술계의 총동원 양상을 띤 이 전람회의 개최를 계기로 일본 미술계는 전쟁화戰爭畵를 중심으로 한 국방미술로 더욱 경도되기 시작하여 시각을 통한 국책 선전의 역할을 담당하게 된다.

일본박물관협회와 기원 2600년

한편, 기원 2600년을 앞둔 일본박물관협회는 쇼와대전 때와 마찬가지로 기원 2600년을 기회로 박물관 진흥을 도모하고자 했다. 박물관에 대한 국가의 개입과 통제를 기대하고, 이를 계속 요구해 왔던 박물관계의 입장으로서는 발전의 좋은 기회였던 것이다. 기원 2600년에 즈음해서 일본박물관협회는 "일본의 종합적인 모습을 한 자리에 현현顯現할 수 있는 일대 국민박물관 건설이야말로, 우리 박물관 사업 중 가장 긴박하고 절실한 과제"(『博物館研究』 8-11, 1935년)라고 표명하였으며, 일본박물관협회가 기원 2600년에 얼마나 기대를 걸고 있었는지를 알 수 있다.

　1938년 9월 21일부터 23일까지 개최된 제8회 전국박물관대회에서 문부성은 일본박물관협회에 「시국을 고려하여 박물관이 행해야 할 구체적인 시설 여하」를 자문했다. 이에 대해 일본박물관협회는 정부에게 바라는 사항으로 "황기 2600년을 기해 각지에 박물관 설립을 장려하고, 국민정신 진작에 일단의 노력을 기울여야 할 것"이라고 답했다(『博物館研究』 11-10, 1938년).

일본박물관협회는 기원 2600년 기념사업으로 박물관 설립이 필요함을 인식하고, 그 추진의 원동력을 정부에 요청했던 것이다.

2. '기원 2600년 축전 계획'

축전 계획의 시동

기원 2600년과 박물관의 관계를 가장 상징적으로 보여 주고 있는 것은 국가통일사업으로 추진했던 기원 2600년 축전 계획이었다.

축전 계획에 대해서는 수년 전부터 정계·재계가 공동으로 대규모의 계획을 세우고 있었는데, 그 효시는 1930년 6월 10일, 기원 2600년을 기념해 제12회 올림픽대회를 도쿄시에 유치하고 싶다고 하는 도쿄시장 나가타 히데지로永田秀次郎의 발언이 있은 후라고 한다(古川隆久, 『皇紀·万博·オリンピック』). 이후, 기원 2600년 기념사업을 핵심 사업으로 하여, 올림픽과 일본만국박람회 개최·유치를 중심으로 한 축전 계획이 책정되어 간다.

올림픽 유치는 주로 도쿄시와 대일본체육협회가 그 주도적인 역할을 담당하고 있었다. 1932년 IOC대회에서의 대대적인 도쿄올림픽 유치 운동 및 1933년 5월 도쿄시의회에 의한 도쿄시올림픽위원회 설치 등 유치를 위한 활발한 운동이 전개되었는데(池井優, 『オリンピックの政治学』), 그 과정에서 기원 2600년 기념이라는 요소가 덧붙여지게 된 것이다.

한편, 만국박람회 개최는 메이지 중기부터 수차례 구상된 바 있는데, 1885년 농상무農商務대신 사이고 주도西郷従道가 기원 2550년을 기념하여, 그로부터 5년 후인 1890년에 아시아대박람회亜細亜大博覧会를 개최한다는 취지의 건의서를 제출한 것이 시초다. 그 후에도 1912년의 사이온지西園寺 내각의 일본대박람회 구상, 1929년의 박람회구락부의 만국박람회 개최 건의, 다음해 박람회구락부 회장 후루이치 기미타케古市公威가 내각에 요청 하는 등 주로 산업계의 요청을 중심으로 전개되었으나 매번 재정난 등의 이유로 구상에 그치고 만다.

　　1930년대에 들어서면 상공성商工省, 도쿄시, 가나가와神奈川현, 요코하 마橫浜시 등이 적극적으로 관여하는 가운데 1940년에 기원 2600년 기념사 업과 연계하는 형태로 일본만국박람회를 개최할 것을 주장 하게 된다.[1] 이는 모두 직접적으로는 산업의 진흥을 목적으 로 하며, 간토대지진 후의 제도帝都 부흥이나 경제적인 위기 타개를 의도한 기폭제로 계획되었다. 그 배경에는 올림픽 및 만국박람회라는 일대 국가 프로젝트의 수행으로 국가의 위신을 현시하려는 의도가 함의되어 있었다. 그리고 기원 2600년 기념이라는 성격은 부수적으로 나중에 추가되었다고 하더라도, 이러한 산업진흥 프로젝트가 천황제 이데올로기와 결합해 국위선양의 수 단으로 이용되었다는 점이 가장 큰 특징이라고 할 수 있다.

1　1940년의 일본만국박람 회에 관해서는 白幡洋三郎 의 「幻の万国博」, 吉見俊哉 의 『博覧会の政治学』, 吉田 光邦의 『改訂版万国博覧会』, 吉川隆久의 『皇紀·万博·オ リンピック』 등에 자세히 기 술되어 있다.

만국박람회 개최 운동

일본만국박람회 개최에 즈음하여 그 추진 운동의 중심에서 활약했던 사람 이 사카타니 요시로阪谷芳郎였는데, 그는 대장성 관료 출신으로 사이온지 내각에서 대장성 대신을 역임했으며, 1912년부터 15년까지 도쿄시장을 거쳐 1917년부터 귀족원 의원을 지냈다. 사카타니는 수많은 단체와 기업의 임원을 역임했고, 1929년 4월부터 일본산업협회의 부총재직을 맡게 되었

기 때문에 만박 개최에 적극적인 자세를 보인다. 1932년부터는 본격적으로 만박 개최 활동을 시작해, 독자적으로「황기 2600년 기념사업 경영 법안요강」및「황기 2600년 기념 만국대박람회 개최에 대해서」등의 문건을 작성하고 인쇄·배포한다(古川隆久,『皇紀·万博·オリンピック』).

사카타니는 만박 개최뿐만 아니라, 그것을 포괄하는 형태의 기원 2600년 기념사업으로 국민적 행사를 거행할 것도 제안했다. 1933년 3월 20일에 열린 제64회 제국의회 귀족원 본회의에서 사카타니는 "간무神武 천황의 웅대한 위업"을 봉축하기 위해 전국적 규모의 기념사업을 대대적으로 거행해야 하며, 그리고 이를 위해서는 정부가 조사회를 설치하여 통일적으로 운영했으면 한다고 요청했는데, 이것이 "국가가 감독, 통제하는 체계적인 정책으로서의 기원 2600년 봉축기념사업이라는 구상을 국정의 장에서 논의한 최초"라고 일컬어지며, 그 후 내각에 기원 2600년 축전祝典 평의위원회를 설치하는 직접적인 계기가 되었다. 그 후, 1933년 5월 도쿄시의회에서 만박협회 설립 조성금 교부를 가결하고, 같은 해 12월 도쿄부의회는 만박 개최를 위한 의견서를 제출했으며, 1934년 3월 도쿄시의회는 만박 실시에 대한 건의를 가결하였다. 또한 그 해 3월에는 중의원이 제출한「만국박람회개설에 관한 건의」가 가결되는 등 구체화되어 갔다. 5월에는 도쿄부, 도쿄시, 요코하마시, 가나가와 현, 도쿄상공회의소, 요코하마상공회의소, 게이힌京浜 실업조합연합회, 일본산업협회 등 박람회협의회에 참가한 10개 단체에 의해 일본만박회협회(만박협회)가 설립되어, 1935년 2월에는 만박협회가 만박계획안을 발표했다.

이 계획안에 따르면, 1940년 3월 15일부터 8월 31일까지를 회기로 하고 도쿄의 쓰키시마月島 매립지 100만 평을 제1회장會場으로, 그리고 요코하마시 매립지를 제2회장으로 조성할 계획이었다. 또 이 두 곳의 매립지는 모두 간토대지진 때의 잔해로 조성된 것이다. 그 회장 안에는 문화·산업 등의 방면으로부터 출품된 것을 모아, 총 건평 17만 7500만 ㎡(5만 3500평)에 다음과 같은 24개의 전시관 건설이 계획되었다(「東京朝日新聞」 1935년 2월 15일).

건국기념관, 역사풍속관, 교육관, 과학관, 사회관, 미술관, 건축관, 자원관, 농업관, 임업관, 수산관, 식료관, 광업관, 기계관, 전기관, 화학공업관, 섬유공업관, 제작공업관, 교통운수관, 관광관, 선공관, 해양관, 외국관, 특설관.

이러한 운동이 진행되는 가운데 정부 측에서도 마침내 축전 계획에 관한 조사 및 준비 설치가 구체화되기 시작하여, 1935년 10월 1일에는 내각에 '기원 2600년 축전준비위원회'가 설립되었다. 위원장에는 사카타니 요시로가 취임했고, 다음 날 2일에 정식으로 발족했다.

축전준비위원회/축전평의위원회

축전준비위원회는 '기원 2600년 축전 및 그 외 봉축사업의 준비 연락에 관한 사항을 조사 심의'(기원 2600년 축전준비위원회 규정 제1조)할 목적으로 설치된 관제를 기반으로 하지 않는 수상의 사적인 자문기관이다.[2] 축전준비위원회에서는 축전사업에 관한 전체적인 방침을 심의하고, 1936년 2월 13일 제3회 총회에서 사카타니를 위원장으로 한 특별위원회에서 작성된 「기원 2600년 제전 축전 그 외 봉축기념사업준비요강」과 「일본 만국박람회 개최에 관한 건」을 승인·결정했

2 이하, 이장에서는 별도의 기술이 없는 한, 기원 2600년 축전사무국 『紀元二千六百祝典記録』 제1집 및 제8집(국립공문서관장)에 의한다. 이 책은 기원 2600년을 기념해 각지에서 실시된 여러 행사와 사업 실시를 보고한 내용이며, 실시 주체와 경과, 결과, 경비 등이 상세하게 기록되어 있다. 필자가 참조한 것은 국립공문서관장인데, 1999년에 유마니서점(ゆまに書店)에서 근대미간사료총서 『紀元二千六百祝典記録』 총 12권으로 복각판이 출판되었다.

그림 2-3 기원 2600년 기념 일본만국박람회 조국(肇国)기념관
그림 2-4 기원 2600년 기념 일본만국박람회 회장

다. 전자는 봉축기념사업으로 가시하라橿原신궁의 확장과 일본만국박람회 등의 개최가 결정되었지만 반드시 구체적인 내용이 있었던 것은 아니었다. 한편, 후자는 만박 개최지나 주최자, 재정 문제 등 구체적인 계획이 제시되었다. 그 중에서 주목할 사항으로는 '할증금이 붙은 예매권'(복권이 붙은 예매권)의 발행이 거론되었던 점으로, 이것은 국고 부담을 줄이고자 한 사카타니의 의견을 반영한 것이었다.

1936년 2월 20일의 축전준비위원회 제7회 간사회에 「국사관 건설에 관한 건」, 「황기 2600년 제전 축전 계획에 관한 수지개산收支槪算 전망」, 「기원 2600년 축전사무국관 제안」, 「기원 2600년 봉축회 기부행위안」이 제출되었다. 이 중 「수지개산전망」은 사카타니가 제출한 것으로, 축전사업과 관련된 안건이 첨부되어 있다(도표 2-1 참조).

이를 통해 사카타니가 구상하고 있던 축전사업의 큰 틀을 파악할 수 있다. 이 안에 대해 "국민적 축전은 국가 차원에서 시행하기보다는 봉축회와 같이 민간단체가 실시하도록 해야 한다"(賀屋)는 의견과, "국민적 축전은 이것을 정부의 업무로 삼아야 한다"(村瀨)는 등의 반발이 있었기 때문에, 사카타니는 그 구상을 수정하여 3월 31일 제8회 간사회에 「기원 2600년 제전축전 봉축기념사업등소관계통안紀元二千六百年祭典祝典奉祝記念事業等所管系統案」을 새롭게 제출했다(도표 2-2 참조).

1936년 7월 1일, 내각에 기원 2600년 축전평의위원회가 설치되고, 축전준비위원회는 폐지되었다. 관제에 바탕을 둔 정식 정부기관으로 발족된 축전평의위원회는 "내각 총리대신이 감독하고, 그 자문을 받아 기원 2600년의 축전 및 각종 봉축기념사업에 관한 주요 사항을 조사 심의"하는 것을 목적으로 했다(「紀元二千六百年祝典評議員会管制」, 『近代日本教育制度史料』 제1권). 위원장에는 사카타니 요시로가 다시 취임했고, 심의내용은 축전평의위원

도표 2-1

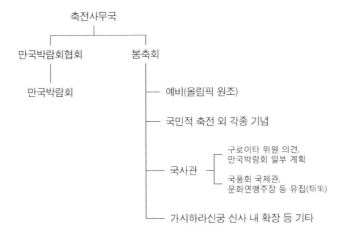

도표 2-2

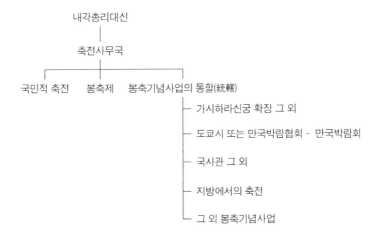

회에 인계되었다. 이와 동시에 '기원 2600년 축전에 관한 사무 및 각종 봉축 기념사업에 관한 사항의 총괄 사무'를 담당하는 임시 부서로 기원 2600년 축전사무국이 내각에 설치되었다(「內閣に紀元二千六百年祝典事務局設置」, 『近代日本教育制度史料』 제1권).

축전평의위원회와 기원 2600년 축전사무국이 나란히 정식 정부기관으로 설치됨으로써 정부의 기원 2600년 기념사업 실시가 공식화되었다고 볼 수 있다.

봉축기념사업의 결정

축전준비위원회를 실질적으로 계승한 축전평의위원회는 기념사업의 결정 및 예산안 작성 등에 관한 보다 구체적인 심의를 하기 위해 마쓰히라 요리나가(松平頼寿(귀족원 부의장)를 위원장으로 한 10명의 위원을 구성하고, 제1특별위원회를 설치하여 「기원 2600년 봉축기념사업 건」, 「재단법인 기원 2600년 봉축회의 건」, 「각종 만국회의 건」에 대한 심의를 위촉했다.

5차례 걸친 심의 결과, 「기원 2600년 봉축기념사업 건」을 결정하고 11월 9일 제2회 총회에서 다음과 같이 보고했다. 그리고 이것이 정식으로 축전평의위원회의 결정을 거쳐 각 신문에 발표되었다("內閣に紀元二千六百年記念事業評議委員会決定", 「読売新聞」 1936년 11월 10일자 석간; "祝典事業決る", 「東京朝日新聞」 1936년 11월 10일자 석간). 동시에 이러한 결정 사항은 바로 그날 내각 총리대신에게 보고되었고, 11월 13일에 각 부처 대신, 궁내宮內 대신, 상훈국賞勲局 총재, 법제국 장관, 내각 기원 2600년 축전사무국장에게 통첩했다.

기원 2600년 봉축기념사업에 관한 건

제1. 다음과 같은 사업을 봉축기념사업으로 시행할 것.

  1. 가시하라신궁 영역 및 우네비야마(畝傍山) 동북 지역 참배도로 확장 정비

  2. 간무 천황 성지의 조사 보존 현창(顕彰)

  3. 참배도로 개량

  4. 일본만국박람회 개최

  5. 국사관 건설

  6. 『일본문화대관(日本文化大観)』 편찬 출판

제2. 앞의 항 봉축기념사업 중 일본만국박람회 이외의 사업은 기원 2600년 봉축회에서 직접 또는 국공립 단체 혹은 사설 단체에 위탁해서 적절하게 이를 시행할 것.

제3. 기원 2600년 기념 봉축회에 대해서는 국고에서 상당한 보조금을 교부하여 이를 조성하고, 정부는 사무를 집행함에 있어 각별한 지도 감독에 소홀함이 없도록 조치할 것.

(참고안) 기원 2600년 봉축회 수지개산(収支概算)

수입 10,000,000엔

  一. 일반 기부금 5,000,000엔

  一. 국고 보조금 5,000,000엔

지출

  一. 가시하라신궁 영역 및 우네비야마(畝傍山) 동북 지역 참배도로

확장 정비비 4,000,000엔

一. 간무 천황 성지의 조사 보존 현창(顯彰)비 300,000엔

一. 참배도로 개량비 500,000엔

一. 국사관 건설비 3,000,000엔

一.『일본문화대관』편찬 출판비 1,000,000엔

一. 예비비 1,200,000엔

희망 결의

　조국(肇國) 창업의 본의를 천명하고 국민정신의 작흥에 이바지하기 위해 기원 2600년을 기해 정부와 기타 기관에서 적절한 교화 시설을 실시할 것.

이로써 비로소 국가의 기념사업이 성문화되었다.

　① 가시하라신궁 영역 및 우네비야마 동북 지역 참배도로 확장 정비

　② 간무 천황 성지의 조사 보존 현창

　③ 참배도로 개량

　④ 일본만국박람회 개최

　⑤ 국사관 건설

　⑥『일본문화대관』편찬 출판

　위와 같이 정부 주도로 여섯 개의 봉축기념사업('6대 사업'이라고 칭함)이 정식으로 결정되었다. 그리고 이 기념사업을 시행하기 위해 1937년 4월 24일에 기원 2600년 봉축회가 설립되었고(재단법인으로 인가된 것은 7월 7일), ④번의 일본만국박람회 개최 이외의 사업(1938년 6월에 '미야기[宮崎]신궁 영역의 확장 정비'

가 추가됨)을 담당했다.

또한 이 결정에서는 올림픽 개최가 제외되었는데, 이것은 IOC가 올림픽을 만박 등의 다른 행사와 연결해서 개최하는 것을 달가워하지 않았음을 축전평의위원회가 고려했던 것이다(池田優, 『オリンピックの政治学』). 이에 따라 문부성이 주관했던 기념사업이 사라지게 되고, 그 대신 국사관 건설과 『일본문화대관』의 편찬이 추가되었던 것이다.

여기서 『일본문화대관』 편찬에 대해 간단히 언급해 두겠다. 『일본문화대관』 출판 계획은 일본문화연맹이 1936년 1월 24일에 내각 총리대신 앞으로 의견서를 제출한 것에서 비롯되었다. 일본문화연맹은 1933년 2월에 내무성 경보국장 마쓰모토 마나부松本学가 일본 정신의 강조를 통한 교화 정책을 실시하기 위해 결성했던 사상단체이며, 다양한 문화단체를 산하에 편입시켜 기원 2600년 기념사업의 전반에 관계를 맺고 있던 것으로 알려져 있다.

이 의견서에서는 기원 2600년 기념사업을 통해 "만국에 우월한 우리 문화의 정수를 중외中外에 현양顯揚"하는 것이 가장 적절하다고 밝히고, 정부가 그것을 실현하기 위해 "관민 합동의 권위 있는 항구적 단체"를 조직할 것을 주장했다. 그리고 '일대 국민적 자각 운동의 전개', '『일본문화대관』 편찬', '일본문화만국대회 개최 준비', '일본문화전람회 개최 준비'의 네 가지 사업을 추진할 것을 제창했다. 마쓰모토는 축전사무국에 이 의견서가 채택되도록 운동을 벌였으나, 결과적으로는 네 가지 사업 중에 『일본문화대관』 편찬만이 채택되었다.

『일본문화대관』의 편찬은 1938년 6월에 기원 2600년 봉축회로부터 문부성에 위촉되어, 문부성 내의 교학국이 담당했다. 이 책은 『역사편』 상·하, 『현세편現勢編』, 『도록図錄』 상·중·하 등 총 6권이 출판될 예정이었는데, 1942년 8월 20일에 『현세편』 상권만이 내각 인쇄소에서 출판되었을 뿐, 2권 이후부터는 출판되지 않았다(久保義三, 『昭和敎育史』上).

한편, 일본만국박람회의 동향을 살펴보자면, 만박 사무를 담당해 왔던 상공성 박람회 감리과에서는 1936년 12월 7일에 "기원 2600년 기념 만국박람회의 감리에 관한 중요 사항을 조사, 심의"하기 위해 오가와 고타로小川鄕太郎 상공대신을 회장으로 하는 기원 2600년 기념 만국박람회 감리위원회를 설치하고(「中外商業新報」 1936년 12월 8일자) 국가사업의 성격을 전면에 드러내게 되었다. 또한 대회장의 중심에 세울 건국기념관 건설에 관해서는 건축학회의 의뢰를 받아 일반에 설계 공모를 하였다. 심사에는 이토 주타伊藤忠太·사노 도시카타佐野利器·다케다 고이치武田伍一·우치다 쇼조內田祥三·오쿠마 요시쿠니大熊喜邦 등이 참여했으며 건축 위에 탑을 올린 작품이 당선되었다.

1937년 8월 6일 제71회 특별의회에서는 「기원 2600년 봉축기념 만국박람회 추첨권 동봉 회수回數 입장권 발행에 관한 법률」을 제정하고 같은 달 14일에 공포했다. 이것은 자금 조달의 난항을 겪고 있는 가운데 추첨권이 붙은 입장권을 발매함으로써 수입의 증대를 꾀한 것이며, 때마침 불고 있던 복권 붐과 함께 박람회에 대한 기대도 점차 높아져 갔다.

이렇게 만박 개최는 순조롭게 진행되는 듯 보였으나, 결국 1938년 7월 5일 만박 개최의 일시 연기가 각의에서 결정되었다. 이것은 실질적인 중지를 의미하고 있었다. 이후 정부는 만박을 제외한 축전사업을 계획하게 된다.

3. 환영의 '국사관'

다음은 '기원 2600년 봉축 기념사업'의 하나로 거론되던 '국사관' 계획에 대한 전말을 조금 구체적으로 설명해 보도록 하겠다.

이 '국사관'은 도쿄 고지마치麴町구 우치사이와이內幸(지금의 지요다구 가스
미가세키에 있는 경제산업성 청사 부근)의 제국회의 의사당 자리에 건축될 예정이었
던 환영의 박물관이다. 만약 그것이 실현되었다면, 일본의 역사를 계통적
으로 전시하고자 하는 국립박물관으로서는 일본 최대 규모의 역사박물관
이었을 것이다. 그리고 『고사기古事記』와 『일본서기日本書紀』 신화에 전적으
로 의거한 '국체國體사관'을 역대 천황의 '신영宸影'(임금의 초상화—옮긴이)이나
'신한宸翰'(임금의 서한—옮긴이) 등과 같은 구체물로 상징화함으로써 건국 이래
의 천황제 역사를 가시화하는 수단으로 계획되었다. 지금의 지바현 사쿠라
시에 있는 국립역사민속박물관의 전신에 해당한다.

국사관 계획의 발단

국사관 계획을 실현시켜가기 위한 열쇠는 역시 사카타니 요시로가 쥐고 있
었다. 1933년 3월 20일에 사카타니 요시로가 제국의회 귀족원에서 행했던
질문 연설이 그 발단이 되었다. 여기서 사카타니는 기념사업의 개최를 준비
하며 "수천 년 후까지 이어져야 할 견고한 기념건조물일 것"과 "모든 세계에
주의를 환기시켜, 우리나라에 많은 관광객을 유치해야 할 성질의 것"이라는
두 가지 점을 언급하는데, 이것은 다름 아닌 사카타니가 품고 있는 국사관의
이미지였다. 기원 2600년 기념사업 및 일본만국박람회의 개최를 위해 열의
를 불태우며 상공성과 제국의회에 대해서 수없이 활동을 펼쳤던 사카타니
는, 국사관의 건설에도 힘을 쏟았다. 이러한 일련의 사카타니의 활동에 의해
서 국사관 계획이 추진되기 시작했다고 해도 과언이 아니다.

그러나 다른 한편으로는 기원 2600년을 즈음해서 각종 단체가 제출했
던 건의나 청원 등의 존재도 간과해서는 안 된다. 이들 중에는 국풍회의

그림 2-5 가미이즈미 도쿠야
(上泉德彌, 『大日本の建設』)

그림 2-6 황기 2600년 기념사업
국풍회 계획 건의안

국체관, 나라현 황기 2600년 기념사업
준비위원회의 역사관, 일본민족박물관
설립위원회의 일본민족박물관과 같이
국사를 기념하는 박물관 건설을 요망했
던 단체를 많이 볼 수 있었다.

여기서 국풍회가 계획했던 국체관
에 대해 조금 부연하겠다. 국풍회는 1920
년 11월에 에토 데쓰지江藤哲二를 회장으
로 결성되었던 교화 단체다. 이들은 '대
大일본주의'를 내걸고, 황실을 중심으로
한 충효에 진력하고 국민사상의 통일과
국력에 충실할 것을 목표로 했다. 영화
를 통해 사상을 선도하고, 영화와 강연
회를 통해 유세를 하며 전국을 순회했다
고 한다. 1921년에 해군 중장 가미이즈
미 도쿠야上泉德弥가 회장으로 취임하면
서 조직이 확대되어, 회원 수도 4600명
이 넘는 방대한 조직으로 성장했다.

국풍회는 기원 2600년을 즈음해
서 "황국의 국체에 따른" '대大기념관'으로서 국체관 건설을 계획했다. 1935
년 10월에는 「황기 2600년 기념사업 국풍회 계획 건의안」을 독자적으로
작성해 100부 정도를 인쇄해서 축전준비위원회 위원에게 배포한다(上泉德
弥,「国体舘建設建議経過に関する報告書」). 그 건의안에는 "황기 2600년을 영원히
기념하고, 동시에 세계의 모든 인류로 하여금 유구하고 무한한 황국의 용기

있는 모습을 경모해 마지않게 할 대시설을 정비함으로써 커다란 실적을 올릴 것"(国風会,「皇紀二千六百年記念事業国風会計画建議案」)을 목적으로 국체관의 건설을 제안하고, '황기 2600년 기원절 당일', 즉 1940년 2월 11일 완성을 목표로 했다.

그 내용도 거창해서 부지를 3만 평에서 5만 평 정도로 예상하고, "도쿄 시가지 중 가장 적당한 장소"로 다음 다섯 곳을 후보지로 들었다.

제1. 요요기(代々木) 연병장 일부

제2. 간다바시(神田橋) 내, 내무성 자리 및 대장성 일체

제3. 고지마치(麹町)구 위술(衛戍)병원 자리

제4. 오차노미즈(御茶水), 전 여고사(女高師) 자리, 다이세이덴(大成殿) 근방 일체

제5. 포병(砲兵) 공창(工廠) 자리

또, 국체관 사업으로는 다음 여섯 가지를 들고 있다.

제1. 국체명징에 관한 실물 지도의 대(大)설비

건국 창업(肇業)으로 메이지와 다이쇼에 이르는 역대 성업(聖業)에 관한 회화 및 각종 자료를 진열 공개하고, 장내를 한번 순회하면 누구든지 곧 우리 국체의 핵심을 알 수 있도록 대시설을 만든다. 이 진열관을 특히 '국체전당(國體殿堂)'이라고 명명하고, 본관의 중심 도장(道場)으로 삼는다.

제2. 국체의 근간을 배양하는 것에 관한 모든 자료의 수집

제3. 각 시대의 사료 편찬 및 정사(正史) 편수

(단, 유신[維新]시대 이전은 잠시 이를 보류한다)

제4. 특수 자료의 편찬 및 연구

제5. 출판사업

제6. 국체명징에 관한 강연

이와 같은 여러 갈래의 사업을 계획함과 동시에 이 사업 내용에 대응해서 진열부, 도서부, 편찬 및 편수부, 연구부, 출판부, 강연부, 사업부로 조직을 구성하고자 계획했다. 이 계획은 문부대신의 감독하에 속하는 것을 궁극적인 목표로 삼아 제국의회에 왕성한 활동을 전개해 갔다. 또한 이 계획은 나중에 국사관 계획과 상충하여 명칭 문제와 부지 문제 등을 일으키게 되는데, 이 점에 대해서는 후술하기로 하겠다.

한편, 문부성에서는 국사관과는 별도로 "우리나라 미술 발전을 기하고, 또 국민정조情操의 도야를 도모하는 국가적 계획"으로서 현대미술관을 건설하려는 움직임도 있었다.

아무튼 이러한 활발한 동향을 배경으로 국사관 계획은 보다 구체성을 띠기 시작한다. 하지만 이 시점에서는 소박하게 기원 2600년을 봉축하는 수단으로서 박물관이라는 '목적'의 시설을 건설하려는 계획에 지나지 않았다. 여기에 실질적인 내용을 부여한 것이 역사학자 구로이타 가쓰미黒板勝美였다.

역사학자 구로이타 가쓰미의 관여

국사학·일본 고문서학을 전공한 역사학의 권위자인 구로이타 가쓰미黒板勝美는 1905년에 도쿄제국대학 조교수 겸 사료편찬관으로 임명된 이래 줄곧 도쿄제국대학에서 국사학 강좌를 담당하다 1935년에 정년퇴임한다. 다이

쇼와 소와시대를 걸쳐 국사학의 홍륭을 지도하는 입장에서 많은 후진들을 배출했다. 그리고 구로이타는 일본 고문서학의 체계를 수립하고 『신정증보 국사대계新訂增補 国史大系』를 교정·출판하는 등의 공적을 남겼다. 또한 다방면에 걸쳐 활동을 펼쳤는데, 국보보존회, 사적명승천연기념물조사회, 중요 미술품 등의 조사위원을 역임하며 특히 사적 보존과 문화재 보호 방면에서 널리 활약했다.

그는 1934년 무렵부터 "일본 문화의 모든 역사적 자료의 조사와 보존, 연구와 함께 보급"하는 시설로써 국사관을 구상하였다고 한다(丸山二郎, 『仮称国史館』).

1935년 10월 1일, 내각에 수상의 사적 자문기관인 기원 2600년 축전준비위원회가 설치되고 축전 계획에 대한 본격적인 논의가 이루어지는데, 구로이타도 그 위원으로 임명된다. 나라현의 제안 속에 들어 있던 것처럼, 간무천황 관련의 사적史蹟 조사 위원에는 학식 있는 경험자들이 임명되었다고 여겨지는데(古川隆久, 『皇紀·万博·オリンピック』), 이를 계기로 구로이타는 10월 14일에 열린 제1회 총회 석상에서 이전부터 구상해온 바를 다음과 같이 주장했다.

오늘날 우리 국민의 교육이라는 측면에서 보면 물론 여러 가지 교육설비가 각 방면에서 시행되고 있습니다만, 그 사회교육이라는 측면에서 볼 때 2600년을 봉축하는 기념사업으로 가장 먼저 추진해야 할 것은 우리의 국사박물관이 아닐까 생각합니다.

계속해서 우에노의 제실박물관이 간토대지진으로부터의 부흥에 의해 미술박물관으로 되어 버린 것도 예로 들면서, 그것과는 다른 지향성을

지닌 것으로서 '국사國史'박물관으로 자리매김하고 싶다는 의향도 표명하고 있다.

그런데 구로이타는 간토대지진으로 피해를 입은 도쿄제실박물관을 부흥시켜 제실에 헌납하기 위해 1929년에 설립된 '대례기념제실박물관부흥익찬회大礼記念帝室博物館復興翼贊会'의 중심인물이었다. 이 익찬회는 도쿄제실박물관의 역사부를 폐지하고 동양고미술의 일대一大 박물관으로 부흥할 것을 목적으로 활동했다.

역사학자인 구로이타가 역사부를 폐지하기 위해 활동한다는 것은 언뜻 보면 모순 같지만 여기에는 이유가 있었다. 이에 대해 훗날 사카모토 다로坂本太郎는 당시의 일을 다음과 같이 회상한다(坂本太郎/林屋辰三郎/井上光貞,「座談会 国立歴史民俗博物館(歴博)をつくる」).

제실박물관은 미술박물관으로 부흥시키겠지만, 역사 쪽은 이와 별도로 구로이타 선생의 구상으로 시설을 만들 것을 두 선생님은 생각하고 계셨다(제실박물관의 부흥에 진력한 다키 세이치[滝精一]와 구로이타 가쓰미를 가리킨다).

즉, 구로이타는 고미술박물관으로서 도쿄제실박물관에 대항할 수 있는 규모와 내용을 가진 국립의 역사박물관으로 국사관을 상정하고 있었던 것이다. 그리고 역사학 연구의 성과를 박물관에 전시라는 형태로 보급하는 것을 절실히 원하고 있었기 때문에, 이 구로이타의 국사관 건설에 거는 정열은 보통이 아니었다. 위원회가 열리면 모든 것을 제쳐두고 달려갔으며, 어떤 때는 조선 여행 중에도 달려와 출석할 정도였다고 한다. 또 도쿄제국대학을 정년퇴임할 때 모‌某 사립대학으로부터 영입 제안이 있었지만 국사관 건설이 가장 큰 관심사라면서 거절했다는 이야기도 있다(丸山三郎, 「仮称国史館」).

또 구로이타는 1936년 2월 13일 제3회 총회에서 자신의 국사관에 대한 생각을 다음과 같이 언급하고 있다.

우리들이 생각하고 있는 국사관은 단순히 일본의 2600년 동안의 역사적인 것을 진열하는 진열장이 아닙니다. 그 국사관을 중심으로 일본 정신을 진작하는 운동이라는 의미에서 사회적인 국민교육에 있어서 크게 공헌토록 하고자 하는 것이 우리들의 생각입니다.

여기서 구로이타는 국사관을 단순히 '역사적인 것을 진열하는 진열장'이 아닌, '사회적인 국민교육에 있어서 크게 공헌'토록 한다는 일본 국민에 대한 국사의 '국민교육' 장으로서 파악했던 점에 주목할 필요가 있을 것이다. 어쨌든 국사관 계획은 구로이타의 복안을 바탕에 두고 있었으며, 축전준비위원회에서는 주로 구로이타의 의향을 중심으로 논의가 전개되어 갔다.

계획안의 변천

최초의 구체적인 국사관 건설계획안은 1936년 2월 20일 축전준비위원회 제7회 간사회에서 제출된 「국사관 건설에 관한 건」이라는 제목의 계획안이었다. 이것은 문부성이 시안으로 제출한 것인데, 이때부터 국사관 계획의 본격적인 논의가 시작된다.

취지에는 "문화 진보의 유래를 명확히 하고, 이를 통해 국민으로 하여금 존엄한 우리 국체와 우수한 우리 문화를 정확하게 인식하도록 하기 위해"라는 문구가 있는데, 이것은 내셔널리즘에 의거한 결의의 표명이라고 할 수 있다. 한편, "그 제실박물관이 오로지 동양미술품을 진열하여 미술 발달의 자취를 제시하고, 과학박물관이 천산물天産物과 기계 등을 진열하여 근대 과학에 관한 지식의 보급을 도모하는 것에 대해서 아직 역사박물관이라 할 수 있는 시설을 오늘날까지 볼 수 없는 것은 실로 유감스러운 일"이라는 문구는 고미술박물관이 아니라 역사박물관이 필요하다는 구로이타의 인식과 그야말로 합치하는 것이라고 할 수 있다. 이와 함께 '국사관건설익찬회'를 경영 주체로 신설할 것을 제안하고, 더 나아가 "일본만국대박람회에 있어서 건국기념관을 채택해 계획하는 것이 적절하다"는 문구를 첨가하는 등 일본만국박람회와의 관계에 대해서 향후 파문을 일으키게 된다.

이 계획안을 바탕으로 준비위원회 간사와 문부성 쌍방의 수정을 거친 후, 각각 「기원 2600년 봉축기념 국사관건설계획안(요코미조 간사 안)」과 「국사관건설계획안(문부성 안)」으로 정리되었다. 요코미조横溝 간사의 안은 3월 31일에 열린 제8회 간사회에 제출되었는데, 그 특징은 경영 주체가 앞서 언급한 '국사관건설익찬회'가 아닌, "처음은 일본만국박람회와 재단법인 기원 2600년 봉축회가 공동으로 경영하고(실질적으로는 봉축회에 경영을 위탁함), 해산 후에는 새롭게 '재단법인 국사관'을 설립하여 이로 하여금 경영토록"한다고 규정한 점이었다. 즉, 일본만국박람회의 일환으로 규정하면서도 그것이 종료된 후에는 독자적으로 재단법인을 설립하여 그 재단법인에 운영을 위탁하도록 예정되어 있었던 것이다. 이른바 '재단위탁' 방식을 채택했다. 또, 그 '진열품'은 "역대 천황마다 그 대에 저명한 사실史實을 그린 회화를 중심으로 한 "역대 천황의 신영宸影과 신한宸翰, 그리고 유품" 등으로 구성하기로 했다.

한편,「국사관건설계획안(문부성안)」은 문부성이 작성해서 1936년 4월 22일 제4회 특별위원회에 제출한 것이다.

앞서 요코미조 간사의 안과는 달리, 경영 주체가 "처음은 일본만국박람회와 재단법인 기원 2600년 봉축회가 공동으로 경영하고, 해산 후에는 이를 국가에 기부해 그 직할로 사회교육상의 기능을 완수하도록" 한다며, 최종적으로는 문부성이 관장하게 되었다. '진열품'의 내용은 '황실 관계 자료', '제사·신앙', '교육·사상', '학술', '정치·군사', '사회사업', '산업·교통·토목', '외국 관계'라는 분류에 따른 자료들로 구성하기로 결정했다.

이와 같은 시기에 작성된 요코미조 간사 안과 문부성 안은 모두 "우리 존귀한 국체의 정화와 우리의 빛나는 국사의 성취를 인식하도록 하여 국민정신의 진작과 국사교육의 진흥에 이바지하도록 한다"는 공통의 목적을 내걸고 있지만, 황실에 관계된 회화를 중심에 두었던 간사 안과 종합적인 분류를 이용한 문부성 안에는 구체적인 운영에 관한 방향성에서도 큰 차이를 보였다.

축전준비위원회는 1936년 7월 1일의 관제에 따라 축전평의위원회를 계승하고, 국사관을 포함한 축전 계획의 심의는 제1특별위원회에 위촉되었는데, 거기에서 '국사관'이라는 명칭을 둘러싼 문제가 야기되었다.

7월 21일에 열린 제1회 제1특별위원회에서 우시즈카 도라타로牛塚虎太郎 도쿄시장이 일본만국박람회의 건국기념관과 국풍회의 국체관 등의 계획과는 선을 긋고, 보다 '간무 천황의 창업創業이 연상'될 수 있는 명칭으로 정할 것을 제안했다. 이에 대해 역사학자 구로이타 가쓰미는 "국사에는

표 2-3 국사관 계획의 변천

건명	국사관 건설에 관한 건	국사관 건설 계획안 (간사안)	국사관 건설 계획안 (문부성안)	국사관 건설에 관한 건	국사관 조영 요강안	국사관 시설 내용 요강안
제출	1936년 2월 20일	1936년 3월 31일	1936년 4월 22일	1936년 11월 2일	1939년 12월 8일	1940년 11월 29일
	축전준비위원회 제7회 간사회	축전준비위원회 제8회 간사회	축전준비위원회 제4회 특별위원회	축전평의위원회 소위원회	제1회 조영위원회	제2회 조영위원회
작성	문부성	축전준비위원회간사	문부성	축전평의위원회	문부성	문부성
경영주체	국사관 건설의 친회	일본만국박람회·재단법인기원 2600년 봉축회(공동경영) →재단법인국사관	일본만국박람회·재단법인 기원 2600년 봉축회→문부성			
취지	조국(肇國) 이래 2600년, 그동안 우리의 국운발전의 흔적을 찾고, 문화진보의 유래를 분명히 하며, 이로써 국민으로 하여금 존엄한 우리 국체와 우월한 우리 문화를 작진하게 인식하게 하기 위해……	'우리의 존귀한 국체의 정신과 우리의 빛나는 국사(國史)의 성적을 인식시키고 국민의 정신 작흥과 국사교육의 진흥에 도움이 되도록 한다'	'우리의 존귀한 국체의 정신과 우리의 빛나는 국사(國史)의 성적을 인식시키고 국민의 정신 작흥과 국사교육의 진흥에 도움이 되도록 한다'		'존엄한 국체의 정화와 빛나는 국사의 성적을 감득시킴으로써 국민정신의 작흥과 국민교육의 진흥에 이바지하는 것을 목적으로 한다'	
만국박람회와의 관계				만국박람회의 건축기념관을 이용		
장소	도쿄의 중앙에 가까운 장소	도쿄의 중앙에 가까운 장소	도쿄	우에노공원	옛 제국회의 의사당 터	
건축비	450만 엔	230만 엔	400만 엔	400만 엔	300만 엔	
부지 면적	최소 5000평	2000평	9000평	9000평	9000평	
건물	지상 2층·지하 1층	지상 2층·지하 1층	지상 2층·지하 1층	지상 2층·지하 1층		
건물 면적	4500평		4000평	4000평	3170평	
건축 양식	우리 고래(古來)의 건축 양식	우리 고래의 건축 양식	국사관에 상응하는 간소한 양식	일본 양식을 가미한 양식	웅건하고 장중한 기념적 건조물	
부옥	진열실·연구조사실·정리실·보존실·강당·사진촬영실·모사모조실(模寫模造室)·수리실·도서실·사무실·하해실(荷解室)	진열실·강당·창고·사무실	진열소·강당·창고·사무실	진열실·진열실·수장고·강당·강의실·연구실·사무실	귀보실·진열실·수장고·강당·강의실·연구실·사무실	진열실·수장고·수리실·모사모조실·조실·직원실·사진실·제도실·편찬실·도서실·연구실·강당·강의실·귀보실·관장실·회의실·기계실·관리인실·창고·식당·휴게실

구분	국사관 건설에 관한 건	국사관 건설 계획안 (간사안)	국사관 건설 계획안 (문부성안)	국사관 건설에 관한 건	국사관 조영 요강안	국사관 시설 내용 요강안
내용	●역대 천황의 진영(眞影), 진한(眞翰), 유품 등 ●경신숭조(敬神崇祖) 및 충신의사(忠臣義士) 교화선양에 관한 자료 ●충신의사 그 외 역사상 저명한 인물의 초상, 필적, 저서, 유품 등 ●국체명징에 도움을 줄 수 있는 저술 ●각 시대의 대표적 고문서 또는 고서 ●전적, 기록, 일기 등의 원본 또는 고사본 ●금석문 고(古)화(畫), 탁본류 ●대외관계의 사료 ●유식고실(有識故實)에 관한 자료 ●이상에 관한 사진 또는 복제품, 모사도 등	●역대 천황 각각 그 역대에 있어서 저명한 시설을 묘사했던 회화 ●역대 천황의 진영, 진한, 유품 등 ●국사·동상사·서양사비교연표	●이하의 분류에 해당하는 실물·모형·모사·모조·회화사진 ●황실관계자료 ●제사·신앙 ●교육·사상 ●학술 ●정치·군사 ●사회사업 ●산업·교통·토목 ●외국관계	신기(神祇) 황실 관계의 것을 중심으로 삼아 별도로 고대(다이카개신)부터 현대(메이지시대)에 이르기까지	신기(神祇)·황실을 중심으로 하여 정치·신앙·군사·외교·교육·학예·풍속 기타 각 분야의 국사에 관한 자료	●황실관계자료 역대의 진한(宸翰)·진기(宸記)·진영(宸影)·선집(撰集) 등 성덕을 흠앙하는 것은 물론 필적의 회화(繪畫)·어영(御影) 등 황실이 존엄에 감사를 표해야 하는 것, 즉 귀사·오니에 마쓰리(大嘗祭)·행행(行幸)과 같은 황실의식에 관한 것 ●신기(神祇)관계자료 신궁·신사의 제사·숭경(崇敬) 등에 관한 진품 및 신도관계자료 등 신기존숭(尊崇)을 기리는 것 ●연표도 야마토(大和), 아스카(飛鳥), 나라(奈良), 헤이안(平安), 가마쿠라(鎌倉), 요시노(吉野), 무로마치(室町), 아쓰치 모모야마(安土桃山), 에도(江戶)의 각 시대 및 현대로 나누어, 각 시대별로 정치, 군사, 교육, 학예, 종교, 생활, 산업 등의 각 항목에 걸쳐 우리 국운의 융창, 문화의 발전, 국력봉공(報國奉公) 등의 사상, 충신義烈(忠臣義烈)의 표현을 방불하기 위한 것
그 외 기타 특기사항			●전시에 있어서는 전기장치 등을 이용해서 효과적인 연출을 한다. ●매일 정기적으로 내진지에 대한 해설을 한다. ●소학교 아동의 단체견학에 대해서는 일정표를 연계하여 고향교의 국사교육에 효과적인 지도를 한다. ●사적연구를 지도하는 상담소를 개설한다.		●건물의 설계 공모(公募競技)에 의해 결정한다.	●조사연구의 결과를 보고서, 도록(圖錄), 도보(圖譜), 팸플릿 등에 의해 공표한다. ●국사에 관한 도서를 간행한다. ●국사에 관한 도서실을 공개한다. ●연구희망자가 이용하는 선과구실도 설치하고, 연구를 지도한다. ●국사에 관한 강연회와, 교직원·도서관원 등에 대한 강습회를 개최한다.

'간무 천황 건국'이라는 문구는 없으며, 우리의 국체상에서 볼 때도 건국이라는 용어는 온당하지 않다고 생각한다"라며 '건국'이라는 용어를 사용하는 것에 정면으로 반대한다.

결국 이 명칭 문제는 결론이 나지 않아, 10월 29일 제3회 제1특별위원회에서 다케와카武若 간사가 "국사관이라는 명칭이 문제되고 있지만, 최종결정이 날 때까지 가칭으로 사용"하도록 제안하고, 결론을 보류한 채 '가칭'으로 '국사관'이라는 명칭이 쓰이게 되었다.

그런데 국사관을 포함한 기원 2600년 축전의 전체 계획에 대해서는 그 제1특별위원회에서 심의한 결과, 11월 9일의 「기원 2600년 봉축기념사업에 관한 건」으로 앞서 언급한 '6대 사업'(① 가시하라신궁 영역 및 우네비야마 동북지역의 참배도로 확장 정비, ② 간무 천황 성지의 조사 보존 현창, ③ 참배도로 개량, ④ 일본만국박람회 개최, ⑤ 국사관 건설, ⑥『일본문화대관』편찬 출판)을 정식으로 결정한다. 즉, 여기서 국사관 계획이 드디어 정치적인 지지 기반을 갖게 된 것이다.

그러나 운명이란 알 수 없는 것이다. 국사관 계획이 정식으로 결정된 날로부터 이틀 후인 11월 11일, 구로이타는 여행지 다카사키시에서 뇌출혈로 쓰러진다. 그리고 1946년 사망하기까지를 투병생활로 보내게 된다. 따라서 정식으로 결정된 이후의 국사관 계획에는 구로이타는 전혀 관여할 수 없었으며 그의 손을 떠난 곳에서 계획이 진행되어 갔던 것이다.

'건국기념관'인가 '국사관'인가

그런데 국사관 계획은 당초부터 도쿄 쓰키지마 매립지와 요코하마시 매립지를 대회장으로 하고, 1940년 3월 15일부터 8월 31일에 걸쳐 개최하기로 했던 일본만국박람회와 연계되어 논의되고 있었다. 또한 대회장 내의 파빌

리온(박람회의 전시관─옮긴이)의 중심시설로 건국기념관의 건설이 결정되어 있었으며, 국사관과 동일한 취지를 갖고 있다는 점에서 이 양자의 관계에 대해 각 위원의 의견이 양분되어 항상 쟁점이 되었다. 이러한 논쟁은 국사관의 정치적인 위치를 파악하는 데에 매우 흥미로운 단서를 제공한다.

1935년 10월 14일의 축전준비위원회 제1회 총회에서, 만박의 추진 입장에 있는 우시즈카 도라타로는 일본만국박람회 안에 건국기념관이 있으므로 이를 적극 이용하여 구로이타가 주장하는 '국사박물관'을 박람회에 포함시키도록 하자는 의견을 제시했다.

그러나 구로이타는 국사관을 박람회에 종속시키는 견해에는 부정적이었다. 박람회가 아닌 독자의 '역사박물관'의 중요성과 유효성을 주장하고, 각각 독자적으로 계획해야 한다는 의견을 강조했다. 그런데 이러한 구로이타의 우려와는 달리, 1936년 2월 20일에 처음으로 문부성으로부터 제출된 「국사관 건설에 관한 건」이라는 제목의 계획안에서는 "일본만국대박람회에 있어서 건국기념관을 채택해 계획하는 것이 적절하다"는 문구가 삽입되어 있었다. 더욱이 같은 해 10월 29일의 축전평의위원회 제3회 제1특별위원회에서 제출되었던 「기원 2600년 봉축회 수지개산」에서도 "국사관은 일본만국박람회의 기념건축물을 이용해 건설한다"는 문구가 포함되어 있었다.

이에 대해 구로이타는 "지금 바로 국사관 시설로 박람회 시설을 이용해야 한다는 것은 오늘 결정에 따라 유보"해야 한다고 거세게 반발하고, 만국박람회의 대회 장소인 쓰키지마는 향후 공업지가 될 것이 불을 보듯 확실하기 때문에 환경적으로 적합하지 않다고 주장했다. 그리고 천황이 기거하는 궁성宮城 부근이나 혹은 우에노공원을 부지로 제안하고, 어디까지나 박람회와 국사관에 대해 독자의 계획에 따라 추진할 것을 주장했다.

이를 계기로 이 문제는 소위원회를 설치해 토의를 거치게 된다.

소위원회는 11월 2일에 열렸는데, 그 때「국사관 건설에 관한 건」이라는 계획안이 제출되었다. 여기서는 구로이타의 반발을 우려했는지, 건설 예정지 제1후보를 우에노공원으로 정했다. 그 이유로는 '제도帝都의 문화적 중심지로서의 장소적 편의', '과학·미술·역사에 관한 3대 박물관의 종합적 이용 계발의 편의' 등 세 가지 점을 들고 있다.

이 내용과 관련해, 만국박람회와의 관계 및 부지 문제에 대해서 역시 격렬한 논쟁이 벌어졌다. 박람회의 일부로 규정하고 싶었던 우시즈카로서는 국사관과 건국기념관을 따로 계획하는 것은 경비의 면에서 불필요한 지출이 많을 뿐만 아니라, 우에노공원에 부지를 구하는 것은 곤란하다고 주장했다. 또, 위원 중에는 우시즈카의 의견에 기본적으로 찬성하고 비슷한 계획을 중복해 세우는 것을 극구 피해야 한다고 주장하면서도, 일단 박람회 시설을 이용하고 폐회 후에 국사관으로 독립시킬 것을 타협안으로 제시했다. 그러나 이러한 의견에 대해 구로이타는 독자적인 계획으로서의 국사관이어야 한다며 강고한 자세를 굽히지 않았다.

결국 사카타니가 부지로는 히비야日比谷의 옛 제국의회 의사당 부지가 유력하며, "박람회의 건국기념관을 1차 계획으로 삼고, 국사관으로 옮기는 것을 2차 계획으로 세울" 것을 제안하고, 이 제안에 따라 국사관과 박람회의 건국기념관과는 따로 계획하되, 건국기념관은 박람회 종료 후 국사관과 합병해 계속 이어간다는 것으로 일단 해결을 보았다. 그리고 이 결정에 따라「기원 2600년 봉축회 수지개산」에 포함되어 있던 "국사관은 일본 만국박람회의 기념건축물을 이용해 건설한다"는 문구를 삭제하게 된 것이다.

이러한 결정이 내려진 거의 같은 시기인 1936년 10월에, 사카타니는 도쿄과학박물관(현 국립과학박물관) 기관지인『자연과 박물관』에「황기 2600년 기념사업」이라는 제목으로 다음과 같은 계획을 표명하고 있다(「皇紀二千六百年記念事業」,『自然科学と博物館』82호, 1936년).

> 황기 2600년 기념사업으로서 세계박람회를 도쿄와 요코하마 사이의 중앙 로쿠고가와(六郷川)의 양 기슭에 광대한 부지를 골라 개최하고, 그 건물의 한 동을 영구적인 불연 재질로 만들어 박람회 폐회 후에는 그 출품작 가운데 유력한 것을 한자리에 모아 이것을 중심으로 과학적이고 공업적인 자료를 정비하여, 오늘날 구미에 있는 것처럼 대규모 공업박물관으로 만들고, 박람회의 건물로 사용된 이외의 주변 공지는 커다란 공원으로 조성하여 해외에서 오는 관광객을 여기에 유치한다.

여기서 '과학적이고 공업적인 자료'를 중심으로 한 '공업박물관'이라고 기술하고 있는 것은 발표 매체가 도쿄과학박물관의 기관지였던 점도 많이 작용했겠지만, 박람회의 건축물을 이용해 박물관을 건설한다는 점에서 동일한 사고를 발견할 수 있다.

"모든 세계에 주의를 환기시켜, 우리나라에 많은 관광객을 유치해야 할 성질의 것"(국사관 계획을 처음 주장했던 1933년 제국의회 귀족원에서의 질문연설)이라고 국사관을 파악했던 사카타니에게 있어 '국사관'과 '공업박물관' 사이의 차이는 사소한 것이었다. 그보다는 어떻게 관광객을 유치해 구미와 어깨를 나란히 하는 박물관을 건설할 수 있을지가 최대의 관심사였을 것이다. 이는 경제 관료로서 살아온 사카타니다운 발상이라고 할 수 있다.

그러나 이러한 사카타니의 의향과는 달리 1938년 7월 5일에 일본만국박람회의 일시 연기가 각의에서 결정되고, 게다가 그것은 실질적인 중지를 의미하고 있었기 때문에 결과적으로 만국박람회와는 무관하게 국사관 계획이 진행되어 간다.

문부성에 사무 위촉

1938년 4월 5일 국사관 건설에 관한 사무는 기원 2600년 봉축회로부터 문부성에 위촉되었다. 이 조치는 직접적으로는 1937년 10월 15일에 공포된 칙령 제596호 「행정관청으로 하여금 위촉에 의거 기원 2600년 봉축회의 사무를 시행하도록 하는 건」에 의거한 것으로 이 안에는 "행정관청은 기원 2600년 봉축회의 위촉에 의거해 기원 2600년 봉축기념사업에 관한 사무를 시행할 수 있다"(『近代日本教育制度史料』 제1권)고 기술하고 있다. 또한 그러한 배경에는 봉축회에 국사관 건설에 사용되는 인건비 12만 5400만 엔이 예산으로 편성되는 등의 경제적인 뒷받침도 있었다(「東京朝日新聞」 1938년 4월 27일자 석간).

그러나 문부성에서는 그 이전인 1933년 무렵부터 국보, 중요 미술품, 사적 등을 보존하는 형태로 국사에 대한 깊은 관심을 보이는 듯한 시책을 채택했다. 이러한 문부성의 보존 행정의 강화는 "국체의 정화와 국토의 광휘를 표징하는 것으로서 국민의 자각과 국토애의 진작을 위해 강력하게 주장"(『学制八十年史』)하였던 것이며, 이는 정신적인 외경과 신앙의 대상으로 이들 문화재를 극진히 보호함으로써 황국민의 기초적인 연성의 중요한 교육적 의의를 의도하고 있었다. 또한 이것은 나치독일이 국가적으로 민족적 정신의 앙양을 위해 게르만 민족의 사적史蹟과 문화재를 보존하고 있다는 데서 영향을 받은 것이라고 일컬어지고 있다(石田加都雄, 「戰時教育行政の展開創始」).

문부성 내의 보존 행정에 종사하는 직원도 1933년부터 점차 증원되어 갔다. 같은 해 5월에 「문부성 내 임시직원 설치제」의 개정으로 사적 및 중요

미술품 등의 보존에 관한 사무에 종사하는 직원이 배치되었다. 그 무렵 이러한 추세에 따라 각지에서 사적이라며 보존을 청원하는 일이 많아져 1937년 8월에는 전문직으로 사적고사관史蹟考査官을 임명해 '사적에 관한 고사考査'에 종사하도록 했다. 이러한 문부성의 일련의 시책 속에 국사관도 포함되어 1938년에 간무 천황의 성지 조사 및 국사관 조성에 관한 사무가 기원 2600년 봉축회로부터 문부성에 위촉되었던 것이다.

　　문부성 내의 국사관에 관한 사무는 종교국 보존과가 담당하였다. 국사관이 국보보존법과 밀접한 관련이 있으므로 이 법을 관장하는 종교국이 그 임무를 맡게 된 것으로 보인다. 그러나 문부성에서는 봉축회로부터 정식으로 위촉받기 전부터 설계·경비·시공 시기·부지 등 국사관의 구체적인 방침에 대해 조사했으며, 도쿄 시내의 유사한 시설을 시찰하고 구체적인 안의 작성을 추진해 갔다.

　　국사관에 관한 사무를 담당하는 직원은 종래 국보 보존에 관한 사무에 종사하고 있던 직원 외에, 1938년 7월 5일 「문부성 내 임시직원 설치제」의 개정에 따라 '기원 2600년 봉축기념사업 위촉에 의거한 국사관 조성에 관한 사무'(『近代日本教育制度史料』 제1권)에 종사할 전담 직원으로 5명이 배치되었다. 그리고 1940년 3월에는 이들 직원이 국보감사관들과 함께 일괄 정리되어 종교국 소속의 직원으로서 인정되었다.

국사관조성위원회의 설치와 「국사관 시설내용 요강안」

한편, '국사관 조성에 관한 중요 사항을 조사 심의'(국사관조성위원회 관제 제1조)를 목적으로 국사관조성위원회가 문부성 내에 설치되고 1939년 3월 9일에 관제가 공포되었다. 이 조성위원회는 문부차관 이시구로 히데히코石黑英彦

(이후, 오무라 세이치[大村清一], 아카마 노부요시[赤間信義], 기쿠치 도요사부로[菊地豊三郎]로 이어짐)

를 회장으로 하고 그 외 문부성 관료나 학식 있는 경험자로 구성하였다.

회장	문부차관	이시구로 히데히코(石黒英彦)
위원	내각기원 2600년 축전사무국장	우타다 지카쓰(歌田千勝)
	문부성 사회교육국장	다나카 시게유키(田中重之)
	문부성 종교국장	마쓰오 조조(松尾長造)
	문부기사(문부대신 관방 건설과장)	시바가키 데이타로(柴垣鼎太郎)
	교학국 부장	아와라 겐조(阿原謙蔵)
	도쿄미술학교 명예교수	마사키 나오히코(正木直彦)
	도쿄제국대학 교수 공학박사	우치다 쇼조(内田祥三)
	교토제국대학 교수 문학박사	니시다 나오지로(西田直二郎)
	궁내성 어용계(御用系)	시바 가쓰모리(芝葛盛)
	도쿄제국대학 교수 문학박사	미야치 나오카즈(宮地直一)
	도쿄제국대학 교수 문학박사	히라이즈미 마스미(平泉澄)
	공학박사	오구마 요시쿠니(大熊喜邦)
	도쿄제국대학 명예교수 공학박사	이토 주타(伊藤忠太)
	도쿄제국대학 명예교수 문학박사	쓰지 젠노스케(辻善之介)
	도쿄제국대학 명예교수 공학박사	사노 도시카타(佐野利器)
	도쿄제국대학 명예교수 문학박사	하기노 주자부로(萩野仲三郎)
	도쿄제국대학 명예교수 공학박사	모리 긴타로(森金太郎)
	와세다대학 교수 공학박사	사노 고이치(佐野功一)

그러나 축전평의위원회에서 건설 예정지로 결정했던 옛 제국의회 의

사당 부지의 이용 방침이 확정되지 않았기 때문에 조성위원회의 개최가 늦어졌다. 제1회가 열리는 것은 관제 공포로부터 9개월 후인 12월 8일이었다. 제1회 조성위원회 석상에서 문부성이 사무 위촉을 받기 이전부터 뜨거운 관심을 모았던 「국사관 조성 요강안」이 제시되었다. 이것은 문부성이 도쿄 시내의 유사한 시설을 시찰하여 설계·경비·시공 시기·부지 등 국사관의 구체적인 방침에 대해 독자적으로 조사한 것이었다. 또한 건물의 디자인에 관한 설계를 공모할 예정이었음이 기재되어 있는데, 이에 관해서는 건축사의 관점에서 논의한 연구가 있다(井上章一, 『アート・キッチュ・ジャパネス』).

「국사관 조성 요강안」에서는 '옛 제국의회 임시 의사당 부지 약 9000평'(단, 미확정)을 건설 예정지로 삼았는데, 이에 대해 사노 도시카타佐野利器 위원으로부터 질문이 있었다. 그 결과 옛 제국의회 의사당 부지 모두를 충당하기로 하고 빠른 시일 내에 지진제地鎭祭를 거행하기로 결정하고, 「국사관 조영부지 결정 등의 촉진에 관한 건」을 건의하기로 결의, 이를 12월 11일 문부대신 앞으로 제출했다.

제2회 조성위원회가 개최된 것은 그로부터 1년 후인 다음해 1940년 11월 29일이었다. 그 때까지도 아직 예정지는 결정되지 않았지만 문부성은 시설의 내용에 관해 구체적인 부분까지 결정하여 「국사관 시설내용 요강안 国史舘施設内容要綱案」을 배포했다(文部省, 「国史舘施設内容要綱案」). 그 안에는 다음과 같이 전시·수집·보관·수리·조사·연구 등 박물관의 기본적인 기능에 바탕을 둔 항목이 기술되어 있었다.

1. 국사 관계 자료의 진열에 관한 사항
2. 진열품의 수리 및 모사·모조에 관한 사항
3. 진열품 및 참고자료의 수집 및 보관에 관한 사항

4. 조사 연구에 관한 사항

5. 편찬 간행 등에 관한 사항

6. 도서실의 공개 및 국사 연구의 지도에 관한 사항

7. 강연회 · 강습회 등의 개최에 관한 사항

8. 국사 관계 사업의 지도에 관한 사항

항목 1의 '국사 관계 자료'는 '황실 관계 자료', '신기神祇 관계 자료', '일반 자료' 등 세 가지로 구분해 각각 다음과 같은 자료를 전시하도록 했다.

(1) 황실 관계 자료

· 성덕을 기려야 할 것 (역대 신한[宸翰] · 신기[宸記] · 신영[宸影] · 선집[選集] 등)

· 황실의 존엄을 참배해야 할 것 (황족의 붓, 사진)

· 황실 의식에 관한 것 (즉위식 · 대상제[大嘗祭]³ · 행행[行幸])

(2) 신기 (神祇) 관계 자료

· 신궁 · 신사의 제기 · 존엄 등에 관한 자료

· 신도 관계 자료

(3) 일반 자료

· 우리 국운의 융창 · 문화의 발전 · 거국봉공(擧國奉公) 등의 사상(事象)

· 충신현철(忠臣賢哲)의 사적

3 천황이 즉위한 후 처음으로 조상 및 천신지기(天神地祇)에게 햇곡식을 바치고 이것을 먹는 의식―옮긴이주.

그 외에도 보고서 · 도록圖錄 · 팸플릿 · '국사관 연보'(가칭) 등의 편찬 간행, 교직원 · 도서관원과 같은 '국민 교화를 담당할 사람들'에 대한 국사 강연, 전람회 · 영화 지도 등 다채로운 교육 활동을 계획하였다.

시설이나 설비의 면에서도 '진열 · 보관에 관한 설비'로 황실 관계 자료 진열실·신기 관계 자료 진열실·일반 자료 진열실(약 14실)·특수 자료 진열실(약 3실)·수장고收藏庫(각 층마다)·수리실·모사모조실·직원실(1실)을 배치하고, '조사·지도에 관한 설비'로서 직원실(약 6실)·사진실·제도실·편집실·도서실·소연구실(약 15실)·대강당·소강당·강의실(약 3실) 등 계획안이지만 근대 박물관의 기능에 따른 충실한 시설과 설비는 주목할 만하다.

아무튼 문부성 관료가 이 요강안 내용을 실질적으로 작성했음을 고려한다면, 여기에 제시되어 있는 국사관 청사진은 당시 문부성의 박물관 기능이나 역할에 대한 인식을 나타내는 것이라고 생각할 수 있을 것이다.

관청 분파주의에 의한 건설 예정지 논쟁

사카타니의 노력으로 시작되었던 국사관 계획은 구로이타 가쓰미를 중심으로 하는 역사학자의 손에 의해 실질적인 내용이 채워졌다. 이른바 아카데미즘의 주도로 움직였다. 그러나 구로이타의 손을 떠난 것은 물론 축전평의 위원회로부터도 분리되어, 1939년 3월 9일에 문부성으로 사무가 위촉됨에 따라 문부관료가 그 임무를 맡기 시작했다. 동시에 건설 예정지의 확보를 둘러싸고 관청 사이의 분파주의sectionalism가 현재화되면서 점차 관료 주도의 색채를 강하게 띠기 시작했다.

지금까지 살펴본 바처럼 문부성에 의해 국사관 계획의 전모가 점차 명확해졌지만, 남은 과제는 건설 예정지의 문제였다. 그 무렵 부지로 예정되었던 옛 제국의회 의사당 부지의 획득을 둘러싸고 각 관청과 격렬한 쟁투전이 벌어졌던 것이다.

국사관 건설의 예정지에 대해서는 축전준비위원회 당시부터 활발하게 협의되었는데, 그 중 최적지로 논의되었던 곳은 도쿄 고지마치구麴町区

(지금의 가스미가세키[霞ヶ関])에 있는 옛 제국의회 의사당 부지였다. 여기에 세워

져 있던 옛 제국의회 의사당은 1924년 12월에 건설된 2층 목조 건물의 임시

의사당이었으며,[4] 1936년 11월 7일 새로운 의사당이 나가타[永田]

로 이전하면서 그 부지의 활용이 거론되기 시작했던 것이다.

이곳은 헌법 발상지이기도 해서 헌정을 기념할 시설의 건설

에 안성맞춤이라고 여겨져 왔으며, "우리나라 의회 정치의

발상發祥과 관련된 자료를 모은 작은 헌정박물관"의 건설도

구상되고 있었다(「現在の議院跡に憲政博物館」, 『博物館研究』 8-3, 1935년).

그리고 기원 2600년 기념사업의 일환으로 국사관 계획이 부

상하면서 이 자리로 낙점되었다는 경위를 가지고 있다.

4 임시 의사당 건물은 1890
년(메이지 23년) 11월에 세워
졌으나, 완성 50일 만인 1891
년 1월에 소실되었으며, 1891
년 10월에 재건되었다. 그러
나 1924년(다이쇼 13년) 9월
에 전소되어, 그해 12월에 세
번째 건물이 세워졌다(衆議
院・衆議院編, 『議会制度百
年史資料編』).

　　1936년 2월 20일에 문부성이 작성해 축전준비위원회에 제출한 「국사관

건설에 관한 건」에서는 국사관의 건설 예정지에 대해 "도쿄의 중앙에 가까운

적당한 장소(최소 5만 평이 필요)로 선정할 필요가 있다고 판단"된다고만 기술되어

있었는데, 4월 14일 제10회 간사회에서 요코미조는 "건설 부지로는 가네코金子

백작 등이 메이지 천황 이래 역대 천황들이 자주 행차했던 옛 제국의회 의사당

이 가장 유서 깊은 성지라 해야 할 것이니, 이를 중앙관아로 삼을 것이 아니라

국사관과 같은 건물로 건설해야 한다는 의견을 냈다. 이에 대해서는 내각

총리대신도 찬성의 뜻을 표했으며 의의 있는 일로 사료되니 신중히 실현을

기할 필요"가 있다며 옛 제국의회 의사당 부지를 건설 예정지로 제안했다.

　　이 제안을 바탕으로 4월 22일에 열린 제4회 특별위원회에서는 「국사

관 건설 부지에 관한 건」이 제출되었다.

　　새로운 의사당을 낙성한 이상, 현재 의사당 부지는 중앙관아의 선설 예정지이

기는 하나, 헌법 반포 이래 역대 천황이 종종 행차했던 성지임을 상기해 이

부지에 국사관을 건설하는 것은 성지를 영구히 보존하는 데 가장 적절한 결정이라고 판단된다.

이처럼 국사관 건설 예정지를 옛 제국의회 의사당 부지로 한다는 방침을 제시했다. 여기서 '중앙관아의 건설 예정지'라는 기술처럼 이 부지는 도쿄 내의 1등지였기 때문에 그 획득을 둘러싸고 각 관청은 자신들의 청사를 건설하기 위해 촉수를 세웠다.

체신성도 그 중 하나로 1934년 12월에 중앙의 각 관아 건축 준비위원회에서 제국의사당 부지를 체신성 청사 건설 부지로 할 것을 결정했다(국사관 조성부지로서 옛 제국의회 의사당 부지를 충당하는 데까지의 종래의 경과). 이 때문에 국사관 건설은 일단 암초에 부딪히게 되는데, 이러한 체신성 계획에 대해 각계의 반발이 있었다.

1936년 5월의 제69회 제국의회 귀족원에서는 고이즈미 마타지로小泉又二郎 외 57명으로부터 "정부는 현재 임시 의사당 부지에 적당한 시설을 남겨 오래도록 제국헌정의 발상지로 기념할 수 있도록 만들기를 바란다"고 건의하고, 이 건의를 바탕으로 대장성은 그 터에 '헌정발상기념시설'을 건설하고, 그 나머지를 체신성 청사 부지로 충당한다는 방침을 정했다(앞의 책).

한편, 앞서 언급했던 국풍회에 의한 국체관 건설 운동은 여전히 계속되었다. 국풍회는 운동을 추진해 가는 속에서 국체관의 건설 예정지를 제국의사당 부지로 좁혀 갔다. 1937년 2월 20일에는 국풍회 회장인 가미이즈미 도쿠야上泉德弥(해군중장)가 제70회 제국의회 귀족원에 대해 국체관 건설을 청원하고, "황기 2600년 기념사업으로 고지마치구에 있는 옛 제국의사당 부지에 국체관을 건설할 것"을 요청했다. 이 청원을 받은 사카타니 요시로는 이미 이 자리에 체신성 청사 건설이 결정되어 있으며, 대장성 영선국營繕局

(건축물의 조영과 수선을 담당한 부서―옮긴이)이 측량을 시작했다고 밝히고, "체신성의 경우는 더 편리하고 좋은 자리에 얼마든지 세울 수 있으나, 국체기념관의 경우는 그 자리 외에는 없습니다. 역사적으로 이처럼 너무나 적당한 장소를 다른 용도로 바꾼다는 것은 있을 수 없는 일"이라며 가미이즈미의 청원에 동의했다. 이어서 사카타니는 "정부는 체신성의 부지 변경에 대해 심의해 줄 의사가 없는가"라며, 체신성의 계획 변경에 대해서 유키結城 대신에게 질문했다.

이러한 국풍회에 의한 운동은 그 후에도 계속되었다. 1937년 4월 23일에는 아이치愛知현 유지의 대표, 이시다 우라지石田浦治 외 4명이 축전평의위원회 위원장 사카타니 요시로 앞으로 「옛 제국의사당 부지에 국체관 건설에 관한 건백서」를 제출했고, 또한 같은 해 7월 15일에는 나라현 유지의 대표, 마쓰하라 리자에몬松原利左衛門 외 182명이 「히비야 옛 제국의사당 부지에 국체관 건설에 관한 청원」을 제출했는데, 이들 청원은 가미이즈미의 청원에 이은 국풍회 회원 운동의 일환이었다고 볼 수 있을 것이다.

궁중에 설치된 임시제실帝室편수국의 총재로서 『메이지천황기明治天皇記』(1933년 완성)를 편수하고, 유신사료편찬회의 총재로서 『유신사維新史』 편찬에 관여했던 백작 가네코 겐타로金子賢太郞도 국풍회의 국체관 건설 계획에 찬동하여 1939년 5월 13일에는 도쿄방송국(현 NHK 라디오방송국)을 통해 "황기 2600년을 맞이하면서"라는 제목의 성명을 발표한다. 옛 제국의사당 부지의 활용에 대한 체신성의 계획을 계속 비판하면서 "정부는 메이지 천황의 큰 뜻이 깃들어 있는 성스런 유적이 조금도 훼손되는 일이 있어서는 안 될 것이며, 의사당 부지의 전부를 기념사업에 사용하게 해주길 바란다"고 호소했다. 그리고 이 부지 내에는 "간무 천황 시대로부터 오늘날까지 일본 국체에 관한 역사적 사실을 회화 형태로써 그곳을 진열할" '국체관' 건설을 희망했다.

문부성에서도 국사관 조성에 관한 사무 위촉을 받아 부지 9000평 전부를 국사관으로 충당할 것을 계속 요구했다. 조성위원회에서는 앞서 언급한 것처럼 1939년 12월 11일에 「국사관 조성부지 결정 등 촉진에 관한 건」을 의결하고, 문부대신에게 제출한다. 내각 기원 2600년 축전사무국도 앞서 언급한 제국의회에서의 사카타니의 질의 및 유키 대신의 답변을 받아 국사관 건설에 대해 대장성 대신에게 계속 요청하여 마침내 체신성의 계획이 변경되었다.

그런데 그 후 상황은 또 다시 일변한다. 옛 의사당 부지의 사용에 대해서는 체신성만이 아니라 해군성도 계획·요청하고 있었다. 결국 1938년 5월에 대장성은 옛 의사당 부지 총 9000평 가운데 해군성 쪽에 3000평을 주고, 나머지 6000평을 국사관 건설에 충당하도록 결정했다.

조성위원회에서는 1940년 12월 29일에 대장성의 결정을 승인하고, 이어서 기원 2600년 축전사무국은 같은 날 "히비야에 있는 옛 의사당 부지는 제도帝都에서 가장 중요한 성지라고 할 만하다. 따라서 이 현창顯彰 시설을 고려하면서 약 6000평을 국사관에 소요될 용지로 충당할 것을 결정한다"고 발표했다. 이 결정을 바탕으로 봉축회는 부지의 면적을 내무성 토목국에 의뢰해 조사한 후 서편 3000평을 해군성에 할당하고 나머지 6394.3평을 받는 것으로 했다.

국사관 계획의 종언

그 후, 조성위원회는 국사관 건설 계획의 확대를 결정하는데, 1941년 2월에는 옛 제국의회 의사당 부지와는 별도로 새로 최소 1만 평의 부지를 찾겠다는 보도가 있었다(「東京朝日新聞」 1941년 2월 3일자). 그리고 의사당 부지에는 "빛나는 우리 국체의 현창에 관련된 연구소"를 세우고, 새로운 부지에는 "완전한 내진 방화 설비를 갖춘 건축물을 건설하여 유구한 일본 민족의 역사와 관련된 모든 자료를 모아 종합적인 '민족박물관'이라고 부를 만한 대전당"으로 삼는다는 방침을 명확히 했다. 이렇게 계획이 확대됨에 따라 준공일자가 빠르면 1945년 말경으로 잡힐 예정이라고 보도했다.

이렇게 결정이 나자 1941년 3월 26일 문부성은 봉축회에 대해서 ① 계획 확대로 인해 당초 예산인 300만 엔으로는 실현 불가능함으로 국사관 조성비에 향후 얼마나 충당할 수 있는지, ② 부지를 선정할 때 국유지가 무리일 경우 민유지라도 괜찮은지, 또 토지 매수 비용은 국사관 조성비로부터 조달 가능한지를 조회했다. 즉, 앞서 조성위원회에서 결정된 사항은 재정적 뒷받침이 없는 것이었기 때문에 봉축회에 그 확인을 재촉했던 것이다. 이 조회에 대해 봉축회는 ①에 대해서는 국사관 조성에 충당할 수 있는 총액을 300만 엔에서 600만 엔으로 증액했으며, ②에 대해서는 의사당 부지 이외의 넓은 부지를 요구하는 것은 매우 곤란하다며 각하했다.

문부성은 전시戰時 행정사무 간소화에 따른 기구 개혁으로 1942년 11월 1일에 종교국과 사회교육국을 합병·축소하여 교화국敎化局을 신설하고, 국사관 조성에 관한 사무는 종교국 보존과에서 교화국 총무과로 이관되었다. 1939년부터 계속해서 국사관에 관한 예산이 계상되었는데, 1943년의 경우도 적으나마 '국사관 조성사업 시행비'가 확보되었다. 그 후 "자재資材 관계로 늦춰졌던 '국사관'의 건설 부지도 이번에 옛 의사당 부지로 결정, 쇼와 10년도(1945) 중에는 완공될 것"(『博物館研究』16-7, 1943년)이라는 기사가 보이는데, 자세한 내용은 알 수 없다. 국사관 계획은 패전 때까지 계속되었던 듯하나(石田加都雄, 『戰時敎育行政の展開創始』), 결국 실현되지 못하고 환영으로 끝나게 된다.

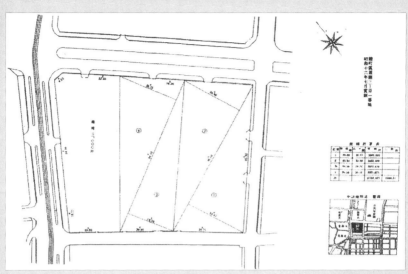

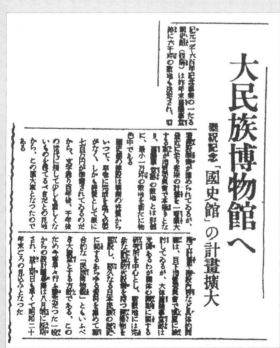

그림 2-8 국사관 건설 예정지 실측도(『紀元二千六百年祝典記録』)
그림 2-9 「朝日新聞」1941년 2월 3일자

재정계 · 관료 · 아카데미즘의 길항

지금까지 검토해 온 것처럼 국사관이라는 박물관 건설 계획은 어떤 통일적인 사고를 바탕으로 추진되어 온 것이 아니라, 사카타니 요시로를 중심으로 하는 정재계와 구로이타 가쓰미를 대표로 하는 역사학계, 내각 계통의 축전 준비 · 평의위원회, 그리고 문부성 관료, 국사관조성위원회 등 다양한 입장과 의도를 가진 사람들이 때로는 대립하면서 논의를 전개해 갔다.

계획안의 변천 등에 보이는 논의의 파행성은 또 계획에 관여했던 다양한 입장의 사람들에 의해 박물관에 관한 관점의 차이를 드러내고 있다. 이러한 차이는 메이지 초기 서구로부터 이입된 이래 박물관의 다양성에 바탕을 둔 것이라고 생각되는데, 동시대의 공통인식으로서 박물관 상像의 애매함을 표출하고 있다.

그리고 국사관 계획은 이러한 다양한 관계 속에서 끊임없이 변화해 왔던 것이다. 전체적인 틀에서 볼 때 그 배후에 국가 천황제 이데올로기에 의한 국민 지배가 의도되어 있었던 것임에는 틀림없는데, 개개의 국면에서는 다양한 집단에 의한 다양한 권력이 작용하면서 국사관 계획을 형성해 왔다고 할 수 있을 것이다.

'기원 2600년'이라는 타이틀로 부상했던 1940년도 지나가고 '봉축 붐'도 일단락되기 시작하는 1941년 무렵부터 국사관 계획은 급격히 쇠퇴해 간다. 물론 이렇게 정체되어 간 배경에는 '기원 2600년 기념'이라는 타이틀의 상실과 전쟁 국면의 악화로 인한 물자 부족 등을 들 수 있겠지만, 4장에서 자세히 다룰 1941년 이후 활발해진 대동아박물관 구상의 예로 볼 때 이것이 결정적인 요인이었다고는 보기 어렵다. 오히려 보다 적극직으로 국사관 계획을 쇠퇴시키는 요인이 내재되어 있었다고 볼 수 있다. 실제로 국사관조성위원회에서의 논의도 지지부진했을 뿐만 아니라 관제가 공포된 지 9개월이 지나서야 비로소 제1회가 열렸으며, 제2회가 개최되는 것은 그로부터 1년 후의 일이다. 그 내용도 예산 확보나 부지 획득이라는 정치적인 문제로 수렴되어, 관료 주도적인 색채가 한층 강화되었고 내용면에서의 건설적인 논의는 전무하다고 할 정도로 찾아보기 힘들게 된다.

여기에는 구로이타 가쓰미가 빠진 역사학계의 동향이 커다란 영향을 미치고 있다. 구로이타가 국사관 계획에 미친 영향은 실로 컸다. 그는 역사학의 입장에서 국사관 계획에 접근했지만, 앞서 언급한 것처럼 국사관 건설에 매우 정열적이었다. 만국박람회의 건국기념관과의 관계에 있어서도 관료 측이 예산적인 면에서 국사관을 박람회의 일부로 편입시키려 했을 때도 이에 강하게 반대했다. 사카타니를 조정에 개입시키면서도 박람회와는 다른 단독 계획으로 추진하는 것에 성공했던 것처럼 국사관 계획은 구로이타의 의향을 중심으로 전개되어 갔다.

그러나 1936년 11월 11일에 구로이타가 뇌출혈로 입원하면서 국사관 계획의 제일선에서 물러난다. 계획이 쇠퇴되어가는 징조가 보이기 시작하는 것도 이 시기를 경계로 해서였다. 이듬해 1937년은 국사관 계획에 관한 두드러진 움직임이 없었던 공백의 1년이었다. 그 후의 조성위원회의 논의는 건축가인 사노 도시카타佐野利器의 부지에 관한 질의가 눈에 띄는 정도고, 구로이타가 예전에 왕성하게 추진했던 아카데미즘적인 측면에서의 요구는 완전히 사라진다. 그런 와중에 조성위원회에 국사관 계획의 확대안이 제출되었지만, 봉축회에 조회하는 과정은 문부성의 주도로 움직이고 있었음을 드러내는 하나의 상징이라고 볼 수 있을 것이다.

아카데미즘의 요청·요구를 중심으로 움직여왔던 국사관 계획이 구로이타가 죽고 난 후 그 중심을 잃게 된 것도 당연한 일이었다. 행정 주도로 진행되었으며, 거기다 관료 측의 움직임에 맞서는 기반을 갖지 못했던 국사관 계획은 구로이타가 관여했을 때의 긴장 관계를 상실하고 그대로 쇠퇴해 갔던 것이다. 1941년 2월에 신문에 보도되었던 국사관 확대 계획은 그 후 새로운 진전을 보지 못하고 용두사미에 그친 채 1945년 8월 15일을 맞이하게 된다.

이렇게 해서 종언을 맞이한 국사관 계획은 전후 오랫동안 기억되는 일 없이 잊혀 갔다. 그러나 그 역사를 파헤쳐 보면 시대 상황을 좌우하면서 정책과 운동 사이에서 끊임없이 흔들리고 있던 박물관 계획의 실체가 드러난다. 운동이라고는 하지만 거기에는 이용자인 민중의 요구가 개입될 여지는 없었다. 그리고 이러한 구도는 지금도 변함없이 계속되고 있다.

3장

'정신성'에서 '과학성'으로

_과학 정책·교육 정책의 전개와 박물관

1. 과학 정책의 전개와 박물관

1937년의 중일전쟁 발발을 계기로 일본은 점차 전시 체제로 돌입해 갔다. 전쟁이 진전됨에 따라 전력 증강과 직결되는 과학기술의 확립이 급선무로 부각되었고, 이를 위한 과학 정책이 빠른 속도로 전개되었다. 그리하여 그때까지 정신주의적인 방법에 의해서만 진흥되어 온 박물관은 정책적인 전환의 필요성이 제기됨에 따라 과학 정책의 틀 안으로 편입되어 갔다.

이는 국가가 총력전 수행에 필요한 '과학성'을 박물관에 요청했음을 의미한다. 거기에는 「교학쇄신평의회 답신」에서 보이는 것과 같은 정신주의적인 박물관 상(像)은 나타나지 않는다. 요컨대, 박물관 정책은 '정신'에서 '과학'으로 크게 전환되었던 것이다.

식민지 과학의 융성

쇼와昭和(1926~1989) 초기의 일본은 국내외적으로 모두 위기적 상황을 맞고 있었다. 1927년 3월의 금융공황, 그리고 1929년 10월에 시작된 세계공황은 사회 정세의 악화를 불러왔고, 일본은 자원의 빈곤에 시달리는 자국의 경제적·군사적인 책략에 맞춰 자원 정책을 더욱더 중시하지 않을 수 없게 되었다. 그 자원 정책은 과학 정책과 뒤얽히면서 자원이 풍부한 지역에 대한 군사적 침략으로 바뀌어가는 하나의 요인이 되었던 것이다.

1927년 5월, 정부는 인적·물질적 자원의 조사와 통제 운용 계획에 관련된 사항을 총괄하는 총리대신 직속의 행정기관으로 '자원국'을 설립하였다. 자원국의 설립에 대해서는 1926년에 각의에서 결정된 「국가총동원 준비기관조직안요강」이 직접적인 계기였다는 점에서 보더라도 국가총동원의 준비로서 이른바 군사 목적의 동원을 목표로 한 기관임이 확실했다.

1927년 7월 총리대신의 자문기관인 자원심의회를 설치하고, 더 나아가 1929년 4월에는 「자원조사법」을 공포하여 "정부는 인적, 물적 자원의 조사를 위해 필요할 때는 개인 또는 법인에 대해 그에 관한 보고 또는 실지實地 신고를 명령할 수 있다"(『日本科學技術史體系』 제4권)라고 규정했다. 이 법에 의해 자원 정책의 신속한 수행을 위한 법적 근거가 마련되었고, 이렇게 해서 국방을 위한 자원의 통제 운용을 목표로 하는 일본의 자원 정책은 착실하게 구체화되었던 것이다.

또한 자원 정책은 그 목적에서 볼 때 국내뿐만 아니라 식민지에서도 필연적으로 실시되어 식민지 경영에 필요한 과학이 융성해졌다. 다만 식민지 과학은 메이지 후기부터 시작되었는데, 만주국의 관동도독부關東都督府 중앙시험소나 조선총독부 중앙시험소 등 몇 개의 일본 과학연구기관이 설립되었던 사실도 간과해서는 안 될 것이다.

예를 들면 만주에는 1907년 대련에 관동도독부 중앙시험소(1910년에 만주철도로 이관되어 만철 중앙시험소로 바뀜)가 설치되어, 자원 조사와 화학공업의 개발 연구에 힘을 쏟게 되었다. 그 외에 관동도독부 관리하의 여순공과학당(1909년 설립, 1922년에 여순공과대학으로 바뀜)과 만철사립의 남만의학당(1911년 설립, 1922년에 만주의과대학으로 바뀜) 등의 고등교육기관도 설립되었다. 또 조선에는 1912년에 조선총독부 중앙시험소, 1916년에는 경성의학전문학교, 경성공업전문학교가 각각 설립되었다.

그러나 국가총동원의 일환으로서의 자원 정책이라는 문맥에서 파악한다면, 1935년(쇼와 10년) 3월에 만주국 하얼빈에 설립되었던 '대륙과학원'의 존재가 무엇보다 중요하다. 대륙과학원은 "자원의 개발과 만주에 적합한 기술의 육성에 의해 산업의 진흥을 꾀하는"(廣重徹, 『科學の社會史』) 데 목적이 있었으며, 혁신관료들은 그 역할을 국가 통제 계획의 '실험장'으로 인식했다고 일컬어지고 있다. 사실, 자원국의 관료도 그 개설 준비에 참여했다.

1937년 7월 7일에 중일전쟁이 발발하자, 정부는 국가총동원 체제의 확립을 위해 빠르게 움직이기 시작했다. 10월에는 육군의 강한 요청에 따라 자원국과 기획청을 통합시켜 총동원 계획과 생산력 확충 계획 등을 입안하는 내각직속기관인 '기획원'을 설립시켰다. 기획원이 맨 먼저 착수한 것은 「국가총동원법」의 제정이었다. 각 방면에서의 반발에 직면하여 이 법이 성립되기까지는 극도의 난항을 겪었으나 결국 군부의 강력한 압력에 의해 1938년 3월에 공포되었다. 이 법에 의해 국가총동원을 위해 필요한 물자의 통제와 운용, 국민의 징용, 노동조건의 규제, 언론의 통제 등의 온갖 국면에 국가가 통제를 가하는 것이 가능해지고, 게다가 의회의 승인 없이 발동할 수 있게 된 것이다. 이 법의 제25조에는 "총동원 물자의 생산 혹은 수리를

업으로 하는 자 또는 시험연구기관의 관리자에 대해 시험 연구를 명하는 것이 가능하다"라고 규정하여, 이것에 의해 과학 동원에 관한 법적 근거를 획득할 수 있게 되었던 것이다.

이어서 기획원은 군수공업을 중심으로 하는 중공업을 위한 원료, 재료의 보급을 확보하기 위해 부족자원의 유효한 이용법과 대용품 등의 조사 연구를 목적으로 하는 '과학심의회'를 1938년 4월에 설치했다. 여기에서 주로 심의된 것은 역시 자원 문제였다.

문부성의 과학 정책

한편, 중일전쟁이 장기화됨에 따라 자원 문제를 중심으로 전개되어 온 일본의 과학 정책은 새로운 전환점을 맞았다. 그것은 문부성이 과학 정책에 개입한 것이었다.

1938년 5월 23일 제1차 고노에 내각은 군부와 재계의 긴밀한 협력을 도모하며 개각을 단행하여 육군 출신의 총리시대에 군국주의화를 강력하게 주장했던 황도皇道파로 알려진 아라키 사다오荒木貞夫를 문부대신에 임명했다. 아라키는 대학의 인사권 박탈[1]을 추진하였는데, 그와 동시에 그 때까지 문부성이 등한시했던 과학 진흥을 문부 행정의 일환으로 규정하고 적극적으로 추진했다. 그 최초의 조짐이 "과학의 진흥에 관한 중요 사항을 조사 심의"(「科學振興調査會官制」, 『近代日本教育制度史料』제1권)하는 것을 목적으로 하는 '과학진흥조사회'의 설치였다.

아라키는 같은 해 8월 15일에 과학진흥조사회를 문부대신의 자문기관으로 설치했는데, 스스로가 회장으로 부임했다. 과학진흥조사회는 문부

1 아라키는 교수와 총장의 인사권을 자유주의의 온상으로 지목되고 있던 대학에서 몰수하여 정부의 임명제로 만들었다. 그런 이유로 아라키가 대학 자치에 대한 공격자로서 역사에 이름을 남긴 것은 유명한 이야기다.

대신의 「과학 진흥에 관한 구체적 방책 여하」라는 자문에 대해 다음과 같이 세 차례에 걸쳐 답신했다(『日本科學技術史體係』 제4권).

제1회(1939년 3월 11일)
  인재 양성의 문제와 연구기관의 정비 확충 및 연락 통일의 문제에 관한 건
제2회(1940년 8월 19일)
  ① 대학의 연구시설 확충에 관한 건
  ② 대학과 전문학교 졸업자 증가에 관한 건
제3회(1941년 3월 28일)
  ① 과학연구의 진흥과 연락에 관한 건
  ② 과학교육의 진흥에 관한 건

여기서 주로 다뤄진 과제는 대학과 전문학교 등 고등교육기관에서의 과학 연구와 교육의 진흥이었으나, 박물관과의 관련에서 보자면 1941년 3월 28일에 답신했던 「과학교육의 진흥에 관한 건」이 중요하다. 그 서문에 "과학교육을 진흥하기 위해 학교에서는 과학교육을 쇄신하고 강화하는 동시에 사회에서는 과학교육을 진흥하고 확충하여, 양자 모두에서 과학정신의 함양, 과학 지식의 보급을 도모함으로써 국민의 교양과 실력의 충실한 향상을 꾀하도록 한다"라고 제기한 이 답신에서는 학교교육과 함께 사회교육에서도 과학 진흥을 강조하고 있다.

그리고 사회교육에서의 과학 진흥을 취급한 「사회교육 일반에 대한 과학교육의 쇄신에 관한 사항」에서는 "사회 일반의 과학교육 시설을 크게 증강하여 과학 정신을 존중하는 가정생활의 과학화를 장려하고, 국민 일반의 과학 지식의 보급과 향상을 꾀할 필요가 있다"라고 그 방침을 서술한

그림 3-1 아라키 사다오
(『博物館硏究』13-7)

후 박물관에 관하여 다음과 같은 구체적 방책을 제시하고 있다.

2. 과학에 관한 박물관을 정비 확충하는 동시에 유감없이 활용할 수 있도록 할 것 그를 위해서는,

① 박물관에 관한 법규를 제정하고 박물관 사업을 조장할 것

② 각종 박물관을 설립할 것

그 분포, 종류, 기능 등에 대해서는 계통적으로 계획을 수립할 필요가 있다.

예를 들면 대도시에는 중앙박물관, 그리고 각 지방에는 향토적 특징이 있는 지방박물관을 설립하고, 또한 이동박물관을 만들어 각 지방을 순회토록 하거나, 혹은 실업학교, 전문학교, 공장 등에 각각 그 전문성과 관련된 소규모의 박물관을 설치하고 그것을 공개할 것

③ 박물관을 과학교육의 기관으로서 충실하게 만들기 위하여 강의실, 도서실 등의 시설을 설치할 것

④ 중앙박물관에는 이른바 연구박물관으로서의 내용을 지니도록 할 것

과학진흥조사회에서 진행한 심사 과정의 상세한 내용은 알 수 없지만, 제6회 총회에서 사노 도시카타佐野利器가 "대도시에는 전문가를 목표로 한 중앙과학박물관, 그리고 지방에는 다수의 지방과학박물관을 설치하여 과학을 진흥하고자 한다"고 진술했으며(『博物館硏究』13-10, 1940년), 그 의견은 답신에도 반영되었다고 생각된다. 어찌되었든 박물관법의 제정을 비롯하여

박물관 배치 문제, '연구박물관'에 대한 언급 등 과학 진흥의 한 축을 담당했던 박물관의 위치가 과학 정책이라는 영역에서 확립되기 시작한 시기였다고 말할 수 있다.

한편, 과학진흥조사회는 답신만이 아니라 건의나 제안 등도 수행하였다. 그 한 성과로서 '문부성 과학연구비 교부금' 제도의 창설을 들 수 있다. 문부성에 의한 과학연구비의 보조금으로는 1918년 창설된 과학장려금(1931년 이후 연간 7만 엔으로 고정)이 있었으나, 조사회의 건의에 기반하여 1939년도부터 연간 300만 엔으로 인상됐으며, 1941년에는 500만 엔으로 증액되었다.

박물관계의 '과학화'

이러한 문부성의 과학 정책이 적극적으로 변함에 따라 박물관계도 그 영향을 받게 되었다. 예를 들면 도쿄과학박물관에서는 교육기관이라는 그때까지의 위상에서부터 과학동원 체제의 일환으로서 학술연구기관으로 전환하려고 했다. 1939년 8월에 지질학자인 쓰보이 세이타로坪井誠太郎(도쿄제국대학 교수)가 관장에 취임한 것은 학술연구기관으로의 전환을 촉진하는 하나의 포석이었다.

쓰보이는 취임한 다음해인 1940년 7월 2일에 문부대신에게 학술기능의 충실을 추구하기 위해 "현재 과학 진흥과 보급의 긴박함에 비추어 본다면 도쿄과학박물관으로 하여금 기본적인 자연과학박물관으로서의 기능을 충분히 발휘하도록 만들 필요가 있다"고 관제 개정을 요구하고 있다(『國立科學博物館百年史』). 이 쓰보이의 요구를 받아 같은 해 11월 9일에 도쿄과학박물관 관제가 개정되었다. 그때까지 "자연과학과 그 응용에 관한 사회교육상 필요한 물품을 모집 진열하여 공중의 관람에 제공하는 곳"이라고 했던 설치 목적은 "자연과학과 그 응용에 관한 자료를 모집 보존하여 공중의 관람에 제공하는 동시에 그와 관련된 연구와 사업을 수행하는 곳"으로 변경되어 학술연구기관으로서의 위상이 제도적으로 확정된 것이다.

또한 관제의 개정과 더불어 내부 조직도 다시 편성되었다. 종래의 이공학부, 천문학부, 공업부, 산업부를 합병하여 이화학부로 일괄하고, 교육학부를 해체하여 각 학부 안으로 편입시킨 것이다. 쓰보이의 발의에 의한 이러한 조치는 지학, 동물학, 식물학을 중심으로 하는 학술연구박물관으로 이행하고자 하는 의사 표시기도 했다.

쓰보이에 의한 이러한 일련의 개혁에 따라 도쿄과학박물관은 학술연구기관으로서의 체제가 확정되어 갔으나, 그것은 과학자로서의 쓰보이의 생각과는 다르게 과학총동원을 추진하는 문부성의 정책 아래로 흡수되는 운명에 처했다고 할 수 있다.

1939년 1월에 사무소를 문부성에서 도쿄과학박물관 내로 이전한 일본박물관협회는 전년 12월에 퇴임했던 오와타리 주타로大渡忠太郎를 대신하여 다나하시 겐타로棚橋源太郎가 상임사무이사에 복귀하고 신체제를 수립해 갔다. 1940년 6월에는 문부대신인 아라키 사다오荒木貞夫가 회장에 취임했던 것도 대단히 상징적이었다.

아라키는 일본박물관협회 회장으로서 1940년 9월 18일에 도쿄방송국(현 NHK 라디오방송국)에서 20분에 걸쳐「국가의 융성과 박물관의 중요사명」이라는 제목의 라디오 강연에서 다음과 같이 말하고 있다.

대륙과 남양의 개발 연구에 필요한 인문과 사연에 관한 자료를 수집하는 동아박물관이라고 부를 만한 종합적인 대박물관과, 또한 지도 이념상 그것의 기초가 되어야 할 우리의 건국정신과 우리의 위대한 국민문화를 자랑할 대(大)향토박물관 즉 대일본황국박물관이라고 부를 만한 것을 건설하고, 이로써 국가융성에 대한 실제성을 부여하는 것이 지금 일대 급선무라고 믿고 있습니다.

여기서 그는 대동아박물관과 국사관으로 이어지는 박물관 계획을 제창하고 있다(荒木貞夫, 「國家の興隆と博物館の重要使命」).

한편, 문부성에서는 1941년 12월 8일에 중국, 만주, 남양을 포괄하는 대동아공영권의 천연자원의 조사 연구를 목적으로 하는 문부성 직할의 자원과학연구소를 설립했다.[2] 자원과학연구소에서는 2년 전에 도쿄제국대학을 정년퇴임한 시바다 게이타로柴田桂太郎를 소장에 기용하여 대학의 이학부에 준하여 동물, 식물, 지질, 지리, 인류의 5학부제를 만들었다. 여기에 조사부와 사업부를 두고 소장 이하 연구 부문에 101명, 사무국 인원을 포함해 200명에 이르는 거대한 조직이었다.

역시 그 직접적인 계기가 된 것은 일본동물학회, 일본식물학회, 일본지질학회, 일본조학회, 일본곤충학회, 응용동물학회에 의해 1938년의 제73회 제국의회와 다음해의 제74회 제국의회에 제출되어 채택된 「국립자연사박물관 설립 청원서」였다. 그러나 '박물관'이라는 명칭에는 전시실의 이미지가 강하다는 점도 있어서 '연구소'로의 노선 전환을 꾀하여 1939년 12월에 '천연자원연구소설립준비회'가 결성되었다. 1940년 7월에는 드디어 문부성이 움직이기 시작해서 연구소의 정식 명칭을 '자원과학연구소'로 정하는 동시에 아카사카구赤坂區 다카기高樹에 있는 사저를 매입하여 구체화시켜 갔다. 그리고 1941년 1월 16일에는 이 자원과학연구소의 외곽 단체로 삼는 것을 예정하여 문부성 전문학무국 과학과에 본부를 둔

2 자원과학연구소에 대해서는 荒俣宏의 「まぼろしの大東亞博物館」이 상세하다. 덧붙이자면 여기서 荒俣가 '대동아박물관'이라고 부르고 있는 것은 자원과학연구소다. 뒤에 자세히 언급하는 대동아박물관 구상과는 다른 것이다.

그림 3-2 농업박물관을 시찰하는 아라키 사다오 (『博物館研究』 13-10)

'자원과학제학회諸學會연맹'이 설립되었다.

과학기술 체제의 이원화

이렇듯 문부성이 과학 정책에 적극적으로 나선 것은 단지 아라키 혼자의
방침에 의한 것은 아니었다. 오히려 그 배후에는 과학 정책을 일원화하려는
기획원의 집착이 있었다.

1938년 4월에 기획원이 설치했던 과학심의회는 같은 해 10월에 「과학
연구진홍에 관한 건의」를 제출하고 "근본조치로서 과학국책의 수립운용
을 전담해서 관리하는 하나의 커다란 국가기관을 설치함과 동시에 연구시
설을 크게 확충할 필요가 있다"(『日本科學技術史體係』 제4권)라고 과학 행정의
일원적 국가기관의 설치를 요청했다. 이 요청을 받아들인 기획원은 1939년

5월에 과학 동원과 과학 연구에 관한 사항을 취급하는 과학부를 신설했다. 게다가 기획원이 작성했던 「과학기술 신체제 요강」의 규정에 기초하여 1942년 2월 '과학기술의 연구와 행정 중추기관'으로서 '기술원'을 설치했던 것이다.

한편, 문부성은 과학심의회를 견제하기 위해 과학진흥조사회를 설치했던 것처럼, 기획원에 대항하여 과학 정책을 잇달아 내놓기 시작했다.[3] 또한 문부성 내에 과학 정책을 담당하는 부서도 그때까지는 전문학무국 학예과 소속의 한 계係 뿐이었지만, 조사회의 제1회 답신(1939년 3월 11일) 「인재 양성의 문제와 연구기관의 정비 확충과 연락 통일의 문제에 관한 건」에 기초하여 1940년 2월에 전문학무국 과학과로 승격되었고, 나아가 1942년에는 과학국으로 독립되었다.

이렇듯 기획원과 문부성이 바로 "동시평행적으로 과학동원을 위한 전국적인 통일적 기관을 만들었던" 것인데(細井克彦, 「戰時下の科學技術政策と大學」), 이때 비로소 '기획원=과학심의회=기술원'과 '문부성=과학진흥조사회=과학국'이라는 과학기술 체계의 실질적인 이원화가 확립되었던 것이다.

3 구체적인 내용에 대해서는, 문부성, 『學制八十年史』가 상세하다.

2. '과학의 사회교육시설'론과 '생활의 과학화' 운동

과학의 '대중화'

1940년 7월 22일에 제2차 고노에 내각이 성립되면서, 과학 정책의 전개는 새로운 국면을 맞았다. 7월 26일에 이미 신내각의 기본 정책을 정했던 「기본국책요강」을 각의에서 결정하여, 국외에 대해서는 대남방 정책을 강조하는 한편, 국내를 향해서는 신체제에 의한 정치 체제의 일원화를 제창한다는 기본 방침을 만들어냈다. 그리하여 '과학의 획기적 진흥과 생산의 합리화'라는 한 항목을 내세워 과학 진흥을 기본 정책 안으로 포함시켰다(「基本國策要綱」, 『近代日本教育制度史料』 제1권).

새로이 문부대신이 된 과학자 하시다 구니히코橋田邦彦 역시 과학 진흥을 중점 시책으로 내세웠다. '문정文政의 근본 방침'으로서 "국책의 배양, 국운의 발전은 교학의 쇄신과 과학의 진흥을 통한 길 외에는 없다"는 담화를 발표하고(『日本科學技術史體系』 제4권), 여러 차례에 걸쳐 기초적 과학의 진흥과 국방 과학의 총동원을 강조했다. 이렇듯 과학 진흥을 중점 시책으로 내세웠던 내각의 성립에 대해, 훗날 과학기술 신체제 확립요강의 제정과 실시의 리더가 되는 미야모토 다케노스케宮本武之輔(도쿄제국대학 공학부 교수, 기획원 차장)도 "'과학의 진흥'을 국책으로 채용했던 내각은 실로 고노에 내각이 효시가 된다"(宮本武之輔, 「新體制化の科學と技術」)고 하며 환영했던 것이다.

미야모토는 "국가생활과 국민생활이 과학화되지 않는 정도가, 우리나라와 같이 매우 심한 것은, [……] 우리나라의 과학이 입체적인 의미에서 매우 유치하며, 높이가 낮은 동시에 깊이가 협소한 것이 중대한 원인이다"(宮本武之輔, 「國民生活の科學化」)라고 생각해서, 과학을 '민중', '대중'의 차원으로까지 끌어내릴 필요성을 강조하고 있다. 이것을 미야모토는 '과학의 사회화', '국민성의 과학화'라는 언어로 표현하고, "'종래 우리나라의 과학은 과학자의 전유물로서 과학자들에게만 맡겨져서, 국민적 관심의 밖에 놓여 있었다. [……] 과학은 '과학자의 과학'에서 '국민의 과학'으로 이행하지 않으면 안 된다"(宮本武之輔, 『現代技術の課題』)라고 명쾌하게 단언했다. 이 미야모토의 등장에 의해 종래의 과학자의 동원을 주로 하던 과제로서의 과학 정책은 그 대상과 범주를 현저하게 확대하게 되었다.

사실 미야모토는 사회교육에 관하여, ① 과학영화, 과학박물관, 과학 도서관 등의 보급, ② 강습회, 강연회, 라디오 방송, 도서·잡지 등에 의한 과학교육의 강화, ③ 과학박람회, 기술박람회, 과학제 등의 개최, ④ 학교, 연구소, 공장 등의 정기적 공개, ⑤ 과학자의 보호와 표창과 같은 시책을 내세웠다(宮本武之輔, 「科學敎育振興方策」). 그리고 앞의 '기본국책요강'에서의 '과학의 획기적 진흥'의 규정을 받아들여 실제로 과학기술의 신체제 확립을 위한 계획을 다듬어 자신의 방책을 구체화시켜 갔다.

1941년 5월 27일 시행착오 끝에 드디어 「과학기술 신체제 확립요강」 이 각의에서 결정되어 "고도국방국가 완성의 근간인 과학기술의 국가총력 전 체제를 확립하고 과학의 획기적 진흥과 기술의 약진적 발달을 꾀하는 동시에 그 기초인 국민의 과학정신을 진작시킴으로써 대동아공영권 자원 에 근거한 과학기술의 일본적 성격의 완성을 기한다"(『日本科學技術史體係』 제4권) 며 그 방침을 분명히 하였다. 그 가운데 "과학 보급에 관한 사회시설을 증설 하고 정비함과 동시에 간행물 등에 의한 과학기술의 사회교육을 쇄신하고 강화한다"는 한 항목이 있는데, 이에 대해 일본박물관협회는 "이 또한 분명 히 박물관적 시설의 중요성을 포함하는 것이라는 점에는 의문의 여지가 없다"(『博物館研究』 14-17, 1941년)고 환영하고 있다. 이 요강은 "전시 일본의 과학 기술 정책의 이념적 완성 형태"(細井克彦, 「戰時下の科學技術政策と大學」)를 제시한 것으로서, 이른바 전전戰前의 과학 정책의 정점을 이루는 것이었다고 할 수 있다.

이러한 과학 진흥 정책의 전개를 배경으로 주목받은 것이 박물관이었 다. 그것은 '과학'을 '대중'과 '생활'의 차원까지 끌어내리려 하는 미야모토 의 의도에 영향을 받은 것이며, '생활의 과학화'라는 슬로건 아래 추진된 시책에 기초하고 있다.

이와 같이 '생활의 과학화'라는 구호 아래 과학 진흥을 주장하여 '생활 과학론'이 성황을 보이게 된 것이다. 그리하여 1941년 말부터 1942년에 걸쳐 국민생활협회, 국민생활과학화협회, 국민생활학원, 동학원부속생 활과학연구소, 일본생활과학학회 등의 단체가 차례로 결성되어 갔다(伊藤 壽朗, 「日本博物館發達史」).

대정익찬회와 박물관

한편, 이 '생활의 과학화' 운동은 대정익찬회를 중심으로 한 하나의 커다란 관제 국민운동으로 전국적으로 전개되어 갔다. 특히 박물관에 관해서는 대정익찬회 내부의 조사위원회와 중앙협력회의에서 논의의 대상이 되었 고, 과학 진흥의 일환으로서 과학계 박물관의 설치를 장려할 움직임이 활발 해졌다.

또한 도미스카 기요시富塚淸(도쿄제국대학 공학부 교수)를 중심으로 대정익 찬회를 주요 활동 장소로 삼고 있던 과학기술자들이 적극적으로 발언하 고 있는 것도 특징적이다. 특히 이 도미스카는 '과학의 사회교육시설'론을 내세워 국민생활의 모든 국면을 과학 정신의 문맥에서 재편성할 것을 제 창하고, 거리의 온갖 광경을 '박물관화'할 것을 주장했다. 그는 이러한 생각을 믿을 수 없을 만큼 많은 강연 활동과 문필 활동을 통해 사람들을 계몽시켰다.

이토 도시로伊藤寿朗는 이러한 대정익찬회에서의 논의를 일괄하여 '박 물관 개편 문제'라고 표현하고 있는데(伊藤壽朗, 「日本博物館發達史」), 이어서 '생 활의 과학화'라는 슬로건 아래서 박물관이 어떻게 '개편'되어 갔는지에 대 해 검토하고자 한다.

4 조사위원회는 1941년 5월의 제1차 개조에 의해 대정익찬회의 정책기획·정책실시를 담당하는 중추부가 있는 정책국·기획국·협의국이 해소되어 그에 대신하여 그 기능을 담당하는 기관으로 탄생했다.

5 대정익찬회조사위원회의 인용은 특별히 주를 달지 않는 한 「大政翼贊會調査委員會速記錄」, 『大政翼贊運動資料集成』에 의거한 것이다.

대정익찬회의 정책기획·정책실시를 담당한 조사위원회[4]는 '국민정신의 앙양', '대동아공영권의 건설'에서 '식료 문제'에 이르는 광범위한 사항을 국민생활의 모든 국면을 망라하여 취급하는 부서로, 모두 300명가량의 위원이 10개의 위원회로 나누어 토의하는 매우 규모가 큰 모임이었다. 1942년 5월까지 활동이 수행되어 같은 해 7월에 보고서를 총재에게 제출했다.[5]

여기서 주목해야 할 것은 체신성逓信省, 대장성大藏省, 해군성海軍省, 외무성外務省, 정보국情報局의 관료 외에 56인이 이름을 내세운 「대동아공영권의 건설에 관한 사항」을 담당했던 제3위원회다. 이 위원회에 제출된 「대동아공영권 건설에 수반하는 문화적 대책」(1941년 9월 16일 제출)은 '문화'를 매개로 한 식민지 지배의 매뉴얼과 같은 성격이 강하며, 대동아공영권의 '토착민'에 대한 '문화적 대책'의 구체적 수단을 제시하고 있다.

이런 점에서 사상과 종교, 도덕, 예술을 민중지배의 수단으로 적극적으로 활용할 것이 제창되었는데, 예를 들면 종교에 관해서는 정신적 앙양과 자발성의 환기를 위해 '대동아의 종교대회'나 '흥아종교제興亞宗敎祭'의 개최 등을 제안하고 있다. 또한 '대동아 모든 국민'에게 동경의 대상으로 일본의 예술을 보급시키고, "일본의 위대함 등을 과시"할 수단으로서 "영화, 사진에 의한 공작"(현대 일본의 소개, 흥아제재[興亞題材]의 모집과 제작), "연극, 가극, 음악 등에 의한 상호의 친목도모", "라디오의 이용", "동아 각지에 걸쳐 미술, 서화 등의 전람회 개최"라는 네 가지의 구체적인 예를 들고 있다.

그밖에 식민지 지배의 수단으로 교육과 과학을 중시하고 있는 점 또한 특징적이었다. 대동아공영권의 나라들에 대해서는 다음과 같은 방침을 세워 식민지의 조사연구기관과 그 조사 결과의 보존과 열람을 하기 위한 시설의 필요성에 대해 언급하였다.

> 각국에 문화과학연구소를 설치하고, 동아민족 결합을 촉진해야 할 공통 문화의 연구와 각국 문화의 기초적 연구를 담당하도록 할 것, 또한 동아 문화의 정수라고 할 만한 기념건조물, 그 외 보존 관리를 담당하는 동시에 언어학적, 민족학적, 고고학적 조사에 의해 해당 국가의 문화를 천명할 것.

> 각국 안에 조사소를 두어 그 도시와 농촌 등의 실지조사를 하고, 또한 문헌표본, 그 외 자료를 수집토록 한다. 동시에 이 조사소에 일본 및 동아 전체에 관한 자료를 비치하여 각국의 사람들로 하여금 열람하고 이용하도록 할 것.

한편, 내지를 향해서는 다음과 같이 대동아공영권의 선전적인propaganda 시설로서 박물관의 설치를 장려하였다.

> 동아의 모든 민족과 우리 국민을 친밀하게 하고 또한 동아의 풍토 산업을 우리 국민에게 알리기 위하여 동아민족박물관, 동아자연박물관을 만들어 그에 도서관, 연구소를 부속시킬 것.

이것은 뒤에서 살피겠지만, 대동아박물관 구상에 연결되는 것이라고 할 수 있다. '동아민족'과 그에 관련된 자원과 산업의 소개의 장으로서 박물관이라는 미디어가 적합하다고 생각했던 것이다.

이 보고는 "웅혼雄渾, 고아古雅, 명랑明朗으로서 과학성 있는 우수한 신일본 문화의 육성을 지향하고, 그것을 통일성 있는 조직과 방법을 통해 대동아

각국에 이식하는 것이 긴요하다"고 결말을 짓고 있는 것처럼, 대동아 건설에 즈음하여 '우수한' 일본의 문화를 '이식하는' 것을 가장 중요한 의의로 삼고 있다. 박물관은 바로 이러한 대동아공영권 건설이라는 식민지주의의 이데올로기를 측면에서 지원하는 것으로서 구상되었던 것이다.

도미즈카 기요시의 '과학의 사회교육시설'론

한편,「과학 진흥에 관한 사항」을 다룬 제5조사위원회는「과학 진흥에 관한 건」(1941년 11월 19일 제출)을 완성하였다. 이 건의 제5항 "국민생활의 과학화와 국민의 과학기술적 상식의 철저와 그 수준의 향상에 관한 사항"은 "과학박물관의 증설, 점포 등의 진열창과 기타의 이용에 의해 과학기술의 실물교육을 할 것"이라고 정하고 있는데, 이것은 의사록을 읽어볼 때 고사카 마사야쓰香坂昌康(전 도쿄부 지사)의 발언을 수용한 것이었다고 생각된다. 고우사카는 도미즈카 기요시富塚淸의 '과학의 사회교육시설'론을 인용하여 "각 점포의 진열창을 교육적으로 활용하여 이것을 소형의 박물관식으로 이용한다면, 상당한 과학교육의 효과가 있지 않을까라는 이야기가 있는데 나는 매우 재미있는 발상이라고 생각합니다"라고 절찬하고 도미즈카를 위원회에 초빙하여 의견을 들을 것을 제안하였다. 결국 제5조사위원회의 보고는 도미즈카 기요시의 '과학의 사회교육시설'론을 전면적으로 채용한 것이었다. 그 정도로 영향력을 지니고 있었다고 할 수 있는 이 '과학의 사회교육시설'론이란 대체 어떠한 것이었을까.

　　도미즈카 기요시는 공학, 특히 내연기관을 전문적으로 연구하는 과학자인데 전쟁 중에 도쿄제국대학 공학부 교수이자 항공연구소 연구원으로서 주로 과학 진흥의 측면에서 대정익찬회에 적극적으로 관여했던 인물이었다. 그는 '과학의 사회교육시설'론을 제창하고 과학계 박물관의 설치에 대해 적극적으로 발언하였다. 이러한 일련의 말과 행동은 앞서 말한 바처럼 이토 도시로에 의해 '박물관 개편 문제'라는 용어로 일괄되어 처리되고 있으나 그 내용에 대해서는 밝혀지지 않았다. 그래서 이제 대정익찬회에서의 도미즈카 기요시의 말과 행동에 주목하면서 제5조사위원회에 커다란 영향을 미친 '과학의 사회교육시설'론에 대해 살펴보고자 한다.

도미즈카가 대정익찬회에서 자신의 지론인 '과학의 사회교육시설'론을 공개한 것은 1941년 6월 16일부터 20일까지 개최된 제1회 중앙협력회의의 석상에서였다.

중앙협력회의는 1940년 10월 12일, 대정익찬회 결성과 때를 같이하여 중앙본부에 설치된 기구다. 대정익찬회 운동의 철저화와 국민의견의 집약을 꾀하는 것을 목적으로 임시회의를 포함해서 제5회까지 통산 7회가 개최되었다. 이 중앙협력회의는 '상의하달上意下達, 하정상통下情上通'을 슬로건으로 내걸고 '국민가족회의'로서의 위상을 부여받았다. 즉, 중앙에서 말단까지의 의사 전달을 신속하게 실행하는 동시에 '군협력의회郡協力議會' 등의 말단의 국민 의견을 폭넓게 중앙에 반영시키려는 시도였다. 이러한 말단으로부터의 의견은 '의안議案'으로 회의에 부쳐져 총재로부터 지명된 의원들에 의해 토의되었다.

도미즈카는 중앙협력회의의 위원을 역임하였고 또한 스스로 의안을 제창하기도 했다. 도쿄제국대학 교수로서의 직함을 가지고 항공연구소에 근무했던 도미즈카는 정부, 그 중에서도 군관계자에게는 구미에 맞는 인재였다. 실제로 그는 항공기술학교를 시작으로 사범학교, 고등학교 등 여러 가지 단체나 회합에서 과학교육, 과학 진흥에 관한 강연 활동을 지속했고, 후년의 회고에 의하면 1942년에는 한 해 동안 62회의 강연을 행하였다(富塚清,

또한 동시에 문필 활동도 정력적으로 행하여 과학 진흥에 관한 계몽적인 에세이와 평론을 약 반 년 간 22편을 집필했다.[6] 1942년 12월에는 언론보국회의 이사에 취임하고, 동시에 대정익찬회의 중앙협력회의 위원과 그 밖의 강연 활동 등을 맡아서 대단히 바쁜 스케줄을 소화했다. 이러한 활동으로 보아, 당시의 그의 이론은 그 시대가 요청했던 가치와 이념을 체현하고 있는 것이었다고 생각할 수 있을 것이다.

도미즈카가 처음으로 '과학의 사회교육시설'론을 주장했던 제1회 중앙협력회의에서는, 우선 의안의 형태로 상정되어 의안 제181호 「과학의 사회교육시설을 전국에 보급 및 강화하는 건」으로서 다음과 같은 「건설안」을 내놓고 있다.[7]

모든 교육기관 및 행정기관에 개방적인 소형박물관 내지는 진열실(列品室)을 마련토록 하고, 방첩(防諜)에 저촉되지 않는 범위에서 제작품 및 업무를 해설하는 내용을 진열토록 한다. 상점의 장식창의 진열품을 상업적인 착안에서만 진열하지 말고, 그것을 적절하게 해부·해설하여 가능하다면 손으로 만져볼 수 있도록 한다. 혹은 그것들의 실패한 실험의 보존·전시. 방첩 문제 때문에 사물 혹은 사건을 은닉했던 경우에는 반드시 그 보충 교육을 친절하게 고려할 것. 과학도서와 과학영화의 증강, 또한 익찬회의 하부조직을 활용하여 가정생활의 과학화를 꾀하고 유년기부터 과학을 친근하게 느끼도록 한다.

이 '건설안'을 기반으로 도미즈카는 회의석상에서 '과학의 사회교육시설'로서 다음과 같은 논지를 발표했다. 우선, "대체적으로 현실 문제에

6 도미즈카 자신이 "과학 진흥이라든가 생활의 과학화라고 말하는 사정에 관해서 최근 약 반 년의 사이에 저자가 여러 가지 잡지에 발표했던 단문이 약 20편이 넘는다"고 쓰고 있다(富塚清, 『總力戰と科學』).

7 대정익찬회 중앙협력회의의 인용은 특별히 각주로 기술하지 않는 한 일본청년교사단의 『中央協力會議 教育翼贊の聲』에 근거한 것이다. 또한 이 책은 주로 제1회 중앙협력회의의 교육문화에 관한 의사(議事)를 수록하고 있는데, 일본청년교사단의 이름으로 간행되었다.

관한 과학적인 사고방식, 혹은 과학 지식의 빈궁에 원인이 있다"며 "급속하게 고도국방국가의 요망에 부합하는 고등한 과학 지식, 혹은 과학 정신을 기를" 것을 목적으로 "사회의 여러 시설을 과학교육적 착안 아래서 항상 배열해 두고자 한다"고 요망했다.

그 구체적인 방책으로서는 첫째로 "모든 교육기관, 연구기관, 혹은 다른 정부기관에 박물관을 만들어가는" 것에 있고, 둘째로는 상점의 장식창에 주목하여 거기에 '교육적 의식'을 작동하게 만드는 것을 통해 "거리 양쪽의 쇼윈도를 박물관화하는" 것이었다. 이로써 일상생활의 모든 면에 과학교육 운동을 실시함으로써 국민에게 과학 지식을 보급하게 되는 것이다. 마침내는 "전차나 기차 안에서 멍하니 있는 사람들이 많이 있으나, 전차나 기차의 광고 속에 조금 과학교육적인 것을 전시한다면, 그 가운데는 선생도 있을 테니 긴 여행 중에 설명해주는 것도 가능해진다"며, 전차광고까지도 과학교육의 대상으로 삼고 있다.

'과학'과 '정신'의 결합

마지막으로, "특히 충심衷心 어린 희망을 말하겠노라"며, "연성練成에 대해서 과학적이고 교육적인 사고방식을 불어넣고 싶다"고 진술하고 있다. 즉, 정신 단련과 육체 단련이 과학 지식에서 분리되어 있으나, 본래는 그 속에 과학이 포함되어 있어 "육체 단련과 정신 훈련과 동시에 과학적인 훈련이 가능하다"라는 것이다. 그래서 "모든 사람들에게 모든 방면에서 과학의 연성과 과학 지식의 훈련을 해 주기 바란다"며 끝맺고 있다. 이것은 '연성'에 과학적 요소를 가미시키는, 즉 '일본 정신'과 '과학'을 결합시키려 하고 있다는 점에서 중요하다.

그러한 취지는 가령 「고도국방과 과학」(『國防教育』 1941년 5월)이라는 제목의 문장에서도 엿볼 수 있다. "과학교육은 종래는 단지 지육智育이라 해서 까닭 없이 꺼려지곤 했으나, 그것을 가장 먼저 충분히 구사하기 위해서는 배후에서 인격적이고 육체적인 힘을 최고도로 발휘할 필요가 있을 것이며, 과학의 실천적 교육이 철저해진다면, 결코 후자가 유리되지 않을 것임을 깨닫지 않으면 안 된다"며, 과학교육의 '배후'에 있는 것으로서 "인격적이고 육체적인 힘"의 존재를 시사했다. 이어서, "대담大膽 혹은 멸사滅私, 그리고 단결심과 같은 것은 필요하지만, 그것만으로는 결코 근대전近代戰에서 승리할 수 없다. 그러한 미덕들을 통해 가치가 발휘되도록 과학적인 도구를 국민 모두가 준비할 때야말로 비로소 일이 제대로 진행될 것"이라며 동일한 방식으로 '과학'과 '정신'의 통합을 제창하고 있다. 이런 생각들은 모두 도미즈카의 지론인 국민생활의 온갖 국면을 과학교육이라는 수단에 있어서 통제하려 하는 사고방식에서 나온 것이다.

이러한 견해는 그의 문장과 강연에 의해 사회에 폭넓게 유포되어 갔다.[8] 그 논조는 기본적으로 같은 뿌리에서 출발한 것이며 즉 모든 게 엇비슷한 것이었다. 도미즈카 자신도 "(당시의 강연 내용은) 거의 비슷한 논지로 '생활의 과학화', '대동아전쟁과 과학의 중요성', '과학교육의 개선' 등 거의 비슷한 논지를 되풀이했던 것이다"(富塚清, 『ある科學者の戰中日記』)라고 회상하고 있다.

도미즈카는 자신의 본직은 어디까지나 "항공발동기 연구의 방면이나 근래 여가시간을 이용해 관여하고 있는 것이 과학교육이나 생활의 과학화라고 하는 방면이다"(富塚清, 『總力戰と科學』)라며, 과학교육에 관한 계몽 활동을 부업 내지는 여가활동으로 규정하고 있다. 하지만 '여가시간'에 이 정도로 많은 강연 활동과 많은 에세이를 남긴 것은 매우 놀랍다.

8 동일한 견해를 보여준 저작으로 「科學及び工業知識普及とその實行方策」(『機械及電氣』, 1939년 1월), 「科學よ巷に立て」 및 「科學教育の振興」(富塚清, 『總力戰と科學』, 大日本出版, 1942년) 등을 들 수 있다.

시급한 시설＝소규모 박물관

그렇다면, 왜 도미즈카의 과학교육론이 그 정도까지 받아들여진 것일까. 도미즈카는 스스로의 제안을 "엄청난 돈을 필요로 하는 것이 아니라 다소의 절실함만 있다면, 바로 실행 가능한 것"(富塚淸, 「科學及び工業知識普及とその實行方策」)이며, "그렇다고 돈이 많이 필요하냐 하면, 머리쓰기에 따라 반드시 큰 비용이 들지 않는다"(富塚淸, 「科學敎育の振興」)며, 단기적 전망에서 과학교육의 재편과 관련시설의 설치를 제창하고 있다. 제1회 중앙협력회의에서도 "큰 노력을 기울이지 않고, 또 큰 돈을 쓰지 않고도 그것은 훌륭한 과학교육이 될 것"이라며, 그 효율성을 강조했다. 즉, 곤궁에 빠진 국가 재정을 고려해 잠정적 조치로서 가능한 범위에 한정하고 있는 것이다. 그리고 이러한 점은 대정익찬회가 받아들였던 논거가 된다.

사실 「과학 진흥에 관한 건」을 취급했던 제5조사위원회에서는 이것이 쟁점이 되었다. 제4회 총회에서 위원장 이노우에 교시로井上國四郞는 "과학 진흥에 대해서 시급한 시설과 항구적인 시설로 나누는 것은 당연하다고 생각한다. 그 가운데는 말할 것도 없이 시급한 방책으로 어떠한 것을 채택할 것인가 하는 문제를 선결해야 할 것이라고 본 위원은 생각한다. 그 중에서도 [……] 가장 우선적으로 익찬회가 착수해야 할 가장 긴급하고 손쉬운 방법에서 한 가지 생각을 하는 것이 어떨까 합니다"라고 하고, 위원장 자신이 과학 진흥을 '시급적인 것'과 '항구적인 것'으로 크게 나누고, 전자를 채택할 것을 촉구하고 있다. 이러한 맥락 속에서 도미즈카 기요시의 주장은 채택되었고, 박물관도 '시급한 시설'의 한 수단으로 규정되었던 것이다.

이러한 점은 '과학'을 국민생활과 결부시키려 했던 '생활의 과학화' 운동 속에서, 박물관이 '손쉬운' 과학 진흥의 수단으로 장려되었음을 보여준다. 요컨대 이토가 표현했던 '박물관 개편 문제'의 핵심은 과학교육으로 국민생활을 재편성하기 위해 소규모로 값싼 박물관을 정비하려 했던 것이었다.

3. 교육 정책 속의 박물관

교육심의회의 설치

일본인들이 그때까지 경험한 바 없는 '총력전'이라는 전쟁 형태는 교육 분야에도 커다란 영향을 미쳤다. 교육 개혁에 대해서는 1장에 쓴 것처럼, 이미 1935년에 설치된 교학쇄신평의회가 심의를 맡고 1936년에 「교학 쇄신에 관한 답신」으로 공론화되었다. 그러나 "일본 정신과 고래의 순풍미속의 강화 철저"(廣重徹, 『科學の社會史』)를 기본으로 하는 교학쇄신평의회의 정신주의적인 방향성은 일본 경제의 군사공업화를 목표로 했던 인적 자원의 개발에 중점을 두고 있던 내각심의회, 내각조사국에 의해 비판되고, 동시에 군부로부터의 군사력 근대화를 위한 교육 내용과 제도의 요청도 강해져 갔다. 요컨대, 결과적으로 총력전 단계에 조응하는 '생산력 확충'이라는 긴급한 과제에 대처하는 것이 불가능해진 것이다.

그 때문에 전쟁 수행을 위한 '국민의식의 선동과 교화'와, 생산력 확충을 위한 '인재의 양성과 공급'이라는 양면의 요청이 '교육심의회'에 요구되었다. 형식상으로는 교학쇄신평의회 답신의 최후에 첨부된 건의를 기초로 하여 설치된 것으로, 교학쇄신평의회에서 심의를 마치지 못했던 과제를 교육심의회에 맡기는 형태를 취하고 있었다.

교육심의회 설치의 방침을 명확하게 한 고노에 내각은 1937년 7월 27일의 제71회 제국의회 귀족원에서 있었던 시정방침 연설에서 "국체의 본의에 따라 교학의 근본을 확립할 것"과, 국체 관념을 기조로 하는 교육개혁을 시사하는 동시에, "생산력의 확충, 국제수지의 적합 및 물자수급의 조정을 주안점에 두는 종합적 계획을 수립할 필요가 있는 것"과, 고도국방국가 수립을 위한 경제적 측면에서의 개혁의 필요성 또한 강조하고 있다(「帝國議會敎育關係議事錄」, 『近代敎育制度史料』 제12권). 이러한 점에서 교학쇄신위원회가 표방하고 있던 '국체명징'의 철저와, 내각심의회와 내각조사국이 목표로 삼았던 '생산력 확충'이라는 양자의 유산을 이어받은 형태로 교육심의회가 설치되었음을 알 수 있다.

이러한 교육심의회는 1937년 12월 10일 총동원 체제하에서 교육의 발본적인 개혁을 목표로 약 4년간에 걸쳐 설치되었다. 이 심의회는 내각총리대신의 감독을 받는 자문기관으로, '전전戰前 최대 규모의 교육회의'라고 할 만한 내용과 규모를 지닌 것이었다.

내각으로부터의 자문은 "우리나라 교육의 내용과 제도의 쇄신 진흥에 관해 실시해야 할 방책은 무엇인가"라는 지극히 포괄적인 내용이었기 때문에, 그 답신은 '청년학교교육의무제 실시', '국민학교, 사범학교 및 유치원', '중등학교', '고등학교', '사회교육', '각종 학교 기타사항', '교육행재정'이라는 7건으로 나뉘어져, 수차례에 걸쳐 제출되었다. 그래서 이 교육심의회의 답신에 기반하여 실제로 국민학교의 발족과 남자청년학교 의무제, 전문학교의 승격, 고등학교의 취업 연한의 개정, 사범학교의 관립으로의 이관 등이 실행에 옮겨졌다.

박물관 또한 전쟁 수행 후에 중요한 시설의 하나로 인식되어, 1941년 6월 16일에 발표된 「사회교육에 관한 건」의 답신인 「문화시설에 관한 요강」에서 박물관의 진흥 방책이 9항목에 걸쳐 언급되었다. 다만, 실제로는 답신을 근거로 한 커다란 개혁은 실행되지 않았으나 교육심의회의 답신과 그 심의 과정은 전시의 교육 정책과 박물관의 관계를 고찰할 때 더없이 중요하다.

전쟁 전의 박물관이 법적 기반을 갖지 않았던 것에 비추어 보자면, 이러한 국가적 규모의 교육회의에서 박물관이 주요한 논의의 대상이 된 것은 그때까지 없던 일이었다. 또한 거기에서 제출된 답신의 내용도 주로 그 내용과 진흥방책의 측면에서 전시하의 박물관의 존재 방식을 이념적으로 규정하는 것이 되었다. 심의회의 위원이 "국가기관의 중추부에 자리를 차지했던 현역 고위관료 집단", "국가의 중요 분야에서 활약하고 있는 유력자", "정부의 중요 간부 직원"(小澤熹, 「教育審議會による國家總動員體制下の教育改革」)에 의해 구성되었던 점이나 더 나아가 일본박물관협회 상임이사인 다나하시 겐타로棚橋源太郎를 소집하여 의견을 청취한 점 등을 고려할 때, 교육심의회에서의 심의경과를 밝히는 것은 국가에 있어서 박물관의 위상이 어떠했는지를 선명하게 파악할 수 있는 것이 아닌가 싶다.

구미에 대한 동경과 현실 비판

교육심의회에서 이루어지는 심의의 절차는 다음과 같다. 먼저, 총회에서 각 위원으로부터 의견 개진이 진행되고, 부문마다의 상세한 심의는 지명된 특별위원회에 위촉한다. 다음으로 전문적인 심의와 구체적인 답신 원안의 작성은 특별위원회부터 위임된 정리위원이 담당한다. 거기서 작성된 답신 원안은 특별위원회에 상정되어 세부의 수정을 행하여 총회에서 가결되면 답신이 된다. 결국, 총회(총체적 의견의 개진) → 특별위원회(부문마다의 상세한 심의)

→ 정리위원회(전문적이고 정밀한 심의, 답신원안의 작성) → 특별위원회(답신원안의 심의와 수정, 답신안의 작성) → 총회(답신안의 승인, 결정) → 정부에 답신이라는 수순을 거치는 것이다.

1938년 4월 14일에 제1회가 열렸던 특별위원회에서는 유아교육, 국민학교, 사범학교교육, 청년학교, 초등학교, 중등학교, 고등학교의 순으로 심의되어, 1940년 10월 2일에 시행된 제51회의 석상에서 처음으로 사회교육이 채택되었다. 이후 사회교육을 논의하는 특별위원회는 제55회까지 5회에 걸쳐 행해졌으나(제55회는 정리위원회안의 검토와 수정에 이용되었다), 그 사이에 박물관에 관한 발언이 잇달아 행해진 것이 눈에 띈다.[9]

그러나 거기서 엿보이는 것은 서구의 여러 나라와 비교해서 일본의 박물관 활동의 부진과 시설의 빈약함을 우려하는 정형화된 목소리였다. 다지리 쓰네요田尻常雄(요코하마고등상업학교 교장)가 통렬하게 비판하고 있는 것처럼, 종래의 박물관은 "왠지 물품의 진열과 같은 그다지 관심도 끌지 못하는 것뿐이며, 실제 흥미도 끌지 못하며, 게다가 지도력도 없다"는 인식이 일반적이었던 듯하다. 이 점에 대해서는 문부성 사회교육국장인 다나카 시게유키田中重之도 인정하고 있어서, 박물관의 현상에 대해 "오늘날 과학의 진흥을 주장하고, 또 국민문화의 확립을 부르짖고 있는 때에 이런 방면의 시설은 매우 불충분하며, 또한 정부가 그를 조성하기 위한 대응도 너무나 불충분하다"며 박물관 활동의 부진을 밝히고 있다.

이러한 빈곤한 현상에 대한 인식을 기반으로 진흥대상으로서 박물관의 위상을 확인하는 것이 이 교육심의회에서의 기점이 되었다. 이와 같은 현실 비판은 당시 박물관의 과제를 말할 때의 표준이라고도 할 수 있는 것이었으며, 대개의 경우 구미의 사례를 모범으로 고정화하고 그것을 근거로

9 교육심의회 특별위원회의 인용은 별도로 표시하지 않는 한 「教育審議會諮問第一號特別委員會會議錄」(『近代日本教育資料叢書史料篇三』 제4권)에 근거한 것이다.

일본의 현실에 대해 통렬한 비판을 내리는 논법을 취하고 있다.

　예를 들어, 유아교육 관계자인 오바 쇼이치大羽昇一 는 잡지『교이쿠敎育』에 기고한「문화 정책과 박물관 사업」이라는 평론에서, "현재의 박물관 사업의 쇠퇴 징후를 되돌아볼 때, 이와 같이 활발한 정태情態를 빚어낼 날은 과연 언제나 될까. 서구의 여러 나라의 박물관과 우리나라의 그것을 비교해 보면 참으로 수치스럽고 한심함을 금할 바 없다"(大羽昇一,「文化政策と博物館事業」)고 서구와 비교하여 일본의 빈곤한 현실을 한탄하고, 그 원인에 대해서 "문교 정책에 종사하는 사람들의 식견 부족과 당국자의 무능에도 근거한 바 크다"고까지 단언했다. 더 나아가 오바는 "박물관이 이 같은 시기에 행해야 할 일은 많다. 단지 만약 그것이 불가능하다면 평소의 태만과 식견 부족을 비난받아 마땅하지 않은가", "일본주의가 주창되고 일본의 국민성이 논의되어, 역사박물관이 가장 활약하지 않으면 안 되는 시기가 오고 있는데 조금도 활동하는 모습을 보이지 않는 것은 어찌된 일인가", "국립의 대규모 역사박물관이 건설되는 일도 없고 역사적 참고자료의 조직적 진열에 의한 고증이나 국민성의 해명이 전혀 이뤄지고 있지 않는 것은 참으로 쓸쓸하기 짝이 없는 일이라 해야 할 것"이라는 등의 혹독한 지적을 통해 박물관계를 비난했던 것이다(金子淳,「解說ー大羽昇一」,『文化政策と博物館事業』).

　교육심의회 안에서도 완전히 동일한 논의가 전개되었다. 박물관의 진흥 방책에 대해서 각위원의 발언이 잇따르고, 문부성에서도 금후의 방책을 명확하게 하라는 자세가 보였으나, 그 발언의 대부분은 일본에서의 박물관 활동이 부진하고 시설이 빈약하다는 점을 우려하는 목소리였으며, 서구 여러 나라의 예를 들어가며 일본의 박물관이 미숙하다는 사실을 재인식하자는 것이었다. 이러한 경향을 이토 도시로는 '전시형 패턴'의 특징으로 "관민이 일체가 되어 그것의 빈곤을 한탄하는 목가적인 스테레오타입"

(伊藤壽朗, 「戰時博物館行政の問題」)이라고 지적하고 있으나, 이는 어디까지나 서구를 모델로 해서 이상적인 박물관 상을 말한 것에 지나지 않으며, 소박한 동경의 대상으로서의 범위를 넘어선 것은 아니었다. 발언이 활발하게 진행되었던 반면, 무언가 구체성을 가지고 논의된 것이 아니었다는 점에 박물관을 둘러싼 곤란한 문제 상황이 있었다고 할 수 있다.

'교육'인가 '과학'인가

교육심의회에서는 과학 진흥의 일환으로 박물관을 이용하자는 주장이 제기되면서 과학박물관의 장려와 확충이 강조되었다. 예를 들면 시모무라 슈이치下村壽一(도쿄여자고등사범학교 교장)는 '이화학理化學 교육의 진흥'이라는 풍조가 고양되고 있다는 점에 대응하여 "우에노에 있는 과학박물관은 매우 빈약하니 그것을 일본의 대표적인 과학박물관 혹은 동아東亞를 대표하는 과학박물관으로서 그대로 방치해도 좋을지, 특히 전쟁이 끝나면 과학교육의 진흥을 도모하겠다는 취지에서 말하자면 커다란 과학박물관을 만들어, 그것을 사회교육에서 과학교육 진흥의 본부로 활용해 갈 필요가 있다고 생각한다"며, 과학 진흥이라는 관점에서 문부성에 대해 의문을 던지고 있다. 이에 대해 문부관료인 다나카는 도쿄교육박물관과 같은 규모의 기관을 전국의 주요 도시에 배치하고, 일관된 계획에 근거해 규모가 작은 과학박물관을 각 부현府縣에 설치한다는 방책을 분명히 하는 동시에, 박물관이 과학정책의 일환이라는 입장을 강조했다.

이렇듯 교육심의회에서 과학 진흥 수단으로서의 박물관이라는 방안을 발견한 것은 앞에서 말한 바처럼, 교육심의회의 설치의 목적이 전쟁 수행을 위한 '국민의식의 선동과 교화'와 생산력 확충을 위한 '인적자원의 육성과 공급'이라는 양면으로 규정되고 있는 것에서도 기인한다.

'국체명징'을 표방하고 있던 교학쇄신평의회가 1936년 10월의 답신에서 사상 선도의 수단으로서 일원화한 박물관 상을 제시할 무렵과 때를 같이 하여, 정부에서는 다가올 1940년의 기원 2600년 축전을 향하여 국사관 계획에 착수하고 있었다. 그것은 만주사변을 계기로 서서히 전시 체제로 이행하고 있는 가운데, '황국민의 육성'을 궁극의 목표로 하는 천황제 이데올로기에 매개된 '정신성'을 박물관이라는 '장치'에 요청하고 있었기 때문인 것이다. 결국 국가는 국민의 전의 고취를 위해 정신주의적인 방법에 의해 박물관의 조직화를 기도했던 것이다.

그런데 이렇듯 국민정신을 발양하는 수단으로 이용된 박물관은 전쟁의 장기화에 따라 그 역할이 변모되지 않으면 안 되었다.

1937년의 중일전쟁 발발을 계기로 총력전 체제에 돌입함에 따라, 국가는 박물관에 '황국민의 육성'을 궁극의 목표로 하는 '정신성'과 함께, 총력전 수행에 필요한 '과학성'을 요청하게 되었다. 즉, 총력전을 위한 '생산력 확충'이라는 긴급한 과제에 대처하기 위해, '과학'이라는 사회적 기능이 중요하게 다가와서 그에 호응하여 박물관을 둘러싼 정책 과제에 '과학'이 부여되어 박물관의 존재 양식을 규정하는 중요한 요소가 되었던 것이다.

교육심의회는 바로 그 과도기에 위치하고 있었다. 교육심의회의 심의 과정에서도 박물관의 위상에 관한 논의가 크게 요동쳤으면서도 과학 진흥의 수단으로서의 역할을 발견했던 것은 이러한 과학 정책의 전개를 배경으로 하고 있었던 것이다.

그 일단은 귀족원 의원인 오쿠라 긴모치大藏公望(전 만철[滿鐵] 고문)가 문부 관료 다나카 시게유키田中重之와 나누었던 대화 가운데서도 엿볼 수 있다. 오쿠라는 러시아에 갔던 때의 자신의 체험, 곧 "반드시 박물관에는 전문적인 안내자가 아이들에게 친절하고 정성껏 가르쳐 주었던" 경험과 비교하여, 일본 박물관은 그러한 실태에서 볼 때 과연 교육기관이라고 평가할 수 있는지 하는 소박한 의문을 던지고 있다. 그리고 이 의문은 "진정 사회교육의 실제에서 이것들이 어떻게 사용되고 있는지, 또한 문부성이 그것에 대해서 얼마나 세심한 주의를 기울이고 있는지, 우리는 참으로 우려를 금할 수 없다"며 문부성의 시책에 대한 비판으로 이어진다. 여기서 오쿠라는 종래 일본에서의 교육이 부재한 박물관의 존재 양식을 비판하고, 박물관이 갖춰야 할 교육 기능의 중요성을 강조했다고 이해할 수 있을 것이다.

이 오쿠라의 발언에 대해서 문부성의 다나카는 변명으로 시종하고, 도쿄과학박물관의 예를 들어 가며, "몇몇 박물관은 그러한 점에 점차 힘을 쏟고"는 있지만 "이는 과학박물관이라는 이름에 비교해서 매우 빈약한 면이 있으니, 이는 실질적으로 과학교육박물관이라는 정도밖에 지금은 기능하지 못하고 있다"고 솔직하게 시인하고 있다.

여기서 주목해야 할 것은 다나카가 '과학교육박물관'과 '과학박물관'을 대치시켜 놓고, '과학교육박물관'을 상대적으로 낮게 평가하고 있다는 점이다. 여기에서 박물관에서 교육 기능의 강화를 주장했던 오쿠라와, 박물관의 진흥 방책을 '과학'에서 구하고 있는 문부관료인 다나카의 차이를 볼 수 있다. 그리고 그 후의 심의는 과학 진흥의 일환으로서 박물관을 규정하려는 문부성의 의향에 따라 논의가 전개되고 있는데, 그것은 앞에서 본 것처럼 문부성이 활발하게 전개한 과학 정책이 그 배경에 있었던 것이다.

역시 특별위원회에서 '대동아의 맹주'(제54회 특별위원회에서의 우에하라 다네미[上原種美]의 발언)라는 일본의 지위를 과시하는 수단으로서 척식박물관의 건설을 제창하는 목소리가 커져가고, 그것이 뒤에 대동아박물관 구상으로 전개되는 것인데, 이 점에 대해서는 후술하겠다.

다나하시 겐타로의 의견 진술과 향토박물관 문제

구체적인 답신 원안의 작성과 보다 전문적인 심의는 특별위원회에서 위임된 15인의 정리위원이 맡았다. 사회교육에 관해서는 1940년 10월 23일부터 이듬해 4월 18일까지 모두 31회의 심의를 거듭하여 답신의 초안을 다듬었다.

이 정리위원회의 자리에 일본박물관협회 상무이사인 다나하시 겐타로棚橋源太郎가 소집되어, 제18회 정리위원회(1941년 1월 24일)에서 의견을 진술하고 있다. 그날은 일본도서관협회 이사인 나카타 구니조中田邦造도 동석하고 있는데, 도서관계와 박물관계의 대표자로서 두 사람이 소집되었다고 생각된다.[10]

10 교육심의회 정리위원회의 인용은, 별다른 언급이 없는 한, 「教育審議會諮問第一號特別委員會整理委員會會議錄」(『近代日本教育資料叢書史料篇三』, 제13권)에 근거한 것이다.

다나하시가 상무이사를 역임한 일본박물관협회는 1장에서 본 것처럼 일본에서 박물관 관련자의 일원적인 운동조직이었는데, 1940년대에는 다나하시를 중심으로 박물관령 제정을 시초로 박물관 진흥을 목표로 삼은 운동을 활발하게 전개하였다. 이러한 운동이 한창인 때 다나하시가 교육심의회에 소집되었던 것이며, 교육심의회 설치에 대하여 "일반인의 정신과 과학의 양방면에 걸친 지식의 전당이자 국자직관國姿直觀의 수양장인 박물관 사업이 부진하여 아무튼 경시되는 현상에 비춰 식자를 망라하는 이러한 기구를 통해 교육의 쇄신과 진흥을 꾀하고 박물관에 대해서도 재검토가 이뤄질 기회를 얻게 된 것을 축복하고 싶다"(『博物館研究』 11-12, 1938년)고 환영의 뜻을 표했던 일본박물관협회의 입장에서는 이것은 기대도 하지 않았던 기회였다고 할 수 있다.

그러나 결론부터 말하자면, 향토교육의 일환으로서 박물관의 진흥을 주장했던 다나하시의 논의와 과학 진흥으로서의 역할에 기대하고 있던 교육심의회의 논의가 전혀 서로 맞지 않아, 다나하시의 주장은 아무런 영향력을 행사하지 못했다. 향토교육론을 주도한 인물로서 1931년에는 그 이론적 집약인 『향토박물관』을 집필했던 다나하시가 주장했던 것과 교육심의회가 의도하고 있던 것 사이에는 매우 커다란 차이가 존재했던 것이다.

제18회 정리위원회 석상에서 의견 개진을 요청받은 다나하시는 우선 박물관의 기능을 '대중 교육의 기관', '학교교육의 보충기관', '학술연구의 기관'이라고 규정한 위의 서구 사례를 기초 삼아 그 직능을 논하고, "이 중대한 시국을 맞아 과학 진흥, 국민의 과학 지식 수준의 향상, 혹은 황국민을 연성, 국민정신의 교양 등을 한다는 것에는 책의 힘과 강연의 힘이 물론 중요하지만, 역시 거기에는 실물과 실험의 박물관 시설에 기대는 바가 매우 크다"며 박물관의 중요성을 호소하면서, 박물관령의 제정, 박물관 종업원의 양성, 사범학교에 박물관학과의 설치 등을 요구했다. 이는 다나하시의 저작에서도 줄곧 되풀이되었던 주장이자 타당한 지적이라 할 수 있다.

그러나 이 다나하시의 설명에 대해서 먼저 시모무라 슈이치下村壽一 (도쿄여자고등사범학교 교장)가 반론한다. 즉, "도서관은 작은 도서관이라도 많은 편이 좋으"나, 박물관은 경비 문제가 있기 때문에, 많이 만들더라도 그것이 빈약한 시설이라면 "자신의 마을에는 별 것 없다는 생각을 갖게 하여 오히려 역효과를 초래하지 않을까" 하는 의문을 던졌던 것이다. 이것은 다나하시가 향토교육의 문맥에서, '작은 도시, 시읍'마다 향토박물관이 있어야 한다고 했던 주장에 대한 의문이었다. 이에 대해 다나하시는 "향토박물관은 그다지 돈이 들지 않는다"고 했지만, 시모무라의 지적을 기본적으로 인정하고 박물관의 난립 상황과 소관 관청의 혼란이라는 현상을 토대로 "문교를 담당하는 부서에서 박물관의 '정책'을 결정하고 각 부서를 통제하여 무분별한 계획을 세우지 않는 편이 옳다"고 답했다.

사사이 신타로佐々井信太郎가 다나하시에 동의하는 관점에서 향토교육의 수단으로 "향촌의 자연계自然界와 인사계人事界의 일체의 것을 모은" 것과 같은 학교의 향토실과 표본실의 설치를 확충하자고 제창했지만, 시모무라 슈이치는 "무리하게 각 향촌 혹은 군단위에 박물관을 만들 필요는 인정할 수 없다", "불완전한 것밖에는 할 수 없다", "지나치게 산만하게 되어, [……] 효과가 거의 없어져 버린다" 등의 반론을 제기했다. 마찬가지로 전 문부성 관료인 세키야 류키치關屋龍吉(국민정신문화연구소장)도 시모무라의 주장을 지지하여, 박물관을 설치한다는 것은 하나의 수단에 불과하고, "지방에 설치하는 것은 반드시 박물관이 아니어도 괜찮다"며 박물관의 설치 자체에 대해서 근원적인 의문을 나타냈다. 그는 과학 지식의 보급과 향토 정신의 앙양을 목적으로 한다면, 특별히 박물관이 아니어도 학교에 설치할 수 있는 실험 설비와 표본을 사용해 일반에게 설명하는 편이 효과가 있다고 했다.

다나하시는 독일의 '하이마트 뮤지엄'을 예로 들어 향토교육의 일환으로서 지방에 소규모 박물관의 설치를 강조했던 것인데, 그것이 위원들의 사이에 받아들여지지 않고 건설적인 논의가 전개되지 않았던 것이다.

또한 다나하시는 "애향정신을 함양하고, 그렇게 해서 향토애와 향토를 자랑하는 일본의 농민이 자신의 향토를 사랑하는 이상으로 향토를 자랑하고, 향토에 열렬한 사랑을 보내는 그런 향토애가 가능해진다면, 나아가서는 그것은 쉽게 조국애로까지 확장할 것입니다"고 하며 심성의 차원에까지 적극적으로 관여시키려는 향토관을 근거로 "조국애를 기초로 하는 애향정신의 교육기관"으로서 박물관을 규정했다. 또한 "오늘날 황국민을 연성하며 국민정신을 발휘하고, 일본의 진정한 국체와 일본의 우월했던 점 등을 진정으로 교육하는 데는, 사사보물관(社寺寶物館)과 같은 것 등을 이용하는 것이 가장 바람직하다고 생각합니다. 과학 진흥과 동시에 국민정신의 방면에서도 박물관으로 이용할 수 있는 것은 전국 도처에 있지 않을까 하고 생각합니다"라고까지 단언하며 박물관에서 '정신성'을 다시금 강조하였다.

그때까지 심의회에서 논의되어 온 것과 같이 '과학성'을 축으로 한 문맥과는 분명하게 구분되는 다나하시의 향토관은, 위원들 사이에서 이질적인 것으로 여겨졌다. 이러한 장에서 박물관의 존재의의를 어디까지나 향토교육의 연장선 위에 설정하고, 향토교육의 일환으로써 박물관의 진흥을 주장했던 다나하시 겐타로는 거의 무력했다. 향토박물관에 관한 토론은 평행선을 달리게 되었다.

1941년 4월 2일의 제26회 정리위원회에서 첫 번째의 답신안(제1안)을 문부성에 제출했는데, 박물관의 범위에 대해 "미술관, 동물원, 수족관 및 그에 준하는 것을 포함한다"고 규정하고, 최종적인 답신에는 포함되었던 '향토박물관'이라는 글자는 들어 있지 않았다. 답신의 검토도 최종 단계에 이르러 위원 중 한 사람으로부터 "향토박물관과 같은 것이 필요하다"고 지적되어 비로소 "미술관, 동물원, 수족관, 향토박물관 및 그에 준하는 것을 포함한다"라고 그 범위가 확정되기에 이른다. 즉, 정리위원회에서 다나하시가 여러 차례에 걸쳐 강조했던 것이 반영되지 않은 채 그 수정 과정을 통해서 어렵사리 고려되었던 것일 뿐이었다. 이 점에서도 다나하시의 주장과 위원회에서의 논의가 실제의 답신에는 그다지 반영되지 않았던 것을 알 수 있다. 국가에 의해 과학 정책이 적극적으로 추진되는 정치 상황 속에서 박물관의 존재의의를 어디까지나 향토교육의 연장선 위에 설정하고 박물관의 진흥을 도모했던 다나하시의 시대적 한계성이 생각지도 않게 드러나게 되었던 것이다.

「문화시설에 관한 요강」의 성립

문부성 사회교육국은 정리위원회에서 심의된 사항을 모아 답신의 초안을 작성하였다. 형식적으로는 정리위원회의 논의가 반영되는 형태를 지녔으나, 사회교육국의 관료와 각 위원 사이에 주고받은 논의로 보아, 실질적으로는 사회교육국 내부의 의도대로 작성되었다고 생각하는 편이 옳을 것이다.

박물관에 관해서는 앞에서 말했던 것처럼 제18회 정리위원회(1941년 1월 14일)에 다나하시를 소집하여 심의를 거행한 후, 정리위원회와 특별위원회에서 답신원안의 수정과 검토가 진행되어 최고의결기관인 총회에 제출되었다. 여기서 의결된 「문화시설에 관한 요강」은, 「사회교육에 관한 건」의 일부가 1941년 6월 16일에 내각총리대신에게 제출되었다. 아래는 답신의 박물관에 관계된 부분만 발췌한 것이다.

> 8. 박물관(미술관, 동물원, 식물원, 수족관, 향토박물관 및 그에 준하는 것을 포함한다. 이하 동일)의 보급에 충실을 기하고 그 종류 및 배치를 계획적으로 할 것
>
> 　동아에 관한 종합박물관을 설치할 것
>
> 9. 박물관으로 그 교육적 사명을 완수하는 것은 물론 학술연구시설로서의 사명 역시 다하도록 할 것
>
> 　학술교육에 박물관 이용에 따르는 적당한 방도를 강구할 것
>
> 10. 박물관 활동의 적극화를 꾀하기 위해 이동 전시 및 그 밖의 시설을 강구할 것
>
> 11. 박물관 활동에 관한 법령을 정비할 것

12. 학교도서관 및 학교의 박물관적 시설을 정비 확충함과 동시에 그것을
사회교육에 이용하는 방도를 강구할 것

13. 도서관 및 박물관 직원의 양성과 재교육제도를 확립함과 동시에 그 대우
를 개선할 것

14. 사립박물관 및 박물관의 발달에 관해 적당한 협조의 방도를 강구할 것

15. 국보, 사적명승, 천연기념물 및 그에 준해야 할 것의 보존 및 교육적 이용에
따르는 한층 적절한 방책을 수립할 것

16. 전람회, 박람회 등에 한층 더 교육적 고려를 가할 것

이렇듯이, 답신의 내용은 더없이 정통적인 것으로 작성되어 "바라는
바 포부를 부기한 것에 지나지 않는다고 여겨도 어쩔 수 없는 낮은 수준"이
었으며, "본 요강과 같이 추상적인 용어를 나열하는 것만으로는 현재의 시
설에 도움이 되기에는 다소 열의가 부족한 듯 여겨진다"(椎野力, 「社會敎育に關
する敎育審議會の答申」)고 혹평했다. 또한 앞에서 살핀 것처럼 심의 과정에서의
토론도 여기에 반영되었다고는 말하기 어렵고, "교육심의회의 정부에 대
한 종속성의 문제"(安川壽之輔, 『十五年戰爭と敎育』)가 부각되어서, 문부 당국이
원안을 작성하고 그것을 기초로 심의한다고 하는 형식적 폐해와 정부의
의도에 종속되어 있는 이유로 인한 한계성을 보여주는 것이다.

그런데 답신 중에서 제8항 "동아에 관한 종합박물관을 설치하는 것"과
제9항 "박물관으로 그 교육적 사명을 완수하는 것은 물론 학술연구시설로
서의 사명 또한 부과하는 것"은 답신안의 검토 과정에서 커다란 쟁점이 된
부분이어서, 당시의 박물관을 둘러싼 사상을 단적으로 보여주는 것이라고
생각된다. 여기서부터는 특히 이 두 개의 사항에 대해 그 경위를 추적함으
로써 답신안의 심의 과정의 특징을 살피고 싶다.

'기관'인가 '시설'인가_주체적 연구기능을 둘러싸고

박물관에 관한 각 사항의 검토는 제27회(1941년 4월 4일)부터 시작되고 있다. 최초에 논의된 것은 '박물관'이라는 용어의 사용 방법과 그 범위에 대해서다. 제12항(최종 답신에는 제8항)에 박물관의 범위가 "미술관, 동물원, 식물원, 수족관 및 그에 준하는 것을 포함한다"이라는 보충설명이 있는데, 이러한 포괄적인 개념으로 박물관이라는 용어를 써야 하는지의 문제에 대해 아직 의문의 목소리가 일고 있었다.

이토 엔기치(伊東延吉)(문부차관)는 "미술관이라는 것이 들어 있던데, 이것은 편의상 포함시킨 것인지 모르겠지만, 박물관 속에 포함시키는 것은 이상하다고 생각한다"고 말했고, 또한 하야시 히로타로(林博太郎)(전 도쿄제국대학 교수, 정리위원장)는 "박물관이라는 용어는 조금 적절하지 않습니다. '뮤지엄'이란 박물관으로 한정된 것이 아니지만 일본에서 처음 그렇게 번역했기 때문에 그렇게 되어 버렸습니다"며 박물관의 개념 자체에 대해 의문이 제기되었으나, 결국 달리 적당한 용어가 없어 "하는 수 없다"는 하야시의 한마디에 그대로 사용되게 되었다. 이처럼 박물관에 관한 개념에 대해서도 원래 공통의 견해를 가질 수 없었던 점은 다가올 심의의 다난함을 암시하고 있다.

그 후 박물관의 기초적인 개념에 대한 논의가 계속된다. 제14항(최종 답신에는 제9항)은, 원안에는 "박물관으로 하여금 그 교육적 사명을 완수하게 하는 것은 물론 학술연구기관으로서의 사명 또한 다하도록 하는 것"(강조는 인용자)이라고 되어 있다. 이에 대해 "박물관이라는 사명을 염두에 두고 말한다는 것도 이상하다"며 시모무라 슈이치(下村壽一)로부터 맹렬한 반발이 있었다. 시모무라에게 박물관은 어디까지나 '연구의 보조기관'이었기에 '학술연구기관'으로 규정하는 것에 납득이 가질 않았던 것이다. 시모무라가 말한 '학술연구기관'이란 표현은 대학과 대학원, 이화학연구소 같은 곳을 가리키는 것으로, "그렇게 쉽게 말할 수 있는 대상이 아니"며, 만약 박물관이 학술연구를 수행하게 되면 "사회교육이라고 하는 범주를 벗어나는" 것일 텐데, 그것은 "일반 대중에 과학 지식을 보급해야 하는 중대한 사명을 망각한" 것이라고 말한다.

세키야 류키치關屋龍吉 또한 시모무라의 의견에 동의하며 "통속과학박물관이 지나치게 전문적이거나 연구기관처럼 치우치는 것은 있어서는 안 된다고 생각한다"고 말한다. 또한, 다나카 호즈미田中穗積(와세다대학 총장)도 "박물관이 연구논문을 발표한다는 것은 별로 득이 될 바 없다고 생각한다"며 동의하고 있다. 결국, 이 많은 사람들에게 박물관의 연구 기능은 대학과 연구소의 연구자를 보조하는 것으로 생각되었고, 그것은 박물관의 주체적인 연구 기능을 부정하는 것에 지나지 않았던 것이다.

이에 대해 마쓰우라 진지로松浦鎭次郎(추밀고문관)는 "박물관에서 학술연구기관으로서의 방면에 무게를 두는 것도 좋다"며 반대의 입장을 취했고, 다도코로 요시하루田所美治(전 문부차관, 고등여학교 교장)도 "박물관의 사명에 학술연구의 의미가 포함되어 있다"고 반론하고 있다. 그 후, "14항은 삭제합니까"(田所美治)라는 식의 발언이 나오는 등 논의는 찬성파와 반대파의 사이에서 평행선을 달렸다.

쟁점은 박물관 자체가 주체적으로 학술연구를 실행하는 것을 인정할 것인지, 그렇지 않으면 대학과 연구소의 학술연구에 도움을 주는 것에 그칠 것인지 하는 점으로 집약되었는데, 결국 세키야 류키치가 "시모무라 군, 이것은 '학술연구기관'이라고 하면 그 자체가 (연구를) 하는 것 같으니, '연구 시설'이라고 하면 안 될까"라고 말했고, 또한 정리위원장 하야시 히로타로林博太郎도 그 말을 받아서 "그래서 양쪽(연구와 교육) 모두를 포함시키는 것이

어떻겠습니까"라고 시모무라에게 타협안을 제시하며 '학술연구기관'의 '기관'을 '시설'로 변경하는 것으로 일단 결론을 내렸다.

결국, '기관'이라는 용어를 사용하면 박물관이 주체적으로 학술연구를 수행하는 것으로 받아들여지겠으나, '시설'이라는 용어로 변경함으로써 그 어감이 애매해져 박물관 자체의 주체성이라는 의미가 엷어진다고 본 것이다. 교육지책이었다고 해도, 결과적으로 이것은 박물관의 여러 기능에서 주체적인 연구기능을 부정하는 것이 공인된 것이나 마찬가지다.

'대동아박물관'의 성문화

이 요강안의 검토 과정에서 중요한 의미를 지니는 것은 '대동아박물관'의 구상이었다. 대동아박물관에 대해서는 다음의 4장에서 상세하게 살펴보겠으나, 문부성이 추진했던 장대한 계획이며 본관을 도쿄에 두고 분관을 오사카, 쇼난항昭南港(싱가포르), 바타비야(자카르타)에 각기 둘 예정이었다.

교육심의회에서 이러한 대동아박물관 구상에 직접 관련되는 구상을 처음 제시한 것은, 제53회 특별위원회(1940년 10월 9일)에서 "동아東亞라든가, 또는 대동아大東亞라고 부르기 시작했으니, 어떻게든 그럴싸한 척식박물관이 도쿄 부근에 있었으면 좋겠다"고 했던 호즈미 시게토穗積重遠(도쿄제국대학교 교수, 제국학사원회 회원)의 발언이었다. 즉, "오랜 원시민족이 지니고 있는 여러 가지 풍속 습관이나 의복, 그리고 기구 등이 사라져 버린다"며, 식민지에서 민족 자료의 수집과 보존의 필요성을 지적하고는, "일본의 세력과 범위에 있는 물품을 수집하고 적당히 진열하여 동아생활권이라는 것에 관한 인식을 심화하고, 해외 웅비의 뜻을 갖도록 하는 의미에서 척식박물관이 매우 중요하지 않은가"라고 호소했던 것이다. 또한 제54회 특별위원회(10월 16일)에서도 우에하라 다네미上原種美(미에고등농림학교 교장)가 "우리나라도 이제부터 차차 커져 대동아의 맹주가 되려 하고 있으니 좀 더 해외의 자료를 수집한 박물관이 필요하지 않을까 생각합니다"라고 발언하여, 마찬가지의 사고방식을 표명하고 있다.

그 후 심의는 정리위원회로 넘어갔는데, 대동아박물관에 관해서는 정리위원장인 하야시 히로타로林博太郎가 그 주도적인 역할을 떠맡게 되었다. 우선 제18회 정리위원회(1941년 1월 24일)에서 하야시는 "일본에서 반드시 하지 않으면 안 되는 것은 일만지日滿支, 조선, 대만 등에 토속 혹은 역사 등에 관한 박물관을 세우는 것입니다. '독일'에도 식민지의 토속박물관은 있습니다. 어떻게 해서든 동아의 공영권을 위해 도쿄, 오사카 정도에는 관립의 박물관을 만들어야 한다고 생각합니다"라고 말하면서, '일만지, 조선, 대만 등'이라고 구체적인 지역에 대해서 언급함과 동시에 도쿄와 오사카에 관립박물관을 건설할 것을 제안하고 있다.

제26회 정리위원회(4월 2일)에서는 답신안의 제1안이 문부성 사회교육국에서 제안되었으나, 거기에는 '대동아박물관'에 관한 사항은 포함되어 있지 않다. 이에 대해서, 하야시는 "동아민족박물관이라 하는 것이 필요합니다. 그 논의를 어디에서든 해야 하지 않을까요"라며 대동아박물관에 관한 집착을 보이고 있다. 그 후에도 "동아공영권의 번영을 위해 하나쯤 만들어볼까요"라고 하면서 그 의욕을 드러내고 답신의 제8항에 "동아에 관한 종합박물관을 설치할 것"이라는 한 문장을 삽입했던 것이다.

이로써 대동아박물관 구상이 처음으로 성문화되었던 것이다. 그리고 이 답신의 방침 아래 계획이 일본박물관협회 및 문부성에 인계되어, 교육심의회의 뒤를 이은 대동아건설심의회의 답신을 거쳐 구체화되는 방향으로 나아간 것이다.

교육심의회가 초래한 것

이상으로 교육심의회의 논의 과정을 살펴보았으나, 과학 정책의 전개를 통해 활발해진 듯 보였던 정부에 의한 박물관 진흥은, 어디까지나 과학 정책이라는 범주 안에서 완결된 까닭으로, 결과적으로 박물관의 존재 그 자체를 진흥하는 것이 될 수 없었다. 그 배경에는 박물관의 정책적이고 제도적인 기반이 아직 확립되어 있지 않았던 것을 들 수 있다. 전쟁의 국면이 악화된 요인이 컸다고 해도, 박물관령의 제정과 박물관 직원의 양성, 여러 교육제도의 확립 등 교육심의회의 답신에 포함되어 있는 내용의 대부분이 실시되지 않았던 것은 이 점을 여실히 말해주고 있다.

　교육심의회의 문제점에 대해서는 이미 야스카와 슈노스케安川壽之輔에 의해 답신의 '공수표'화가 지적된 바 있다. 즉, 취약한 사회·경제구조로 인해 많은 재정 지출을 수반하는 시책은, 겉으로만 강조되거나 그렇지 않으면 심의 내용이 거부될 '공수표'에 불과했다는 견해(安川壽之輔, 「國家總動員體制下の敎育政策」)였지만, 이것은 박물관에 대해서도 마찬가지였다.

　이러한 점은 이상과 같은 교육심의회 자체의 성격과 더불어, 박물관이 근거하고 있던 정책적 기반의 취약성에 기인하고 있다. "국가권력을 기반으로 해서 그것에 의거한 진흥 실현에 대한 시도"(伊藤壽朗, 「日本博物館發達史」)를 지속해 왔던 일본박물관협회도 그 기반이 미성숙했기 때문에 국가에 대한 영향력을 지닐 수 없었다. 일본박물관협회의 중심인물로 박물관계를 짊어지고 있던 다나하시 겐타로는 교육심의회에 소집되어 의견을 진술할 것을 요청받으면서도 그 의견을 구체화할 만한 활동 역량은 지니고 있지 못했다.

결국 다나하시는 교육심의회라는 지극히 정치적인 장소에서 향토교육이라는 지론의 시대적 한계성과 박물관계의 활동 기반의 취약성이라는 이중의 의미에서 그 영향력을 행사할 수 없었던 것이다.

4장

식민지주의와 박물관

_이데올로기로서의 '대동아박물관'

1. '대동아공영권' 건설과 식민지 박물관

일본의 과학 정책이 항상 자원 문제에 의해 좌우되어 왔다는 점에서 그 창끝은 필연적으로 자원이 풍부한 남양南洋으로 향한다. 그리고 '서전緒戰의 승리'[1]를 계기로 식민지에서 '식민지 과학'이 일거에 개화했다. 거기에서 획득했던 옛 종주국 소유 박물관의 계승·관리를 둘러싼 문제 등과 관련해서 박물관계의 관심이 일시에 '대동아'로 향한 것이다.

이제부터 '대동아공영권' 건설을 기치로 삼았던 일본의 남진 정책과, 그 결과로 발생한 식민지 박물관의 관리 문제를 통해서 일본 박물관계의 관심이 '대동아'로 향해 가는 과정을 추적해 보고자 한다.

[1] 당대 일본은 물론 식민지 조선의 저널리즘에서는 아시아태평양전쟁 초기 일본군의 전과를 '서전의 승리'라고 명명하는 기사를 대량으로 작성했다. 이 '서전의 승리'는 보통명사화되어 유통되었다—옮긴이주.

'서전의 승리'

1938년 11월 3일, 제1차 고노에近衛 내각은 '동아신질서 성명'이라 일컬어지는 정부성명을 발표했다. "제국이 바라는 바는, 동아東亞 영원의 안정을 확보해야만 할 신질서 건설에 있다. 이번 전쟁의 궁극적인 목적 역시 여기에 있다"며 '일만지日滿支 삼국'에 의한 '동아신질서 건설'이 전쟁의 목적이라는 것을 명확히 했다. 나치스 독일이 베르사유 체제를 타파하고 '유럽 신질서'의 건설을 제창했던 것에 호응해서, 아시아에서도 일본을 중심으로 한 신질서를 구축할 것을 표명했던 것이다.

이렇게 '동아신질서'라는 슬로건 아래 아시아에서 대외팽창을 도모했던 일본은 신체제 운동을 거쳐 2차 고노에 내각의 개각 때 새로운 비전으로서 대남방 정책을 내세웠다. 그것이 '대동아공영권'의 이념이었다.

'대동아공영권'이라는 용어가 공식적으로 처음 사용된 것은 2차 고노에 내각의 외상이었던 마쓰오카 요스케松岡洋右가 1940년 8월 1일에 거행된 취임기자회견에서 한 연설로 알려져 있지만, 이 발언의 배후에는 7월 26일의 각의에서 결정한 「기본국책요강」과 다음 날인 27일의 대본영정부연락회의에서 결정된 「세계정세의 추이에 따른 시국처리 요강」의 존재가 있었다. 과학 정책과 관련해서 말하자면, 「기본국책요강」은 '과학의 획기적 진흥 및 생산의 합리화'라는 항목을 거론함으로써 「과학기술 신체제 확립요강」의 포석이 되었다. 이 점은 3장에서 이미 거론한 바 있다. 하지만 그 외에도 중요한 것은 대남방 정책을 국책의 기본으로 명시했다는 점일 것이다. 즉, 그 '근본 방침'에 있어 "황국을 핵심으로 일만지日滿支의 강고한 결합을 근간으로 하는 대동아의 신질서를 건설한다"고 밝히고, "대동아의 신질서 건설을 근간으로 삼아, 먼저 그 중심을 '지나사변'의 완수에 두고, 국제적인 대변

화에 달관하여 건설적이고 탄력성이 넘치는 시책을 강구하며 이로써 황국

국운의 진전을 기대한다"라는 일본 외교 정책의 기본을 밝혔던 것이다.

또, 그 구체적 방침인 「세계정세의 추이에 따른 시국처리 요강」에서

는 "신속하게 지나사변의 해결을 촉진함과 함께 호기를 포착하여 대남방

문제를 해결"한 후에 "대 독獨·이伊·소蘇 시책"에 중점을 두고, "신속히 독獨

·이伊와의 정치적 결속을 강화하고 소련과의 국교를 비약적으로 조정"하며,

2 조계(foreign settlements)
란 행정자치권이나 치외법
권을 가진 청나라 안의 외국
인 거류지. 아편전쟁 이후의
불평등 조약에 의해 중국대
륙 각지의 조약항에 설치되
었던 지역 – 옮긴이주.
남방의 여러 지역('인도차이나[佛印]', '홍콩[香港]', '조계[租界]',[2] '인도네시
아[蘭印]', '남태평양에 있는 옛 독일령 및 프랑스령 도서')의 문제 해결에 있
어서는 무력을 행사하는 것도 가능하다고 밝히고 있다. 여기
에서 일본, 독일, 이탈리아의 '3국 동맹'과 '무력 남진'이라는
2대 방침을 명확히 했던 것이다.

이렇게 일본은 1940년 9월에 체결했던 일본, 독일, 이탈리아 3국 동맹

을 발판으로 하여 남진 정책을 강행하고 1941년 10월의 도조 내각 성립을

거쳐 12월 8일 드디어 미국과 영국에게 선전을 포고한다.

개전 이래, 일본군은 '서전의 승리'라고 일컬어지는 예상 이상의 성공

을 거둔다. 5개월 정도 사이에 미얀마, 말레이, 네덜란드령 인도네시아,

필리핀, 뉴기니의 일부에 이르기까지 광범한 동남아시아 지역을 점령하고

동시에 그 지역들의 풍부한 천연자원을 손에 넣게 되었던 것이다.

남방 과학 붐과 식민지 박물관

이 '서전의 승리'에 의해 일본 국내에서의 과학자의 관심이 단숨에 '남방'으

로 향한다. 식민지의 획득에 의해 오랜 자원 부족도 해결될 것이라고 기대되

었고, 그 개발·활용의 연구가 필요하게 된 것은 당연한 일이었다. 그 결과

'남방 과학 붐'이 일어났고 다수의 '남방 연구'가 시작되었다.

　　일본학술진흥회, 전기학술진흥회 등에서 남방 과학에 관한 특별위원회가 설치되었던 것과 함께, 문부성에서도 1942년도(쇼와 17년) 과학연구비 중 10만 엔을 책정하여 총합연구「남방에 있어서 일본 민족의 생활에 관한 과학적 연구」를 수행할 것을 결정했다. 또, 남방과학연구회(도쿄제대), 재단법인 대일본고무연구소, 아세아연구소(게이오대), 열대식물화학연구소(오사카대의 학부), 민족연구소설립준비위원회(문부성), 재단법인 민족과학연구소 등 남방 과학을 간판으로 내건 연구기관도 잇달아 설치되었다. 또한 많은 과학조사단·자원조사단이 동남아시아 각지에 보내졌다.

　　게다가 그 지역들에는 옛 종주국인 영국, 네덜란드가 설립했던 과학연구기관과 박물관이 다수 있었는데 그것들은 일본의 점령과 함께 접수되었다. 1942년에는 쿠알라룸푸르동물원, 싱가포르의 래플스Raffles박물관·식물원, 에드워드 7세 의과대학, 자바의 보이텐조르히Buitenzorg식물원(현재 인도네시아의 보고르[Bogor]식물원―옮긴이), 수의학獸醫學·고무·식물연구소, 반둥의 파스퇴르연구소, 지질연구소, 봇차Bosscha천문대 등이 접수되었고, 같은 해 말부터 1943년에 걸쳐서 그 기관들의 장 혹은 관리자·연구자로서 많은 과학자가 부임하고 있었다. 쇼난昭南(싱가포르)박물관·식물원장에는 다나카 다테 히데조田中舘秀三, 도쿠가와 요시치카德川義親, 고오리 바칸郡場寬(식물원장), 하네다 야타羽根田弥太(박물관장)가 취임하고, 보이텐조르히 식물원장에는 나카이 다케노신中井猛之進이 임명되었다.[3]

　　그러나 그 기관들을 갑자기 떠안은 일본은 그것들이 충분하게 기능토록 할 만한 전통과 토대가 없었기 때문에 오히려 곤혹스러워했다. 당시 일본에는 도저히 각지의 모든 기관을 꾸려 갈 만한 과학자가 없다는 현실을 드러냈던 것이다.

3 이상의 기술은 廣重徹, 『科学の社会史』, 『日本科学技術史大系』제4권, E·J·H코너 『思い出の昭南博物館』, 『博物館研究』15-4, 5에 근거한다.

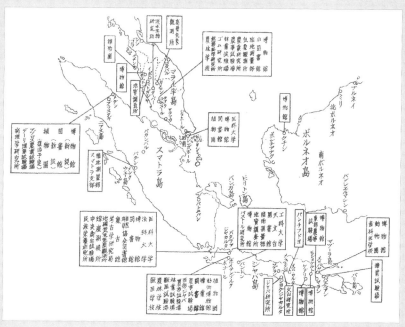

그림 4-1
접수한 남방문화시설
(다나카다테 히데조, 『南方文化施設の接收』)

그림 4-2
다나카다테 히데조의 『南方文化施設の接收』

1942년 5월 21일에 나왔던 대동아건설심의회 답신 「대동아건설에 처한 문교 정책」에는 "현지에서의 신문, 라디오, 영화 등 문화시설의 보급, 의료 등 후생시설의 충실, 도서관, 박물관, 식물원 등의 정비를 도모하고 또한 내지로부터 우수한 학자, 연구자, 기술자를 파견하여 현지 유식자有識者와 함께 문화의 향상을 촉진한다"라는 문구가 들어있다. 이것은 분명히 싱가포르의 래플스박물관·식물원 등 남방 식민지에 존재하는 옛 종주국이 남긴 여러 기관들을 의식했던 문구였다. 그리고 "내지로부터 우수한 학자, 연구자, 기술자를 파견"할 필요성을 제창하며, "현지 유식자와 함께"라고 명시한 것은 남방에 파견할 수 있는 과학자가 부족하다는 표현일 것이다. 과학자동원협회이사장인 다다 레이키치多田礼吉가 탄식한 것처럼(多田礼吉, 「南方建設と科學技術」) 과학자의 부족으로 인해 부득이하게 '적국敵國 과학자'를 활용하는 상황이었기 때문에 "현지 유식자와 함께"라는 표현을 넣었던 것이다.

또한 박물관에 관해서 말하자면, 식민지 경영에 있어 박물관에 대한 옛 종주국과 일본 사이의 인식차가 부상하였다. 영국은 식민지를 경영할 때에는 우선 병원을 세우고, 그 다음에 박물관을 세웠다고 한다. "점령지의 자연과 문화를 숙지하고 연구하는 것은 점령 정책을 성공하기 위해 불가결한 요소"(石井美樹子, 「譯者後記」)로 보고, 보다 효과적으로 식민지를 지배하기 위한 유효한 수단으로서 박물관을 이용했다고 생각된다. 한편, 일본은 식민지에서 문화재와 공문서, 도서 등의 파괴·약탈을 반복하는 동시에, "도시의 중심지에 일대 요정가"(앞의 글)를 만들었다고 한다.

박물관계에 있어서 '대동아'에 대한 관심의 고조

이러한 식민지의 실태를 무시하고 일본 국내에서는 래플스박물관처럼 일본에는 존재하지 않는 규모·내용을 갖춘 충실한 기관을 획득함으로써 일본의 박물관 시설의 빈약함을 다시금 인식하였고, 이는 박물관 건설의 기운이 더욱 높아지는 결과로 이어졌다.

이러한 일본 박물관계의 상황에 대하여 「아사히신문」에서는 그 사설에서 "쇼난박물관 및 동同 부속도서관, 그리고 쇼난식물원 등이 정비되었다는 소식이 전해졌을 때, 이미 내지의 대박물관에 관한 구체적인 논의가 시작되었다"고 보도하고 있다(「아사히신문」 1942년 9월 8일자). 또, 도쿄과학박물관(현 국립과학박물관) 학예관인 이마제키 로쿠야今關六也는 래플스박물관을 일본군이 접수했던 것에 대해서 다음과 같이 쓰고 있다(今關六也, 「國民文化向上へ—聖戰完遂と博物館の施設」).

이것(쇼난박물관·식물원장에 다나카다테 히데조[田中館秀三]가 취임했던 것)은 근래의 쾌보라고 하지 않으면 안 된다. 왜냐하면 군기(軍旗)와 함께 문화 건설의 진군이 단지 구호가 아니라 여실하게 실행되어 가고 있기 때문이다. 그러나 쇼난도(昭南島)의 박물관이나 식물원은 모두 세계에 이름난 것이긴 하지만, 숙적 영국이 그들의 일개 식민지에 설립한 여러 시설 가운데 하나에 불과한 것이다. 이에 대해서 아시아의 맹주인 대일본제국의 영토 내에 일개 쇼난도의 그것에도 필적할 만한 박물관과 식물원이 있을까. [……] 점령지에서는 점령한 건축물의 하나로써 맹주 일본을 주민에게 인식시킬 수 있는 일본 박물관이 건축되길 진심으로 바라는 바다.

한편, 일본박물관협회의 기관지인 『박물관연구博物館研究』에서는 국민의 다수가 '서전의 승리'에 취해 있던 1942년 3월경부터 식민지의 박물관을 소개하는 기사가 늘었는데, 「쇼난도의 래플스박물관」, 「쇼난시召南市 식

그림 4-3 그림 4-4
싱가포르의 래플스박물관 (『博物館研究』 15-3)

그림 4-5 그림 4-6
바타비야박물관 (『博物館研究』16-11; 『博物館研究』15-4)

물원」,「쇼난시에서 문화시설의 보호」,「레플스박물관의 추억」(『博物館研究』15-3, 1942년),「남방의 박물관 시설에 대하여」(『博物館研究』15-4, 1942년), 다나카 다테 히데조田中館秀三,「쇼난도의 식물원과 박물관 및 보존된 도서」(『博物館研究』15-5, 1942년) 등이 계속해서 게재되었다.

그 기사들에서 특징적인 것은 개개의 박물관에 대한 소박한 소개이다. 예를 들면「남방의 박물관 시설에 대해서」에서는 래플스박물관·바타비아Batavia박물관·보이텐조르히식물원·바타비아 수족관·스라바야Surabaya동물원 등의 소개가 되고 있다. 그 중 '쇼난시식물원'의 소개 기사에서는 다음과 같이 대규모 시설의 개요를 서술하고 있다.

강렬한 녹음의 거목이 무성하고, 그 농원(農園)에는 식물의 총 6000종, 무수한 고무나무와 야자수가 늘어서, 쿠알라룸푸르의 농사시험장과 함께 이것들의 품종개량에 도움이 되고 있다. 여기에서 어지럽게 피어 있는 진귀한 난의 종류는 약 800종에 달하고 화분(花粉)의 교묘한 교배에 의해 보라색과 흰색, 그 외 오색의 꽃을 피우고 주위에 향기를 흩뿌리고 있다.

이처럼 구체적으로 상황을 기술하는 것을 통해 진귀함도 느끼게 하고, 미지의 박물관이란 생각을 갖도록 하는 데 좋은 소재가 될 수 있었을 것이다.

또한 니시무라 겐키치西村健吉(부민협회 이사)와 같이 "오늘날처럼 전 일본의 박물관이 중대 사명에 봉착하고 있던 때는 없다고 생각한다. 대동아공영권이나 남방 자원이라는 말도 이것들을 국민 대중에게 교육하는 것은 박물관을 제쳐 놓고는 다른 하등의 시설이 없기 때문"이라며, '서전의 승리'를 호기로 삼아 박물관의 진흥을 꾀하려는 사고방식도 나타났다. 그는 계속해서 말한다. "국민 대중이 바라 마지않는 것은 남방의 풍물이며, 문화이고, 자원이다. 사람들이 모이기만 하면 남방의 혁혁한 황군의 전과를 얘기하고 있지 않은가. […] 이때야말로 박물관이 그 자료와 정확한 해설을 통해 국민의 인식을 강화하고, 더 나아가 대동아전쟁의 완수에 일단의 박차를 가해야 할 것이라고 확신한다"(西村健吉,「戰時下の博物館經營」) 이렇게 니시무라의 생각은 대동아박물관 건설을 향해서 매진하고 있는 박물관계의 사상 상황과도 겹쳐 있다.

실업계에서는 '대동아에 관한 일체의 자료를 모은 전당'(「朝日新聞」 1942년 6월 20일자)으로서 '대동아자료관'의 설치 운동이 일어난다. 이것은 일본상공회의소, 도쿄시, 대정익찬회 동아국이 계획하고 있던 것으로, 1942년 9월 19일에 나가이 류타로永井柳太郎(대정익찬회 흥아국장), 오쿠보 류타로大久保留太郎(도쿄시장), 후지야마 아이이치로藤山愛一郎(대정익찬회동아국장·대동아산업무역조사회장) 등에 의해 설립준비익찬회가 설립되고 있다. 그 내용은 "농림, 광업, 축산동력자원에 관한 견본 분포 상황, 기구, 시설 및 대동아 십억 모든 민족의 인종, 인구, 민족, 역사, 종교, 사회, 예술, 정치, 군사, 법제, 식민 등에 관한 모형인형회화模型人形繪畵, 사진 등을 계통적으로 진열한다"(『博物館研究』 15-7, 1942년)는 것이었다.

결국, 이 계획은 문부성의 대동아박물관 구상과 합류하게 되어 실업계가 단독으로 그 운동을 전개하지는 못했지만, 대동아공영권에 대한 관심의 고조가 이처럼 '대동아자료관' 설립 운동이라는 형식으로 나타났던 것이다.

2. 환영의 '대동아박물관'에 관하여

대동아건설에 대한 문교 정책

앞서 3장에서 검토했던 것처럼, 대동아박물관 구상이 처음으로 공적인 장에서 논의되고 성문화된 것은 교육심의회에서였다. 그리고 그 「교육심의회답신」에서 제시된 대동아박물관 구상의 방침 아래 일본박물관협회 및 문부성으로 계승되어 구체화되어 갔던 것이다. 이 교육심의회는 1942년 5월에 폐지되어 향후 교육 개혁의 문제는 새로운 전쟁 완수를 위한 전시 교육의 전망을 포함해 대동아건설심의회로 넘겨졌다.

대동아건설심의회는 1942년 2월 21일에 공포된 「대동아건설심의회 관제大東亞建設審議會官制」에 의해 "내각총리대신의 감독에 속하고 그 자문에 응해서 대동아 건설에 관한 중요 사항(군사 및 외교에 관한 것을 제외)을 조사 심의"할 목적으로 설치되었다(『近代日本敎育制度史料』 제1권).

대동아건설심의회에 대해서 내각총리대신으로부터 다음과 같은 5항목에 대한 자문이 제출되는데, 각각의 자문사항에 대응하는 8개의 부회部會가 설치되었다(石川準吉, 「大東亞建設審議會總會議事經過概要」).

    자문 제1   대동아건설에 관한 기초요건(제1부회)

    자문 제2   대동아건설에 처한 문교 정책(제2부회)

    자문 제3   대동아건설에 따른 인구 및 민족 정책(제3부회)

    자문 제4   대동아경제건설 기본방침(제4부회)

    자문 제5   대동아경제건설 기본방책에 기초한다.

                1. 대동아의 광업, 공업 및 전력(제5부회)

2. 대동아의 농업, 임업, 수산업 및 축산업(제6부회)

3. 대동아의 교역 및 금융(제7부회)

4. 대동아의 교통에 관한 구체적 방책(제8부회)

    그 중 교육 정책의 방침을 정한 것은 교육심의회를 실질적으로 계승한 제2부회이며, 1942년 5월 21일에 「대동아건설에 있어서의 문교 정책」이라는 답신을 결정했다(『日本科學技術史大系』 제4권). 여기에서도 역시 대동아박물관의 구상은 살아 있었다.

    국내적인 교육 정책의 방침을 제시하고, 「대동아 건설에 있어서의 문교 정책」의 근간을 이루는 「황국민의 교육연성鍊成 방책」에서 대동아박물관의 아웃라인을 제시했다.

    대동아에서 정치, 경제, 문화, 민족 및 자연 등 제반에 관한 대박물관을 설립하고 대동아의 인식을 철저하게 함과 동시에 대동아문화의 진전에 도움이 되게 한다.

    한편, 대동아공영권에서 교육 정책의 방침을 제시한 「대동아제민족의 화육化育 방책」에서도 다음과 같이 쓰고 있다.

    일본 문화를 현양(顯揚)하여 널리 그 우수성을 인식토록 함과 동시에 현지에서의 신문, 라디오, 영화 등 문화시설의 보급, 의료 등 후생시설의 충실, 도서관, 박물관, 식물원 등의 정비를 도모하고 또한 내지로부터 우수한 학자, 연구자, 기술자를 파견하여 현지 유식자(有識者)와 함께 문화의 향상을 촉진하고 혼연(渾然)한 대동아 문화의 창조를 북돋는다.

이처럼 '대동아 제 민족'에 대해서 일본 문화의 '우수성'을 전하기 위해 신문·라디오 등의 매스미디어를 활용함과 동시에 '박물관, 식물원 등의 정비'에 대해서도 거론하고 있다. 이것은 앞서 서술했던 것처럼 래플스박물관·식물원 등 남방 식민지에 존재하는 옛 종주국의 여러 기관을 의식했던 표현이며 그 위에 "내지로부터 우수한 학자, 연구자, 기술자를 파견"할 필요성을 제창하고 있는 것이다.

대동아박물관건설조사위원회

이처럼 교육심의회 그리고 그것을 계승한 동아건설심의회라는, 모두 내각 총리대신의 감독에 속하는 심의회에서 공통적으로 대동아박물관 구상이 제창되고 있던 사실을 알 수 있다. 이것들은 정책 결정 과정에 직접적으로 관련된, 이른바 정책 주체 쪽의 결정이었다. 다음으로는 박물관의 일원적一元的 운동 조직인 일본박물관협회에서 있었던 대동아박물관의 구상에 대해서도 보고자 한다.

『향토박물관 건설에 관한 조사』(1942년)와 『대학, 전문학교 등에서 현존 설비의 박물관적 이용의 제창』(1943년) 등의 조사에 착수하여, 정책에 적극적으로 관여하고자 했던 일본박물관협회에서는 대동아박물관의 입안에도 깊이 관여하고 있다.

그 단서는 1938년 9월 22일에 개최되었던 제8회 전국박물관대회였다. 일본박물관협회는 문부성이 자문한 「시국을 고려하여 박물관이 행해야 할 구체적인 시설 여하」에 대한 답신 속에서 "동아에 관한 지리, 역사, 풍속, 미술공예, 자원 등의 특별전람회를 개최하고 동아의 인식 강화에 노력할 것"을 제시했다. 또 정부에 대해서는 "동아의 인식 강화에 이바지하기 위해서 대자연과학박물관을 창설할 것"을 희망하였다(『博物館研究』 11-10, 1938년).

같은 해 11월 26일에 열린 일본박물관협회 이사회에서는 "나아가 동양문화 신건설에서 일익을 담당해 협력하지 않으면 안 된다"라고 방침을 확인하고, "본협회의 조직 내용을 확대 강화할 필요가 있다"며 특별위원회를 설치하였다(『博物館研究』 12-2, 1939년). 말하자면, 총력전에 대응하기 위한 조직개혁의 필요성을 제창했던 것이다.

그 특별위원회에서의 논의는 「일본박물관협회 사업확장 계획」으로 결실을 맺었고 「신동아의 건설에 직면하여 중요 문화시설인 박물관의 대책」, 「대륙에서 발굴품 및 그 외의 귀중 수집품에 대한 대책」 등의 9개 항목에 대해서 '전문가를 망라한 조사위원회'를 설치하기로 결정했다(『博物館研究』 13-3, 1940년).

그리고 이 '확장 계획'의 방침을 받아 일본박물관협회에서는 문부관료·제국의회 의원을 포함하여 아래의 24인의 위원에 의해 구성된 '대동아박물관건설조사위원회'를 1942년 2월에 설치했던 것이다(『博物館研究』 15-3, 1942년).

대동아박물관 건설조사위원(順不同)

문부성 사회교육국장	고게쓰 마스미(纐纈彌三)
동 사회교육국성인교육과장	사토미 도미지(里見富次)
동 전문학무국학예과장	혼다 히로히토(本田弘人)
귀족원의원	다카쓰카사 노부스케(鷹司信輔)
도쿄제국대학 명예교수	가쓰라 벤조(桂緯三)
동 명예교수	무라카와 겐고(村川堅固)
동 이학부 교수	하세베 고돈도(長谷部言人)

동 의학부교수	미야카와 요네지(宮川米次)
동 문학부교수	나카무라 고야(中村孝也)
동 문학부조교수	우노 엔쿠(宇野円空)
도쿄문리과대학교수	다나카 게이지(田中啓爾)
게이오대학의학부교수	미야지마 미키노스케(宮島幹之助)
동 문학부교수	하시모토 마스키치(橋本增吉)
도쿄고등사범학교교수	우치다 간이치(内田寬一)
동 교수	오카다 야이치로(岡田彌一朗)
도쿄농업교육전문학교장	우에하라 다네미(上原種美)
제실박물관총장	와타나베 마코토(渡部信)
도쿄과학박물관장	쓰보이 세이타로(坪井誠太郎)
자원과학연구소장	시바타 게타(柴田桂太)
상공성지질조사소장	야마네 신지(山根新次)
	고토 슈이치(後藤守一)
	야나기타 구니오(柳田國男)
본회(일본박물관협회) 이사	다나하시 겐타로(棚橋源太郎)
동	모리 긴지로(森金次郎)

또한 이 시기에 있어서 "협회 내부의 상세한 움직임에 대한 기록은 현재 일본박물관협회에는 보존되어 있지 않아 그 상세한 내용을 알 수 없다"(椎名仙卓,「戰前に於ける博物館令制定運動」)고 했듯이 대동아박물관건설조사위원회가 어떠한 경위에 의해 조직되었는가는 불분명하다. 그러나 그 위원회가 이후 문부성으로 계승되는 대동아박물관 구상의 주축을 이루고 커다란 영향력을 끼쳤던 것은 확실하다.

대동아박물관 건설안

이 조사회의 발족에 맞추어 일본박물관협회에서는 「대동아박물관 건설안」을 작성하고 있다(「大東亞博物館建設案」, 『博物館史研究』 제1호). 조사위원회 발족의 상황을 전하는 『박물관연구』에서 "본회에서 미리 조사 중이었던 대동아박물관 건설에 관한 조사안이 성안(成案)되었으므로 본회에서는 다음의 제씨를 위의 조사위원으로 위촉한다"(『博物館研究』 15-3, 1942년)라고 기록된 점에서, 1942년 2월의 조사위원회 발족에 때를 맞추어 일본박물관협회가 작성했던 원안이었다고 생각된다. 여기에서 일본박물관협회가 상정하고 있었던 대동아박물관 구상의 대강을 알 수 있다.

「대동아박물관 건설안」에서는 대동아박물관의 필요성에 대해서 우선 '대동아전쟁의 목적'에서부터 설명하기 시작한다.

> 대동아전쟁의 목적은 영미의 압제로부터 동아의 모든 민족을 해방시키고, 지도 국가다운 일본 제국의 존립에 불가결한 자원을 확보하며 각각의 민족이 제 역할을 할 수 있도록 하여 공존공영의 낙토를 건설함으로써 세계의 평화에 공헌케 하는 데 있다.

그리고 그 구체적 방책으로서 대동아박물관에 요구한 것은 다음의 두 가지 점이다.

> ① 일반 국민으로 하여금 동아의 사정을 통해서 그 개발에 필요한 지식을 얻게 한다.
> ② 흥아(興亞)의 의기에 불타는 많은 유능한 인재를 현지에 보낸다.

그림 4-7 대동아박물관 건설안
(나고야시박물관 『新博物館態勢』)

여기에서 일본박물관협회가 대동아박물관에 '국민에 대한 교육'과 '인재 양성'이라는 이중의 기능을 부여하고 있던 사실을 읽을 수 있다.

그러면 사업 내용을 어떻게 상정하고 있었을까. 그 내용은 '상설 진열', '현장 설명 및 강연', '특별 전람', '자료의 대출 및 출판' 등을 들고 있는데, "앉아서 관람자를 기다리는 종래의 소극적 경영을 버리고, 국민 대중에게 적극적으로 호소"하는 자세를 제시하고 있다. 그 중 사업 내용의 중심을 차지하는 '총면적의 2분의 1 이상'을 충당한다는 상설진열에서는 '동아제국 및 각 지역'의 자연·지리·산업·역사·민속 등 대단히 광범한 영역을 대상으로 해서 해당 지역을 종합적으로 파악하고자 했음을 알 수 있다. 또, 전시의 방법에서도 '디오라마diorama'(환시화—옮긴이), '구성 진열', '동력의 응용' 등 시각에 호소하는 방도를 모색하였다.

또한 전시 이외에도 단체에 대한 설명, 환등영화·활동사진을 사용한 전문가에 의한 강연회, 특별전람회의 개최, 자료의 대출, 해설서·그림엽서·관람안내·참고도서·팸플릿 등의 출판 등이 사업 내용으로서 제시되었다. 이것은 "앉아서 관람자를 기다리는" 종래의 박물관으로부터 탈피하고자 했던 표현이자 근대 박물관의 기능에 부응하는 사업을 전개하고자 했던 의도로 이해할 수 있다.

다만, 간과해서는 안 될 것은 그것이 "조국肇國의 대정신·대화민족의 우수성"이라는 문맥 아래 배치되고 있었다는 점이다. 대동아박물관의 설립 목적이 '동아 제 민족을 해방'시키고 '자원을 확보'한다고 하는 '대동아공영권'의 사상에서 이끌어낸 것인 이상, 시국하의 레토릭이 다분히 있었다고 해도 이론상으로 대동아박물관이라는 존재 자체가 이 목적에 구속된 것이라고 생각하지 않을 수 없다. 그리고 이러한 목적을 실현하는 유효한 방법·수단으로서 앞서 기술한 것처럼 박물관의 '근대적'인 기능이 활용되었던 것이다.

한편, 대동아박물관 활동의 또 하나의 중심축인 인재 양성에 관해서는 관내에 양성소를 설치하는 것으로 대응하려 했다. 또, 교외에 훈련소를 설치하여 합숙훈련을 실시하였는데, 자칫하면 박물관의 본격적인 업무로부터 일탈하기 쉬운 이 계획으로부터 인재 양성에 관해 비중을 두었음을 확인할 수 있다. 특히 강조할 점은 교관을 학예관이 맡았다는 사실이다. "해외에 진출해서 동아의 개발 경영을 담당하는" 인재의 양성으로 「대동아박물관 건설안」에서 상정하고 있는 학예관의 전문성이 얼마나 활용되었는지, 문장만으로는 파악할 수 없지만 박물관이라는 기능을 이용해서 이처럼 인재를 양성하려 했던 것은 주목할 가치가 있다.

건설 예정지에 대해서는 막연하게 도쿄시로 되어 있는데 "관람자의 출입이 가급적 편리한 위치"라고 하고 구체적인 장소는 상정되지 않았다. 또 건물 자체도 "시국하 건축 자재 결핍" 때문에 신규로 건설하는 것이 아니라, 현존의 건물을 매수함으로써 확보하고자 했다. 다채로운 기능을 함께 담고 있던 「대동아박물관 건설안」의 논조는 건물의 확보라는 단계에서 갑자기 현실 타협 노선으로 전환된 것이다.

이처럼 "기존 시설 이용의 정당화"(犬塚康博, 「藤山一雄と棚橋源太郎」)의 주장에서는 다나하시 겐타로棚橋源太郎의 영향을 발견할 수 있다. 다나하시가 중심이 되어 집필했던 『향토박물관 건설에 관한 조사』(일본박물관협회, 1942년)에서는 "건축 자재가 결핍된 오늘날, 당장 이러한 이상을 실현하는 것은 큰 어려움을 면할 수 없기 때문에, 가능한 새롭게 건축하는 것을 피하고, 기존 건물을 이용함으로써 본체로 삼지 않으면 안 된다"며, "옛 다이묘의 성곽·관·옛 군역소의 청사·향토위인의 주가住家, 그 외의 유서 깊은 건물 등"을 기존의 건물로서 이용할 수 있다는 취지가 서술되고 있다. 「대동아박물관 건설안」에서 보이는 것처럼 사업 내용(=소프트)의 이상론과 건물(=하드)의 현실론이라는 모순은 이 책에서도 산견되는데, 공통적인 논리 구성을 갖추고 있음을 알 수 있다.

건물의 규모에 대해서는 「대동아박물관 건설안」에서는 4500평으로 가정하고 있는데, 그 중 3분의 2였던 3000평을 진열실로 충당하고, 나머지 1500평으로 강연실·교실·특별전관실展觀室·저장실貯藏室·도서실·공작대출실工作貸出室·사무실·끽다휴게실 등 진열실 이외의 시설을 설치하였다. 그것은 앞서의 "총 면적의 2분의 1 이상"을 상설 진열로 충당하겠다는 방침의 구체적인 형태라고 생각된다.

다나하시 겐타로는 일찍이 박물관 내 시설의 구성 비율에 대해서 "전체 면적의 2분의 1을 (진열실의 면적으로) 충당하는 것이 적당하다"(棚橋源太郎, 『眼に訴へる教育機關』)라고 이론화했던 바 있었다. 또한 앞서의 『향토박물관 건설에 관한 조사』에서 일본박물관협회가 소도시에 건설할 향토박물관의 모델로서 제시한 것은 합계 200평의 건물에 대해서 90평의 진열실이었다. 이러한 사실들을 통해 진열실의 비율은 대략 반분半分할 것을 감안하고 있었다.

그런데 대동아박물관에 관해서는 진열실이 전면적의 3분의 2를 차지하고, 2분의 1이라는 기준보다 꽤 넓어지게 되었다. "앉아서 관람자를 기다리는" 것으로부터 탈피하고, 인재 양성 등 전시 이외의 사업을 적극적으로 실시하는 '동적動的 시설'을 꾀하고 있었던 「대동아박물관 건설안」에서 대동아박물관의 사업 내용에 비추어 보자면, 이 비율은 다소 정채精彩가 결여되어 있었다고 하지 않을 수 없다. 「대동아박물관 건설안」의 작성에서 다나하시가 내용면에 관하여 어느 정도 관련되어 있었는가는 불분명하지만, 적어도 작성 단계에서는 전시와 그 외 사업과의 비율이 아직 굳어지지 않았던 사실을 보여주는 것이라고 하겠다.

그런데 대동아박물관건설조사위원회의 심의 내용에 대해서는 전혀 알 수 없다. 다만, "대동아박물관에 관한 여러 조사는 각 방면의 권위를 망라했던 전문위원의 손에서 몇 번인가 심의를 거듭해 왔는데, 최근 어렵사리 조사도 끝냈으니 인쇄하여 관련 있는 각 방면으로 배포하여 사업의 촉진을 꾀한다"(梅谷蓼花, 「日本博物館協會過去十五年間の足跡」)는 기술로부터, 일본박물관협회에서는 조사위원회에서의 조사 성과를 한데 모아, 어떠한 형태로든 인쇄·분포하는 것을 목표로 했다는 사실을 짐작할 수 있다.

결국, 그것이 실시된 것은 조사위원회 설치부터 약 5개월 후인 1942년 7월의 일이었다.

'대동아박물관' 신문발표

1942년 7월 29일, '대동아박물관' 계획에 관한 신문발표가 있고, 일본박물관협회에서 계획하고 있던 대동아박물관 구상을 문부성에서 "계획, 실시 모두 전부 인수하는" 것을 밝히고 있다. 동시에 대동아박물관의 계획을 다음과 같이 발표했다(「朝日新聞」 1942년 7월 29일부 석간).

전쟁 중과 전후(戰後)의 2단계로 나누어 본관을 대동아의 수도인 도쿄에 두

고, 분관을 내지에서는 오사카, 남방에서는 쇼난, 바타비아 등의 대표적 도시
에 설치하고 관내에서는 천산(天産), 인문, 정치경제 등 일체에 관한 각종
자료를 진열하는 것 외에 학자, 전문가를 촉탁으로 삼아 때때로 강습회와
순회박물관을 개최한다.

그 내용은 일본박물관협회가 작성했던 「대동아박물관 건설안」에 입
각하여 조사위원회에서 논의했던 성과라고 볼 수 있다. 다만 「대동아박물
관 건설안」의 내용과 크게 다른 것은 도쿄시만의 계획이었던 것이, 도쿄를
중심으로 하여 오사카, 쇼난, 바타비아(자카르타)를 잇는 네트워크 구상으로
변화하고 있었던 것이다. 확실히 「대동아박물관 건설안」과 비교해서 대규
모의 안이며 그 내용이 그대로 문부성에 계승되어 간 것이다.

문부성의 의향에 따르면, "(대동아박물관의) 건설 계획은 물질·자재
관계를 고려해서 응급적이고 임시적인 계획과 항구적인 계획을 병행적으
로 수립하는" 것이며, "항구적인 계획으로서는 대영박물관이 그 건설에
4, 50년의 세월을 필요로 했던 사례 등에 비추어 30년 내지 50년에 걸친
장기 건설 계획이어야 하며, 최초의 3개년 간은 자료 수집을 위해 필요 인원
을 공영권 내 각지에 파견하는 등의 준비 시대로 충당하게 될 것이고, 경제계
등에서의 설립 계획(앞에 거론한 '대동아자원관' 구상을 가리킴)도, 이 대동아박물관
계획에 흡수통합될 것이다"(「朝日新聞」 1942년 9월 4일부)라고 보도되었다.

대동아성과 소관 문제

이처럼 일본박물관협회에서 개시했던 대동아박물관 구상은 문부성으로
계승되어, 착실하게 구체화를 향해 진행되어 갔다. 그와 같은 중에 일본의

南の知識を一堂に
「大東亞博物館」の計畫

大東亞建設の巨步推進
新省設置に各省と有機的連絡

「大東亞博物館」建設
五十年計畫の雄大な案

指導者の養成へ
國家的育英を研究

中國玩具標本

점령 지역 및 세력 범위에 대한 정치, 경제, 문화 등의 정무의 시행을 일원화하는 것을 목적으로 하여 '대동아성'의 설치 기운이 군부 안에서 고조하며, 그 소관을 둘러싸고 논쟁이 일어난다. 대동아박물관 구상도 예외는 아니었다.

1942년 9월 1일에 「대동아성省 설치에 관한 건」이 각의 결정되고, "대동아전쟁의 완수와 대동아 건설의 필성必成을 기하기 위해 국내 및 여러 외국 및 여러 지역의 정치, 경제, 문화 등의 정무를 시행하는 한 성을 설치하고 또 현지 기구를 정비하는 것"을 목적으로 척식성, 대만사무국, 홍아원, 외무성, 동아국·남양국을 흡수하여 대동아성을 설치하게 되었다.

그 대동아성의 설립에 즈음하여 장벽이 되었던 것이 그 소관 문제였다. 당시의 신문도 이것에 대하여 "신성 설치에 따른 사무적 조정도 간단하게 처리할 수 없"기 때문에 "호시노星野 내각 서기관장을 중심으로 하여 각 성省과의 유기적 연락을 꾀하고 사무 조정의 구체적인 대책을 고구하게 되었다"(「朝日新聞」 1942년 9월 4일자)는 등으로 전하고 있다. 여기서 문제가 된 것은 대동아박물관이었다.

앞서의 「쇼와 18년도 중요정책예산선의화정각청요구안昭和十八年度重要政策豫算先議画定各廳要求案」(기획원 작성, 1942년 10월) 중에는 "각 성省의 요구에 따라 대동아성의 소관 또는 공동 관리로 해야 할 것인지가 문제가 되고 있는 사항"이 있으며 소관 문제에 관한 사무 조정을 하고 있었던 것을 알 수 있다. 문부성은 그 한 항목으로 「대동아박물관 창설」을 내세우고(石川準吉, 「大東亞戰爭開戰前後の重要諸施策關係資料」) 그것으로부터 문부성과 대동아성과의 사이에서 대동아박물관의 소관을 둘러싼 무엇인가의 논의가 있었다고 생각되지만 상세한 것은 명확하지 않다. 1942년 11월 1일의 대동아성 설치와 동시에 나왔던 「대동아성 분과규정」에서는 대동아박물관에 관한 사항에 대해서는 거론하지 않으며, 결과적으로 문부성의 소관이 되었던 것이다.

문부성 계획안

1942년 10월 22일에 각의에서 결정되었던 「쇼와 18년도 예산상의 중요정책선의화정의 건昭和十八年度豫算上の重要政策先義画定の件」에서는 문부성의 중요 정책의 하나로 「대동아박물관 설정大東亞博物館設定」이 거론되고, 그 취급에 대해서는 "쇼와 18년도에 있어서 우선적으로 예산화하는 데 노력해야할 중요 사항으로 할 것"이라 결정하고 있다(石川準吉, 「大東亞戰爭開戰前後の重要諸施策關係資料」).

　　기획원이 1942년 10월에 결정했던 「쇼와 18년도 중요정책예산선의화정각청요구안」에 의하면, 문부성은 「국체의 본의천명투철本義闡明透徹에 관한 건」, 「학제의 쇄신에 관한 건」 등 8항목을 내놓으며, 각각에 대하여 예산을 요구하고 있다. 그 한 항목으로 「대동아박물관 창설에 관한 건」이 있으며, 대동아박물관에 대해서 다음과 같은 계획을 표명하고 있다(앞과 같음).

대동아박물관 창설에 관한 건(문부성)

· 제1 방침

동아에 있어서 천연자원, 민족 및 문화 각 부분에 관한 자료를 조사 연구하고 그 성과를 총합 전시하기 위해 아래 요령에 의거 대동아박물관(가칭)을 설립하여 이미 있는 대동아지역의 각 분야 학술연구기관은 장래 본 박물관에 통합하는 것을 고려한다.

· 제2 요령

1. 10개년 계속사업으로서 대동아박물관을 설립한다.

2. 도쿄를 중심으로 하여 적당한 장소에 건설한다.

3. 우선은 대동아 각 지역에 존재하는 자료의 산일(散逸)을 방지하고 그것의 수집에 노력하는 것으로 한다.

4. 대동아박물관건설위원회를 설치하고 대동아박물관 건설 계획을 수립한다.

·제3 경비

대동아박물관 창설 준비제비 3,192,462엔

검토한 바로는 이것이 문부성의 계획안으로서 성문화된 유일의 것이며, 문부성에 의한 구상의 개요가 밝혀져 있다. 그러나 앞서 신문발표의 내용과는 달리 도쿄에만 설치하는 것이었으며, 규모도 10년 계획으로 축소되고 있다. 다만, 문부성은 「대동아박물관 창설 준비안」으로서 300만 엔 정도의 예산을 요구하고 있으며, 이것은 「대동아박물관 건설안」으로 제시했던 1000만 엔이라는 금액의 대략 3분의 1인데, '일미日美개전'에 돌입했던 1942년이라는 시기의 상황을 고려하면, 「대동아박물관 건설안」의 계획 규모를 답습하고 있다고 말할 수 있겠다.

고바 가즈오에 의한 조사

대동아박물관 건설을 위한 문부성의 준비는 그 후에도 진행되었다. 1942년 10월 1일에 문부성은 과학과를 폐지하고 새로 과학국을 설치하는데, 대동아박물관은 과학국 시설과의 소관이 된다. 다음해인 1943년 3월 6일에는 1943년도 총 예산에서 조사제비 중 「대동아박물관 창설 준비제비」로서

6만 5000엔이 계상되었다.

드디어 1943년 11월 10일부로 만주국 국립중앙박물관 학예관 고바 가즈오木場一夫에게 「대동아박물관 건설에 관한 조사」를 촉탁한다(名古屋市博物館, 『新博物館態勢』). 그리고 같은 해 12월 4일부로 고바는 만주국 국립중앙박물관을 의원 퇴직하고 문부성 과학국에서 본격적으로 대동아박물관 건설의 준비에 착수한다(犬塚康博, 「新京の博物館」).

그림 4-10 고바 가즈오
(나고야시박물관 『新博物館態勢』)

고바가 착수했던 것은 외국의 박물관에 관한 조사였다. 그 성과는 1944년 8월의 『각국 주요 박물관의 개황』(문부성 과학국 총무과 발행)으로 결실을 맺고 있다.[4] 이 조사가 고바의 손에 의한 대동아박물관 창설을 위한 기초 작업이었던 것을 판단의 근거로 삼는다면 『각국 주요 박물관의 개황』에서 발견되는 특징을 이해함으로써 대동아박물관의 구상 내용의 지향성을 파악할 수 있다.

여기에서 주목해야 할 것은 조사대상이 주로 자연과학 계통의 박물관이었다는 것이다. 그것은 대동아박물관이 과학박물관으로서 계획되고 있던 사실을 보여주고 있다. 다만 문부성 과학국이 관장하고 있었기 때문에 대동아박물관이 원래 과학을 지향하는 기관으로서 규정되어 있었던 것은 이미 계획된 것이었지만, 비록 촉탁일지라도 문부성에서 첫 박물관에 관한 전임 인력이 된 고바가 동물학을 전공한 자연과학자였다는 인사 자체가 그 사실을 뒷받침하고 있다.

또한 『각국 주요 박물관의 개황』에서는 미국 박물관의 소개와 분석에

4 1943년 2월 1일의 「문부성 분과규정 개정」에서 과학국은 총무과·과학동원과·조사과의 3과가 되며, 대동아박물관은 총무과 소관이 되었다. 『각국 주요 박물관의 개황』은 『박물관사연구』 제7호에서 재록되어 있다.

많은 지면을 할애한다. 그로부터 대동아박물관의 모델을 미국의 박물관에 근거하는 것도 고려되고 있었다는 사실을 알 수 있는데, 그 점에 대해서는 후술한다.

대동아박물관설립준비위원회

1944년 12월 15일에 「대동아박물관설립준비위원회 관제官制」가 공포되고, "문부성의 감독으로 위촉하고 그 자문에 응해서 대동아박물관의 설립 준비에 관한 중요 사항을 조사 심의한다"(「大東亞博物館設立準備委員會官制」, 『近代日本敎育制度史料』제1권)라는 목적과 함께 '대동아박물관설립준비위원회'가 문부성 내에 설립되었다(『官報』제5378호, 1944년 12월 16일).

[대동아박물관설립준비위원회 관제]

제1조 대동아박물관설립준비위원회는 문부대신의 감독으로 촉탁하고 그 자문에 응해서 대동아박물관의 설립 준비에 관한 중요 사항을 조사 심의한다.

위원회는 앞의 사항에 의거해 관계 대신에게 건의할 수 있다.

제2조 위원회는 회장 1인 및 위원 50인 이내로 조직한다.

특별 사항을 조사 심의하기 위해 필요할 때는 임시위원을 둘 수 있다.

제3조 회장은 문부대신으로 한다.

위원 및 임시위원은 문부대신의 추천에 의해 각 관계 관청 고등관 및 학식과 경험이 있는 자 중에서 내각에서 임명한다.

제4조 회장이 유고시에는 문부대신이 지명하는 위원이 그 직위를 대리한다.

제5조 위원회에 간사를 두고 문부대신의 추천에 의해 내각에서 임명한다.

간사는 회장의 지휘를 받아 서무를 정리한다.

제6조 위원회에 서기를 두며 문부대신이 임명한다.

서기는 상사의 지휘를 받아 서무에 종사한다

[대동아박물관설립준비위원회]

법제국참사관	이리에 도시오(入江俊郎)
종합계획국부장	마쓰다 레이스케(松田令輔)
외부성조사국장	야마다 요시타로(山田芳太郎)
내무성관리국장	다케우치 도쿠지(竹內德治)
육군소장	사토 겐료(佐藤賢了)
해군중장	오니시 신조(大西新藏)
문부정무차관	이마이 다케히코(今井健彦)
문부차관	후지노 메구미(藤野惠)
문부참여관자작	미시마 미치하루(三島通陽)
문부성총무국장	나가이 히로시(永井浩)
문부성교학국장	곤도 히사지(近藤寿治)
문부성과학국장	시미즈 도라오(清水虎雄)
대동아성총무국장	안도 요시로(安藤義良)
남작	아라키 사다오(荒木貞夫)
(各通)	안도 히로타로(安藤廣太郎)

공작 다카쓰카사 노부스케(鷹司信輔)

다나카 도키치(田中都吉)	신무라 이즈루(新村出)
오카다 다케마쓰(岡田武松)	하네다 도루(羽田亨)
우치다 쇼조(內田祥三)	다카다 야스마(高田保馬)

후지와라 사쿠헤이(藤原咲平) 쓰보이 세이타로(坪井誠太郎)

시바타 게타(柴田桂太) 와다 기요시(和田清)

도기 마사오(土岐政夫) 우노 엔쿠(宇野圓空)

쓰지무라 다로(辻村太郎) 하야시 하루오(林春雄)

야쓰 나오히데(谷津直秀) 남작 호즈미 시게토(穗積重遠)

다나카 요시오(田中芳雄) 세키 게이조(關桂三)

자작 도기 아키라(土岐章) 가토 다케오(加藤武夫)

자작 시부사와 게이조(澁澤敬三) 남작 오쿠라 긴모치(大藏公望)

모리 다카시(森喬) 다나카 도요조(田中豊藏)

다나하시 겐타로(棚橋源太郎) 고비야마 나오토(小日山直登)

후지야마 아이이치로(藤山愛一郎)

[대동아박물관설립준비위원회 간사]

외무서기관   요시다 겐키치(吉田賢吉)

내무서기관   하시즈메 교이치(喬瓜恭一)

육군대좌   아카마쓰 사다오(赤松貞雄)

해군소장   야마키 아키라(矢牧章)

(各通)

문부서기관   아리미쓰 지로(有光次郎)

동   나카네 히데오(中根秀雄)

동   혼다 히로히토(本田弘人)

문부성교학관   하라 모토스케(原元助)

대동아서기관   야마다 히사나리(山田久就)

이와 같은 구성원이 문부대신의 '추천'(大東亞博物館設立準備委員會官制 제3조)
에 의해서 임명된 것인데, 이 설립준비위원회가 실제로 개최되었는지, 혹
개최되었다면 어떠한 것을 논의했는지는 현시점에서 전혀 알 수 없다. 특히
일본박물관협회 시대의 조사위원회의 구성원에도 이름이 올라 있고, 그
후에도 대동아박물관 구상에 깊이 관련되어 있었다고 생각되는 일본박물
관협회의 다나하시 겐타로가 이러한 공적인 장에서 어떠한 주장을 하였는
지는 전혀 알 수 없다.

　종전 직전이었던 1945년 7월 11일의 「문부성 분과규모 개정文部省分課
規程改正」에서도 과학국 시설과의 분장分掌에 '대동아박물관의 건설 준비에
관한 사무'라는 사항이 존재하며(「文部省分課規程改正」, 『近代日本敎育制度史料』 제1권),
이 시기에도 여전히 문부성 내부에서 대동아박물관 건설은 진행되고 있었
던 것을 알 수 있다. 그러나 결국 1945년 8월 15일 일본의 패전으로 이 계획은
중지된다.

　종전 후의 행정 정비의 일환으로서 전시연구기관의 개폐가 진행되었
는데, 대동아박물관설립준비위원회는 민족학연구소, 과학진흥조사회,
항공평의회 등과 함께 1945년 10월 15일의 칙령 제573호로 폐지되면서(椎名
仙卓, 「大東亞博物館設立準備委員會等の奏請に關して」) 그 계획은 완전히 종언을 맞은
것이다.

종장
그리고 전후로

대동아박물관의 '계승'

패전 직후 급속히 전개된 민주화 운동 중에 국가는 박물관의 재건을 도모했다. 그 때 중요시된 것은 역시 '과학'이었다. 대국적으로 파악하자면, 전시기에 '정신성'과 '과학성' 사이에서 흔들렸던 박물관이 전후의 출발 시점에서 선택한 것은 '과학성'이었다.

대정익찬회大政翼贊會 등의 '생활의 과학화' 운동과 표리 관계를 이루면서도 '과학정신의 존중'이라는 문맥 속에서 문부성은 과학진흥책을 차례로 수립했다. 또한 과학박물관의 재건·신설에도 힘을 기울여 과학박물관 설립비를 보조하는 등 여러 가지를 실시했다. 그 결과 각지에 과학박물관이 속출하게 된다.

패전 후 몇 개월도 지나지 않아 대일본기술회는 문부대신에게 「국민 과학진흥책으로서 중앙, 지방과학박물관 설치에 관한 건」을 제출하는데, 이것은 "평화 신일본의 건설에 있어서 국민 과학의 진흥이 긴급하다"는

문제인식에 근거한 것이었다. 이와 같
이 '과학'을 축으로 한 박물관의 재흥을
바라는 목소리가 전후 사회의 혼란 속
에서 새로운 바람을 일으키기 시작한
것이다.

그러나 과학교육의 진흥이 주장
되면서도 학교교육의 현장에서는 물
자부족 등 때문에 충분한 교재가 정비
되어 있지 않았다. 그 때문에 예를 들어
국립과학박물관에서는 1949년 7월에
중형버스 1대를 구입하여, 도표·모형

그림 5-1 고바 가즈오, 『새로운 박물관』
(나고야시박물관『新博物館態勢』)

· 실험 장치·환등 등의 자료를 싣고 학교나 공민관 등의 장소에서 이동박물
관을 개시하였다(『國立科學博物館百年史』). 그리고 이 방법은 그 후 전국의 박물
관으로 파급되어 갔다.

한편, 문부성 과학국에서 대동아박물관의 창설 준비에 관여했던 고바
가즈오木場一夫는 과학국의 후신인 과학교육국에 계속 소속되어 과학교육
을 중심으로 한 박물관 진흥에 종사하게 되었다. 그리고 만주국 국립중앙박
물관에서의 경험과 전중·전후의 문부성에서의 박물관 행정 경험을 바탕으
로 1949년에『새로운 박물관: 그 기능과 교육활동新しい博物館: その機能と教育活
動』(日本教育出版社)을 저술하고 그 이론화를 시도했다.

『새로운 박물관』에서는 "문화가 진보한 국가에서의 박물관과 활동
내용을 아는 것"을 목적으로 해외의 훌륭한 사례를 소개함으로써 일본의
박물관이 나아가야 할 바를 제시하였다. 또한 당시 미국 박물관 교육의
추진자였던 테오도어 로우Theodore L. Low가 제창하는 '사회적 도구로서의 박

물관The Museum as Social Instrument'이라는 이론을 원용하면서, 박물관의 존재 방식을 박물관이 지닌 다양한 기능의 '내부적 조화'로 보는 '기능주의 박물관론'을 전개했다.

이누즈카 야스히로犬塚康博에 따르면, 고바 가즈오가 전쟁 중에 문부성에서 실시했던 조사 결과를 정리한 『각국 주요 박물관의 개황』에서의 "자기 문장"을 자신의 저서 『새로운 박물관』에서 "유용·전용"하고 있으며, 그 취지도 미국의 박물관을 모델로 한 "아메리칸 스탠다드의 확립"을 주장했다는 점에서 공통하고 있었다고 한다(犬塚康博, 「解説: 1944年/1949年」). 『새로운 박물관』에서 그 구체적인 사례의 대부분을 미국의 자연사박물관에서 찾는 동시에 "미국에서 박물관의 기원은 유럽에서와 같이 귀족의 취미 혹은 여행자의 호기심을 만족시키기 위해서 수집한 것이 우연히 발전한 것과 다르게 국민 일반의 교육조직 중 하나로서 창설되었다"고 미국의 박물관을 높이 평가했던 고바에게, 전쟁 중 문부성에서 담당했던 일은 『새로운 박물관』과 모순되지 않고 계속 이어지는 것이었다. 바꿔 말하자면, 전후 박물관학의 이론이 전쟁 중의 실천을 보강하는 것이라고 간주할 수 있을 것이다.

전후 박물관의 출발이 '아메리칸 스탠다드'였다는 이누즈카의 지적은 그 후 박물관 활동의 전개를 생각할 때 중요한 시사점을 제공한다. 전후 박물관이 그 출발 시점부터 대개 '과학성'을 선택했던 것은 앞서 언급한 바대로지만, 그 '과학성'은 대동아박물관을 매개로 하여 미국을 모델로 하는 이데올로기와 결합했고, 그것은 전후의 실천에도 커다란 영향을 끼쳤다.

전전戰前에는 다나하시 겐타로 등이 박물관론을 구축할 때 구미의 선진적인 박물관을 모델로 해서 소개했는데, 그 대부분은 독일의 향토박물관을 참조한 것이었다. 향토교육 운동에서 파생하여, 1930년대에 융성하는 향토박물관 설치 운동도 1차 세계대전 후 독일에서의 하이마트 쿤데Heimatkunde (향토과)가 이룬 성과를 모범으로 하였다.

그런데 전후의 박물관은 대개 미국의 박물관 활동을 모델로 한다. 현재의 '워크숍'이나 '참가·체험' 붐 등에서 알 수 있듯이 박물관이 교육 활동에 경도되었던 점도 그 연장선상에 있는 것이라고 할 수 있다. 즉, 미국의 박물관에 대한 고바의 시선은 전후 박물관론 및 실천의 수용과도 연관되는 것이었다.

대동아박물관에서 배양된 '과학'에 대한 지향, 그리고 미국에 대한 지향은 모두 전후에 착실하게 계승되어 어떤 의미에서는 전후 일본 박물관의 존재 방식을 규정하고 있었던 것이다.

한편, 고바의 '기능주의 박물관론'은 패전 후 문부성 과학교육국에서 고바와 함께 근무했으며, 이후 국립과학박물관으로 옮겨 실천에 종사했던 쓰루타 소이치로鶴田総一郎에 의해서 이론적으로 계승되었다.

쓰루타는 1945년 9월 과학교육국이 신설된 직후에 문부성을 방문하여 몸으로 직접 취업 활동을 벌였다. 면접 결과, 과학교육국에 채용되어 과학관의 보조로서 일을 시작한다. 그곳에서 쓰루타에게 커다란 영향을 준 것이 선배격인 고바 가즈오였다.

쓰루타 자신도 "고바 가즈오 박사의 박물관에 관한 견해로부터의 영향"을 받았다고 인정하고 있으며, 이후 "박물관에 대한 관심을 처음 갖게 된 것은 고바 박사로부터의 직접적인 영향이었다"(鶴田総一郎, 「『博物館学入門』の「博物館学総論」編を執筆した經緯」)고 후술한 바 있다. "고바 과학관과 많은 토론을 하는 사이에 내가 추상적으로 생각하고 있던 과학의 진흥과 보급은 사회적 상설기관인 과학박물관 혹은 더 넓게는 박물관 전체를 통해서 행해지는 것이 가장 착실하고 영속적인 시책이며 사업임을 깨달았다"(같은 책)는 말에

서 알 수 있듯이, 쓰루타에게 고바의 자극은 절대적인 것이었다. 동물생태학의 전문가로 당시 자연사 전공이라는 출신을 아이덴티티의 핵으로 삼고 있던 쓰루타의 이론적인 출발점에서 고바의 사상이 중요한 자극이 되었다고 추측할 수 있다.

쓰루타는 1952년부터 1954년에 걸쳐서 도쿄예술대학에서 개최된 '학예원 강습'의 강사로 일했고, 그 경험을 매개로 해서 「박물관학총론」(日本博物館協會 편, 『博物館入門』)을 기술한다. 여기에서 박물관의 본질을 "물건과 사람을 효과적으로 결합하는 일"이라고 파악하는 입장을 분명히 하고, 고바가 주장한 박물관의 여러 기능 중 '내부적 조화'라고 하는 생각을 더욱 철저히 해서 "기능주의 박물관론"을 완성시켰던 것이다.

이렇게 고바 가즈오 - 쓰루타 소이치로라는 라인에 의해서 확립된 박물관학의 방법론은 그 후 박물관이론을 지도하고 오늘날까지 지배하고 있다.

권력의 기념비

전후로의 계승이라는 점에서 보면, 2장에서 살핀 국사관國史館도 그 영향은 지금까지 이어지고 있다. 국사관은 패전에 의해 계획이 일단 무산되었지만, 1953년에 '국립민속박물관 설립 운동'으로 부활한다. 전쟁 전의 국사관을 대신할 새로운 국립의 역사박물관을 만들려는 움직임이 1953년부터 10여 년 동안에 걸쳐 아카데미즘을 중심으로 있었던 것이다.

그 경과를 대강 살펴보면, 우선 1953년 10월에 일본민속학회·일본민족학협회·일본인류학회·일본조민常民문화연구소가 연이어 국립민속박물관 신설에 관한 건의서를 문화재보호위원회에 제출하면서 시작된다.

같은 해 12월에는 일본박물관협회도 설립 요망을 결의했고, 또한 시부자와 게조渋沢敬三 등이 중의원에 국립민속박물관 신설에 관한 「요망서」를 제출했다. 이 제안을 수용하여 문화재보호위원회는 1955년도부터 58년도까지 매년 '국립민속박물관 설립 준비비'를 예산으로 책정해 줄 것을 요구했지만 기각되었다. 그 후에도 일본민족학협회·일본인류학회·일본고고학협회·일본조민문화연구소는 1961년 8월에 재차 「국립민속박물관 설치에 관한 건의서」를 문화재보호위원회에 제출하여 1962년도와 1963년도에는 '국립문화사박물관 설립준비비'를 그리고 1964년도에는 '국립역사박물관 설립준비비'를 각각 요구했지만 결국 인정되지 않았다고 한다(『國立歷史民俗博物館設立十年史』).

이와 같이 계속되는 요구에도 불구하고 냉담한 반응이 이어지던 국립민속박물관 설립 운동은 메이지 100년이라는 기념사업과 조우함으로써 급변한다. 1966년에 총리부는 1968년에 있을 메이지 100년을 기념하기 위해 '메이지 100년 기념준비회의'를 설치한다. 그 회의에서 '국토녹화' 사업과 '청년의 배青年の船'[1] 사업과 더불어 메이지 100년 기념사업의 핵심으로 '역사의 보존과 현창顯彰' 사업이 제시되었는데, 그 중 하나로서 '역사민족박물관의 건설'을 추진하기로 결정되었던 것이다.

1 장래 활약이 기대되는 20~25세 사이의 근로 청년이 배로 해외의 정세를 견문하고, 국제적 시야를 넓히고 각국과 친선을 도모하도록 행해진 사업—옮긴이주.

이 결정에는 역사학자 사카모토 다로坂本太郎의 노력에 의거한 면이 많았다고 한다(坂本太郎/林屋辰三郎/井上光貞, 「座談會·国立歴史民俗博物館(歷博)をつくる」). '메이지 100년 기념준비회의'의 위원에 선출된 사카모토는 자원하여 사업부회에 소속됨으로써 구로이타 가쓰미黒板勝美의 유지遺志를 이어 국립역사박물관의 건설을 주장했던 것이다.

여기에서 국사관과의 접점을 발견할 수 있다. 사카모토는 도쿄대학

표 7-1 메이지 100년을 계기로 해서 설립되었던 박물관

명칭	소재	설치자	개관년
아오모리(靑森)현립 향토관	아오모리현	현립	1973년(쇼와 48년)
미야기(宮城)현민의 모리(森)중앙기념관	미야기현	현립	1969년(쇼와 44년)
다자와코초(田澤湖町) 향토자료관	아키타현	정(町)립	1970년(쇼와 45년)
야마가타(山形)현립박물관	야마가타현	현립	1971년(쇼와 46년)
후쿠시마(福島)현 역사자료관	후쿠시마현	현립	1970년(쇼와 45년)
군마(群馬)현립 근대미술관	군마현	현립	1974년(쇼와 49년)
군마(群馬)현립 역사박물관	군마현	현립	1979년(쇼와 54년)
국립역사민속박물관	지바현	국립	1983년(쇼와 58년)
가나가와(神奈川)현립 박물관(현 가나가와현립역사박물관)	가나가와현	현립	1967년(쇼와 42년)
도요사카(豊榮)시박물관	니가타현	시립	1968년(쇼와 43년)
오노(大野)시 향토역사관	후쿠이현	시립	1968년(쇼와 43년)
도다(戸田)초립(町立) 조선(造船)향토자료박물관	시즈오카현	촌립	1969년(쇼와 44년)
다하라(田原)초 민속자료관	아이치현	정립	1979년(쇼와 54년)
도에이(東榮)초립박물관	아이치현	정립	1969년(쇼와 44년)
돗토리(鳥取) 어린이의 나라 사큐(砂丘)자연과학관	돗토리현	재단립	1973년(쇼와 48년)
오키(隱岐)향토관	시마네현	촌립	1970년(쇼와 45년)
이하라(井原)시립 다나카(田中)미술관	오카야마현	시립	1969년(쇼와 44년)
히로시마(広島)현립 미술관	히로시마현	현립	1968년(쇼와 43년)
모리(毛利)박물관	야마구치현	재단립	1967년(쇼와 42년)
사가(佐賀)현립 박물관	사가현	현립	1970년(쇼와 45년)
미야자키(宮崎)현 종합박물관	미야자키현	현립	1971년(쇼와 46년)
가고시마(鹿兒島)현 역사자료센타-여명관(黎明館)	가고시마현	현립	1983년(쇼와 58년)

의 교수(이후 고쿠가쿠인[国学院]대학 교수)로 근무하며 고대사를 전공으로 하는 역사학자로서 도쿄제국대학 국사학 연구실의 전통을 계승하고, 이른바 구로이타 가쓰미의 후계자라고 할 수 있는 인물이었다. '메이지 100년 기념

준비회의'에서 역사박물관의 건설을 주장했던 때도 구로이타가 몽상했던 국사관의 연장선상에 자리매김하고자 하는 비전을 분명하게 가지고 있었다(같은 책). 그것은 국립역사민속박물관이 『국립역사민속박물관 100년사』에서 국사관을 공식적인 전사前史의 하나로 인정하고 있는 것에서도 분명히 알 수 있다.

또한 그 건설 계획의 계기가 메이지 100년이라는 국가의 사실史實을 현창하는 사업이었다는 점에서 기원 2600년을 기념하여 계획되었던 국사관과 겹치고 있다. 이것은 박물관이 어떤 특정한 사항을 공인하기 위한 기념비적인 건조물로서 기대되고 있었음을 의미한다. 즉, 박물관은 '권력의 기념비'(犬塚康博, 「展覽會の肉聲」)임에 틀림없다고 해도 무방할 것이다.

이 점에 대해서 후쿠다 다마미福田珠己는 '기념비로서의 박물관'이라고 파악하고, 시市 제정 ○○주년이라는 시정촌市町村 차원의 것에서부터 현縣 제정 ○○주년, 개도開道 100년기념사업과 같은 국가 차원의 것에 이르기까지 행정구역의 탄생 및 존속을 현창하는 기념비적인 시설로서 박물관이 설치되었던 예를 근거로 이것이 국가상像을 형성하는 데 깊이 관여하는 과정을 검토하고 있는데(福田珠己, 「テクストとしての博物館」), 이것은 국사관이 내셔널리즘의 전당으로서 또한 대동아박물관이 식민지주의적 욕망의 소산으로서 구상되었던 것과도 유관한 것이다.

그 대상이 '황국민皇國民'이든 '대동아 제 민족'이든 그 정치적 욕망 속에는 박물관을 하나의 상징적인 기념비로서 포착하겠다는 이해가 있었던 것에는 변함이 없다.

박물관은 결코 정치로부터 중립적이지 않다. 그리고 국사관과 대동아박물관은 박물관이 식민지주의나 내셔널리즘과도 너무도 친화성을 지녔다는 역사적 사실을 우리들에게 일깨워주고 있다.

저자 후기

내가 대학 학부생이나 대학원생이었던 1990년대 전반은 실로 거품경제가
붕괴한 직후의 시기와 중첩되었음에도 거품의 은혜를 입은 듯한 현란하고
화려한 박물관이 차례로 개관하여 미술관 등을 중심으로 '워크숍'과 같은
새로운 교육사업의 형태가 각광을 받고 있던 시대였다. 또한 시대를 반영한
듯한 들떠있는 담론도 눈에 띄고, 우에다 아쓰시上田篤의『박물관에서 뮤즈
랜드로博物館からミューズランドへ』(1989)나 모로오카 히로쿠마諸岡博熊의『MI 변
혁하는 박물관 제3세대MI変革する博物館第三世代』(1990)와 같은 책이 간행되는
등 화려한 박물관의 미래상이 거창하게 선전되는 듯한 분위기가 있었다.
　　내가 과거에 관심을 갖게 된 것도 지금 생각해보면 이와 같은 어떤
'들뜬' 상황에 대해서 막역함과 불만을 가지고 있었기 때문일지 모른다.
하지만 나는 원래 적당주의자로 확고한 의지에 근거하여 행동을 결정하는
성격이 아니기 때문에 실제 흥미가 가는 대로 조사하거나 궁리해 왔던 결과,
박물관사라는 분야에 당도했다고 말하는 편이 감각적으로는 근사한 듯한
느낌도 든다. 모순되는 것 같지만.

박물관의 역사에 흥미를 가지고 조사하기 시작하면서 박물관의 미래상에 대해서는 생생하게 말하는 사람이 많은 것과는 대조적으로 박물관이 걸어온 역사를 검증하려는 사람은 놀라울 정도로 적다는 것을 알게 되었다. 특히 이 책이 그것을 해명하기 위해 대상으로 삼은 전시기의 박물관 정책에 대해서는 본문 중에서 언급한 몇 가지의 예외를 제외하고 지금까지 거의 연구가 되지 않았던 것이나 진배없는 상태였다. 이른바 박물관사의 '공백'이다.

연구의 축적이 없어서 고생도 많이 했지만 고생하면서도 일단 어쨌든 탈고할 수가 있었다. 그러나 남겨진 과제도 많다. 말이 부족했던 점, 시야에서 누락되었던 것 등 부족한 점도 많았다고 생각한다.

또한 이 책에서는 특히 박물관을 둘러싼 정치 상황에 한정하여 논하였지만, 역시 실제 박물관 활동이 어떻게 변천되었고, 정치와 어떻게 관계되어 있었는지는 구체적으로 밝힐 필요가 있었을 것이다. 더 나아가 수용자인 대중이 박물관에 대해서 어떠한 인식을 가졌는가 하는 것도 중요한 연구과제로서 남아 있다. 이 점에 관해서는 재미있는 자료가 있다.

사회교육연구소가 1940년 말에 509명(그 중 여성은 28명)에 대해서 「정치 지식 보급과 함양에 관한 사회교육적 시설 방책의 조사」를 했다(『月刊社會敎育』 제138~140호, 1940년). "일반 국민에게 정치 지식을 보급하기 위해서, 특히 사회교육 수단을 통해서 그것을 행할 필요가 있다고 생각하는가?"라는 질문에 대해서 "도서관, 박물관, 전람회, 강연회, 강습회, 연구회, 수양회, 강좌, 상회常會" 안에서 선택하라는 것이었다. 회답은 도시 취향과 농촌 취향으로 나눠 집계되었는데, 박물관은 "도시와 농촌 모두 최하위, 정치 지식 보급에 있어서는 기대할 바가 없다"는 목소리가 실려 있었다.

여기에서 당시 사람들이 박물관에 대해서 품고 있었던 이미지를 엿볼 수 있다. 지금도 자주 확인할 수 있듯이 먼지 냄새나고 어두운 방안에 오래되고 진기한 물건이 진열되어 있으며, 언제 가 보아도 여전하다는, 이른바 '박물관 견학'에 대표될 듯한 종래의 이미지가 지배적이었다는 것은 상상하기 어렵지 않다. 물론 이 데이터만으로 엄밀하게 말할 수 없지만 적어도 당시의 박물관이 사회적으로 충분히 인지되지 않았다는 것을 시사하는 하나의 소재가 될 것이다.

그리고 이 책의 논의에서 인용하여 말하자면 이와 같이 지극히 빈곤한 수준 안에서 국사관이나 대동아박물관과 같이 국가가 굳이 박물관이라는 수단을 이용하여 이데올로기나 과학기술을 보급하려 했던 것의 의미를 생각할 필요가 있을 것이다. 더욱이 그 계획 단계에서 그때까지의 다른 박물관을 초월할 것 같은 활동의 다양성을 지향했던 것에도 주의를 해야 한다.

이 책의 구성은 1995년 3월에 도쿄가쿠게이東京学芸대학 대학원 교육학 연구과에 제출한 석사논문「전시하의 박물관 정책의 사상과 전개」가 근간이 되었지만, 실질적으로는 석사논문을 기초로 집필했던 이하의 각 논문을 집성한 것으로 이뤄져 있다. 하지만 원형이 남아 있지 않을 정도로 가필·수정을 하였기 때문에 그 중에는 거의 새로 쓴 것에 가까운 부분도 있다.

서장「박물관의 '정치성'을 관해서」
　　(「博物館の'政治性'をめぐって: 博物館史研究の方法論について思うこと」, 博物館史研究會,『博物館史研究』제8호, 1998년).
1장「박물관과 정치 세계」

（「ファシズム期における日本の博物館政策: 國史館計劃と大東亞博物館構想を中心に」, 名古屋市博物館, 『新博物館態勢-滿洲國の博物館が戰後日本に伝えていること』, 1995년).

2장 「내셔널리즘의 제전 중에서: 환영의 '박물관' 계획의 전개와 그 정치적 상황」

（「戰時下博物館政策に関する一考察」, 東京學藝大學教育學部生涯教育研究室, 『研究紀要』 창간호, 1996년).

3장 「'정신성'에서 '과학성'으로-과학 정책·교육 정책의 전개와 박물관」

（「富塚淸の『科学の社会教育施設論』研究ノート」, 博物館史研究會, 『博物館史研究』 제1호, 1995년; 「戰時下の博物館と教育政策: 教育審議会における審議の過程を中心に」, 東京學藝大學教育學科, 『教育學研究年報』 제15호, 1996년).

4장 식민지주의와 박물관: '대동아박물관'

（「日本博物館協會及び文部省における大東亞博物館構想について: 『大東亞博物館建設案』の檢討を中心に」, 博物館史研究會, 『博物館史研究』 제2호, 1996년).

이 책을 엮는 과정에서 많은 분들에게 도움을 받았다. 대학원에서 지도교수를 승낙해주신 나가하마 이사오長浜功 선생님을 비롯해 당시 도쿄가쿠게이대학에서 석사논문을 지도해주신 여러분들과 연구실 동료들에게는 감사의 마음을 금할 바 없다. 또한 박물관사연구회의 이누즈카 야스히로犬塚康博 씨에게는 연구면에서 많은 자극을 받았다. 나의 정제되지 않은 질문에도 항시 진지하게 대답해 주었다. 다시 한 번 감사드린다.

내가 이와 같은 연구에 몰입하게 된 것은 이 책에서도 자주 인용한 이토 도시로 씨가 그의 저서에서 언급한 내용이 직접적인 계기였다. 유감스럽게도 1991년에 타계해서 직접 만나 뵐 수 있는 기회는 없었지만, 이토 씨의 학은(學恩)을 접할 수 없었다면 이와 같은 길로 접어들 수 없었다고 생각한다. 또한 학부 시절에 가르침을 주신 지바(千葉)대학의 나가사와 세지(長澤成次) 선생님이나 연구실 동료와의 만남도 나에게는 둘도 없는 재산이 되었다.

별달리 실적도 없고 후원자로 없는 나와 같은 젊은이에게 이와 같은 과분한 기회를 주신 세큐샤(靑弓社)의 야노 게지(矢野恵二) 씨에게 다시금 감사드린다. "『박물관의 정치학』이라는 제목으로 책 한 권 써볼 생각 없으세요?"라는 이야기를 들었을 때에는 내 귀를 의심할 정도로 놀랐지만, 어쨌든 이렇게 책으로 묶어낼 수 있던 것도 야노 씨의 질책과 격려가 있었기에 가능했다.

마지막으로, 평일과 휴일의 구분도 없이 때로는 밤낮의 구분도 없을 정도로 불규칙한 생활에도 불구하고 뒷바라지해 준 아내와, 그리고 이 세상에 날 낳아주신 어머니께 이 책을 바친다.

2001년 6월

가네코 아쓰시

식민지 조선과 박물관의 정치학

_재조선在朝鮮 식민사회의 형성 과정과 관련하여

박광현

1. 식민지 박물관의 기원_명명의 정치학

2009년은 근대 박물관이 탄생 100주년을 맞이하는 해이다. 알다시피 일명 '이왕가박물관'의 설립(1909.11.1. 개관)이 그 기점이다. 1907년 순종의 새로운 거처인 창덕궁의 수선 공사가 진행되면서 창경궁 관내에 설치된 이 박물관은 당시 공식 명칭이 없었다. 국내에서 '이왕가박물관'에 관한 첫 연구논문을 발표했던 송기형은 군이 이름을 붙이자면 '창경궁박물관'으로 해야 할 것이라 했다.[1] 반면, 목수현은 '이왕가박물관'이라는 명칭이 1912년에 발간된 『이왕가박물관소장품사진첩』에서부터 공식화되었을 것으로 추측하고, 그러한 공식화가 갖는 의미를 식민지적 성격과 결부하여 논하기도 했다.[2] 이러한 탈식민적 정

[1] 송기형, 「'창경궁박물관' 또는 '李王家박물관'의 연대기」, 『역사교육』 72권, 1999년, 174쪽.
[2] 그런 점들 때문에 목수현은 이왕가박물관이 "진정한 의미"의 근대적 박물관으로 인식되었던 점에 대해서 비판적으로 검토하였다. 그는 이왕가박물관의 설립 경위, 소장품의 수집 과정 및 성격, 운영 체제 등을 살피면서 명칭의 정당성과 설립 주체의 문제를 비판적으로 다루어 그 식민지성을 규명하였다(목수현, 「일제하 이왕가 박물관의 식민지적 성격」, 『미술사학연구』 227호, 2000년 9월 참조). 목수현의 글도 기존 연구와 마찬가지로 '이왕가박물관'으로 공식화된 사실에만 초점을 맞춤으로써 그때까지의 과정 즉, 이 박물관을 둘러싸고 당시 벌어졌던 논쟁의 과정이 이름이라는 기호를 통해 어떻게 전개되었는지를 보여주지 못하고 있다.

치적 함의를 강조한 송기형의 주장은 일면 지극히 타당하다. 하지만 이 명칭의 현재적 중요성만큼 당시 그 명칭을 둘러싼 정치적 장場을 재구성할 필요가 있다. 상식적으로 볼 때, 어떤 기관=대상이든지간에 우선 명칭을 통해서 그 기관=대상의 성격이 규정되기 마련이다. 그때 명명자의 의도를 구성하는 컨텍스트의 문제는 무엇보다 중요할 수밖에 없다. 그 명칭이 미디어 등을 통해 통용되는 과정을 거치면서 그 대상에 대한 공중의 감각, 의미, 의식이 생산되고 또 재생산되는 것은 당연하다. 즉, 그 명칭 자체가 또 다른 하나의 문화 생산물일 수 있다. 이 글은 우선 한국 근대박물관의 기원이 된 박물관의 명칭이 그 부르는 사람들의 위치와 관련하여 어떠한 정치적 의미를 지니는지를 살피면서 시작하기로 한다. 또한 이는 4, 5장에서 각각 살피게 될 조선총독부박물관과 각 지방 박물관의 형성 과정을 식민colonizer의 토착화 과정과 더불어 읽어가는 데도 필요한 논의가 될 것이다.

　　이 박물관은 한일 '합방' 이전 통감부 시절인 대한제국 궁내부宮內府의 주도로 계획되었다. 당시 궁내부 차관을 지내던 고미야 미호마쓰小宮三保松에 따르면, "메이지 40년(1907) 겨울 당시 한국의 새 황제, 즉 현재의 이왕李王 전하께서 덕수궁에서 창덕궁으로 별거하시게 되어 [……] 11월 4일 당시 내각총리대신 이완용 씨와 궁내부대신 이윤용 씨가 함께 공사장을 둘러보고 본인에게 황제께서 이 궁전으로 이어移御하시어 새로운 생활이 즐거우시도록 모든 시설과 설비를 하기 바란다"[3]는 당부에 화답하여, 자신이 박물관과 동식물원의 창설을 제의했다고 한다. 그렇게 볼 때, 사실 이 박물관의 명칭은 적어도 그냥 '박물관'이어야 했다. 왜냐하면 이 박물관이 한국의 유일한 박물관이자 일본의 경험을 살려 만들어졌다는 점에서, 일본의 경우처럼 내무성 박물관에 한정하여 지방의 여타 박물관과 구별해 '박

3　小宮三保松, 「緒言」, 『李王家博物館所藏品寫眞帖』, 1912년. 본문의 내용을 보면 "이왕가사설(私設)박물관"이라고 적고 있는 점은 시사하는 바가 크다고 할 수 있다. 그 점에 대해서는 뒤에서 다시 논의하기로 하겠다.

창경궁 '이왕가박물관'의 모습(상)과 건물 내부(중) 및 전시실(하)
(사진출처: http://blog.naver.com/100museum/140063222426)

물관'이라는 명칭을 유일하게 사용했어야 했기 때문이다. 보다 더 적극적으로 해석하자면, 일본 박물관의 경험에서 비춰볼 때 1900년에 일본에서 천황가의 박물관을 '제실帝室박물관'이라 했으니 이 박물관 또한 '제실박물관'이라 했음직도 했다. 실제 당시 「대한매일신보」의 기사에서는 '제실박물관'이라는 명칭을 사용하기도 했다.[4] 1905년 미국 샌프란시스코에서 공립협회를 결성하여 사장 안창호와 주필 송석준宋錫峻이 그 기관지로 발행한 「공립신보共立新報」(1908.3.4)에서도 "궁내부에서 제실 소속 박물관을 설치할 계획"이라는 사실을 기사화한 바 있다.[5] 이는 불리는 자=대한제국민의 욕망이 내포된 명칭이 아닐까 한다.

그렇다면 당시 박물관 창설의 주체였던 통감부의 일본인 관료들은 어떻게 이 박물관을 불렀을까. 먼저 『조선급만주』의 전신 『조선』의 1908년 5월호에 "듣자 하니 궁내부, 박물관을 창립하려고 부지런히 고물古物의 매입에 힘쓴다 하는데"라는 정보를 듣고 글을 쓴다는 의화궁義和宮 고문 사토 히로시佐藤寬의 「한국박물관 설립에 대해서」라는 글을 통해 확인할 수 있다.[6] 사토가 이 글에서 자신은 누가 박물관 책임자인지 모른다고 했듯이 아직 공론화 초기 단계에 다른 소관부서의 사무에 대해 임의로 붙인 이름으로 여겨진다. 반면, 그 다음 호에서 한 기자는 박물관 사업 추진 주체 부서인 궁내부 소속 서기관이었던 이노우에 마사지井上雅二를 탐방해 "박물관 및 동식물원의 설립에 대해서" 기사를 쓰는데, 단지 계획 단계의 이 시점에서 "궁내부 소할所轄의 박물관"이라는 표현을 썼다.[7] 또한 공개를 앞둔 시점인

4 "宮內府에서 本年度부터 繼續事業으로 帝室博物館과 動物園과 植物園 等을 設置할 計劃으로 目下에 調査中이라더라"(「대한매일신보」 1908년 1월 9일).

5 이 기관지는 1909년 공립협회가 국민회로 개편·통합되면서 국민회의 기관지인 「신한민보(新韓民報)」로 바뀌었다.

6 佐藤寬, 「韓國博物館設立に就て」, 『朝鮮』 1908년 5월, 15쪽.

7 「博物館及動植物園の設立に就て」, 『朝鮮』 1908년 6월, 68쪽. 이후 1909년 11월호 『朝鮮』에는 식물원 사진을 게재하면서 '궁내부 식물원'이라는 제목을 달고 있다. 특히 이노우에는 "……특히 순결(醇潔)한 오락의 취미가 빈약한 한국에 있어서는 더욱 필요한 일"이라고 필요성을 설명한다. 박물관을 이와 같이 취미와 오락기관으로 규정한 예가 또 있는데, '취미와 오락기관'이라는 주제로 명사들을 탐방해 쓴 기사 중에는 小宮三保松가 "사회적, 公共적인 취미오락기관"으로 박물관을 동식물원과 함께 규정했다는 기사가 있다(「趣味と娛樂機關」, 『朝鮮』 1910년 2월, 44쪽).

1909년 7월에는 고미야가 직접 '조선의 미술'을 논하면서 "궁내부의 박물관도 가까운 시일 내에는 공개할 준비 중"이라고 광고하고 있다.[8] 이는 궁내부 소속 관료들이 박물관의 소관을 분명히 할 의도를 드러내고 있는 대목이며, 또 그 의도에 따라 미디어도 동조했던 것으로 여겨진다. 아주 예외적인 경우이기는 하지만 다른 기관의 소속 관료들이 이 박물관을 '경성박물관'으로 지칭했던 것은 흥미롭다. 『조선』은 1910년 9월에 한일 '합방' 기념호를 발행하는데, 거기에는 '합방'의 취지가 담기지 않아 발매 금지 처분을 받은 30호의 목차만이 31호에 소개되어 있다.[9] 그 목차에는 관측소장이었던 와다 유지和田雄治의 「경성박물관의 누각漏刻에 관하여」라는 제목이 눈에 띈다.[10] 이렇듯 통감부의 관리들조차 박물관을 자신의 입장과 취득된 정보에 따라 다르게 불렀던 것이다.

'이왕가박물관'이라는 명칭이 문헌에 등장하는 것은 아유카이 후사노신鮎貝房之進이 『조선』에 1911년 6월부터 연재한 「조선의 회화」라는 글에서다. 아유카이는 조선의 회화사를 기술하면서 "이왕가박물관조차 불과 이상좌李上佐, 석양정石陽正, 김명국金鳴國, 어몽룡魚夢龍 수인의 작품을 어렵사리 수습했을 뿐"이라며 이 박물관이 조선 미술의 대표 컬렉션이었음을 밝혔다. 아유카이가 '이왕가박물관'이라 칭했던 것은 개인의 창작이라기보다 당시 통칭으로 보아야 할 것이다. '합방' 전에 궁내부의 관료들이 '궁내부박물관'이라고 불렀던 것처럼 박물관 개관 사업을 주도했던 쓰에마쓰 구마히코末松熊彦와 같은 이왕직의 사무관들에 의해서 '이왕가박물관'이라는 명칭은 특히 자주 쓰였다.[11] 심지어 당시 이왕직 사무관이었던 니나가와 아라타蜷川新는 심지어 "우리 박물관"이라며, 이 박

8 小宮三保松, 「朝鮮の美術」, 『朝鮮』 1909년 7월, 31쪽. 이 잡지에는 박물관의 개관을 알리는 소식을 편집자 후기를 통해 밝힐 때도 "궁내부의 박물관"이라고 쓰고 있다. 「編輯たより」, 『朝鮮』 1909년 11월, 78쪽.

9 발매 금지된 30호에는 예를 들어 '한국'이라는 국호나 「합병일까 위임일까」, 그리고 「나의 對韓 정책」 등과 같이 '합병' 이전의 논리들이 담긴 글들이 목차에 수록되어 있으므로 그렇게 판단할 수 있겠다.

10 「京城博物館の漏刻に就て」, 『朝鮮』 1910년 9월, 1쪽.

11 末松熊彦, 「朝鮮美術私觀」, 『朝鮮及滿洲』, 1912년 6월, 16쪽. 1912년 1월호 『朝鮮及滿洲』에 실린 櫛二라는 필명의 「昌德宮秘苑の鶴」이라는 글에는 "이왕가의 박물관"으로 표기했다.

물관의 기획자인 "고미야 차관의 생각이 아직 골동적인 면은 있지만"이라는 지적과 함께 향후 "생산적 연구"에 희망을 가질 수 있기를 기대한다고 논파했다.[12]

12 蠟川新,『古書古美術の生産的研究』,『朝鮮及滿洲』1912년 2월, 18쪽.

이처럼 '박물관', '제실박물관', '궁내부의 박물관', '이왕가박물관' 등 제각각으로 불렸던 한국의 첫 박물관의 명칭에는 부르는 자의 욕망이 투사되어 있다고 할 수 있다. 물론 '합방'을 계기로 '이왕가박물관'이라는 통칭이 주로 사용된 점은 '대한제국'이 '조선'이라 새롭게 명명되었듯이 제국의 구도=질서 속에서 조선의 위치를 규정하는 방법에 다름 아닐 것이다. 1910년에 한국이 일본에 합병되면서 왕실은 일본 황실의 아래격인 왕가의 하나로 편입되었기 때문에 이왕가는 조선총독부 산하가 아니라 일본 궁내성 관할이 되었다. 이때 '이왕가'는 그 역사적 사건을 상징적으로 보여주는 용어라 할 수 있다.[13] 특히 1912년에 발간

13 목수현, 앞의 글, 91쪽.

된 『이왕가박물관소장품사진첩』의 「서언」에서 고미야가 "이왕가사설私設박물관"이라고 해서 통상 '이왕가박물관'이라는 부르지만 굳이 '사설'임을 밝힌 점은 시사적인데, 이는 이왕직 사무관이었던 쓰에마쓰末松가 그 이듬해 다시 '창덕궁박물관'이라고 명명했던 점과도 관계가 있다고 하겠다. "요즘은 널리 공개되어 경성인의 일상의 취미를 맛볼만한 창덕궁박물관은 원래 이왕가 일가에게 취미를 공급하며 아울러 조선의 고미술을 보호 수집하려는 희망에서"[14] 고미야 차관이 세웠다는 문맥에서 알 수 있듯이, 이 박물관이 "이왕가 일가에게 취미"=사적 공간에서 "경성인의 일상의 취미"=공적 공간으로 전환되는 과정을 엿볼 수 있다. 또한 제국의 구도=질서 속에서 조선의 위치를 반영하여 이 박물관이 창설된 것은 분명하지만, 고미야가 '사설'이라 토를 붙인 것이나 쓰에마쓰가 공적 공간으로서의 의미

14 末松熊彦, 「朝鮮の古美術保護と昌德宮博物館」,『朝鮮及滿洲』1913년 4월, 124쪽.

를 부여하려 했던 것은 아직 조선 유일의 이 박물관이 제국의 박물관 계열에 속하지 않는 것이라는 모순적이면서 모호한 위치에 존재함을 강조했던 것이 아닐까 생각한다.[15]

15 1932년에 일본박물관협회가 편찬한『全国博物館案內』에 따르면 조선총독부박물관, 개성부립박물관, 경주박물관, 평양박물관과 함께 이 박물관이 '창경원박물관'이라는 명칭으로 소개된 것은 그후 전국=제국적 구도 안에서 정착되는 과정에서 명명된 것임을 의미한다고 볼 수 있다.

2. 부재의 근대_박물관이라는 상상과 이식

최초의 박물관이 개관하는 1909년 이전에 한국에서는 '박물관' 이야기가 어떻게 전개되었을까. 목수현의 연구에 따르면, 일명 신사유람단紳士遊覽團이라는 조사朝士시찰단의 일원으로 1881년에 일본의 제2회 내국권업박람회를 둘러본 인물들에 의한 기록을 우선 확인할 수 있다. 그 일원이었던 박정양朴定陽은 일본 내무성과 농상무성을 둘러보고 남긴 보고서인『일본국 내무성 직장사무 부농상무성日本國內務省職掌事務附農商務省』에서 "박물국은 박물관 사무를 관리하며 천산天産, 인조人造, 고기금물古器今物을 수집하여 견문을 넓히므로 박물국이라 한다"[16]고 했다. 단순한 어의적인 차원에 그친 이 기록 속 박물국 혹은 박물관은 실제 어떤 것으로 상상되었을까. 아주 짧은 문장이기는 하지만, 이 기록은 일본의 실제 박물관을 보고 쓴 조선 최초의 박물관에 관한 기록이라는 점에서 의의가 있다고 할 수 있다. 일본에서는 1881년 당시 교육행정기

16 목수현, 앞의 글, 83쪽, 재인용. 또한 이 글에서는 박정양의 글뿐만 아니라 박물관을 근대적인 교육기관으로 인식한 예로서 1888년 박영효의 상소를 소개하였다.

관이었던 대학에서 '집고관集古館'의 건설을 태정관에 건의한 후 그 이듬해 문부성박물관이 설치되었는데, 그 후 짧은 기간 동안 수차례 소관 기관이 변함에 따라 그 성격도 바뀌어 갔다. 1873년 당시 정부의 행정기관 중에 절대적인 권력을 행사하던 기관으로서 내무성이 신설되고 그 내무성 산하

에 식산흥업殖産興業에 관한 사무를 담당할 '내무성 권업료勸業寮'라는 부서가 생겼다. 그리고 1875년에는 박람회사무국도 내무성의 관할이 되면서 '박물관'으로 이름을 바꿨다. 한편, 1881년에는 새롭게 농상과 공업을 통합, 관할하여 행정사무를 보는 농상무성이 내무성으로부터 독립하는데 그때 박물관 업무도 함께 이관되었다. 박정양은 당시 농상무성農商務省의 사무장정을 소개하며 "박물국은 고기물의 보전과 미술의 권장에 관한 사무를 조리하고 박물관을 관장한다"[17]고 말한다. 즉, 초기 일본의 박물관 **17** 위의 글, 같은 쪽.은 문부성(1871) → 태정관 박람회사무국(1873) → 내무성(1875) → 농상무성(1881)으로 소관 부서가 옮겨졌는데, 그러면서 식산흥업을 주로 다루던 박물관 업무가 고기구물과 미술품의 보존에까지 확대되어 갔다. 박정양은 이 농상무성 소속의 박물국을 보았으며, 그것은 일본의 태동기 박물관 제도였던 것이다.

박정양은 "각국 소산을 진열하지 않는 것이 없어 이로써 인민을 가르치는 자료로 삼는다"[18]는 박물관의 사회적 기능을 덧붙였다. **18** 목수현, 앞의 글, 같은 쪽.하지만 그와 함께 시찰단원으로 동행했던 민종묵閔種黙은 개인 견문기인 『견문사건見聞事件』에서 박물관이 서양법을 따라 세운 것이며 "이러한 것들이 식견을 넓힌다고 하나 무엇에 도움이 될지는 알지 못하겠다"는 이견을 기록하고 있다.[19] 당시 조선에는 부재했던 박물관의 근대적 교육기관으로서의 기능을 둘러싸고 이렇게 상 **19** 閔種黙, 『見聞事件』, 奎 1311의 2(목수현, 위의 글, 같은 쪽에서 재인용).이한 견해를 개진했던 것이다. 앞서 언급했듯이 이는 이들의 박물관에 관한 기록이 구상적이었다고 해도 조선에는 부재했던 탓에 그 기능과 효과에 대한 상상력이 미치지 못해 추상적일 수밖에 없었음을 보여 주는 대목이라고 하겠다.

일본에서의 박물관 제도는 그 뒤에도 계속 변해 갔다. 1886년에는 궁내성으로 이관되면서 천황제의 확립을 측면에서 지원한다는 위상을 갖게 되는데, 이러한 조치는 쇼소인正倉院(나라시의 도다이지[東大寺] 대불전의 서북쪽에 있는 창고)의 천황가 재산을 궁내성으로 이관하려고 했을 당시, 궁내성 대신大臣 이토 히로부미伊藤博文의 발안에 의한 것으로 알려져 있다. 이는 1885년에 발족한 내각 제도를 통해 문화재 보호의 사상과 황실의 권위 신장을 결부시켜 유럽의 왕립박물관을 모델로 박물관의 충실화를 시도하는 동시에 천황제의 확립을 꾀하려 했던 정부의 의도가 배후에 있었다.[20]

20 金子敦, 『博物館の政治學』, 靑弓社, 2001년, 25쪽.

그 후 1889년에 '제국박물관'이 탄생하는데 그 출발점이 된 것은 바로 궁내성대신 이토의 발안에 의해서 박물관이 궁내성으로 이관되면서부터였다. 따라서 1906년에 조선에 통감부가 설치된 이래로 이토가 1909년까지 통감으로 재위했으니 이왕가박물관의 설립 배경에 그와 같은 일본에 있어서의 박물관 설립의 경험이 깊이 작용했음을 상상하는 것도 무리는 아닐 것이다.

앞서 민종묵의 『견문사건』에는 박물관이 서양법을 따라 세운 것이라고 하여 부정적인 견해가 기록되었으나, 그 후 10여 년이 지난 시점에 '개화교본'이라고 불리는 유길준의 『서유견문』에 박물관 제도에 대한 기록이 다시 보인다. 그것은 사전적인 의미에서 박물관을 소개한 것에 지나지 않지만, 제17편에 편재된 박물관의 항목은 동식물원이나 박람회, 그리고 도서관, 강연회, 신문 등과 함께 소개되어 있다. 뿐만 아니라 거기에서는 빈민수용소나 정신박약아 학교, 그리고 각종 병원과 교도소 등과 같은 사회소수자의 보호기관 및 사회교육기관과 함께 그 사회적 역할을 소개하고 있는데, 이런 내용이 담긴 기사는 대한제국 말기의 국내외 학회지나 신문에서도 산견된다. 1908년 『대한협회회보大韓協會會報』 중에는 "작년 박람회에 진열ㅎ 얏든 여재물품餘在物品으로써 농상공부農商工部內 내 일실에 권업박물관을

설호고 일반 인민에게 종람을 허호다더라"[21]라는 단막 기사
가 실리는데, 이를 통해 1907년 9월 15일에 개회한 조선 최초
의 경성박람회 후에 박물관 설립이 계획되었음을 알 수 있다.
이는 앞서 살핀 초기 일본 박물관의 형태 중 하나인 '식산흥
업' 위주의 박물관이 제시된 것이라 하겠다. 하지만 그 기사
가 실린 지 3개월 뒤에는 같은 학회지에 실린 "어원신설御苑新
設 궁내부에서 어원 사무국을 신설호야 동식물원 및 박물관에 관혼 사무를
처리케 호고 본년도 경비예산은 10만 원이라더라"[22]라는
기사를 통해서는 그 박물관 계획이 곧바로 수정되었음을 확
인할 수 있다. 특히 대한제국 말기 재동경在東京유학생회 학
회지에는 그들의 일상을 엿볼 수 있는 수상隨想이 실리곤 했는데, 그 중 이규
철李奎澈이 우에노공원에서 "완보서행緩步徐行으로 동물원 박물관 등처에 틈
입호야 이상혼 금수와 기묘혼 물품을 차제관진次第觀盡"[23]했
다는 문장을 썼듯이, 유학생들에게 박물관은 직접 경험된
근대적 기관이었다. 또한 '한국 연구'의 필요성을 피력한 글
에서 서양 각국에게 "불지아동不知亞東에 부유한국復有韓國호고 지유 지나(支那)
제펜(日本)호야 각 거일우據一隅에 근보여천僅保餘喘이라 호며 간혹, 탐험가지
기문소재에 아동일우亞東一隅에 유일반도국有一半島國"일 뿐인 "코리아(高麗)"
는 그 고루함 때문에 "골계滑稽"의 대상이 되어 "진렬어박물관陳列於博物館 호
며 혹 계현어인류실揭懸於人類室 호 니"[24]라는 표현이 있듯이,
그들에게 박물관이라는 단어는 유물의 소장처라는 비유로
쓰이기도 했다. 이러한 사례들은 재동경 유학생들에게 박물
관이라는 용어가 단지 사회교육의 차원에서만이 아니라 일상적인 표현의
하나로 사용되었음을 의미하는 것이다.

21 「內地彙報」,『大韓協會會報』제3호, 1908년 6월, 50~51쪽. 1907년 개최된 경성박람회를 소개하면서 세계 박람회의 역사를 간략히 기술한 글로는 金達河의 「박람회」,『西友』제11호(1907년 10월, 9~14쪽)가 있다.

22 「內地彙報」,『大韓協會會報』제6호, 1908년 9월, 52쪽.

23 李奎澈, 「無何鄉」,『太極學報』제20호, 1908년 5월, 44쪽.

24 滄海生, 「韓國研究」,『大韓興學報』제9호, 1910년 1월.

한편, 국외에서 발행된 최초의 한글 신문으로 알려진 「해조신문海朝新聞」의 논설 "신문지는 사회의 교육"(1908년 5월 22일)에서는 도서관, 강학회, 토론회와 함께 박물관을 사회교육의 중요한 설비 중 하나로 들고 서양 각국에는 배치되어 있다고 쓰고 있는데,[25] 이는 재동경 유학생들의 글과 비교해 읽어볼 필요가 있다. 왜냐하면 당시 국내 발행의 학회지나 「해조신문」과 같은 신문에서 박물관이 이야기되는 방식은 부재한 박물관에 대한 이념적 이해에 기초하고 있는 반면, 재동경 유학생 학회지에서의 경우는 경험의 기록이거나 비유적 관용구로 쓰이고 있기 때문이다. 즉, 「해조신문」의 경우 박물관이라는 용어는 부재의 이념처럼 쓰인 것이라고 할 수 있다. 또한 그러한 경향은 대한제국 안에서 이야기되던 박물관에서도 크게 다르지 않았으리라 생각된다.

이성시는 박물관과 동식물원 설립 제의가 이완용 내각의 의향에 의해서라기보다 궁내성 소관 아래서 확립된 일본의 박물관 제도를 염두에 두고서 통감부 측이 사전에 주도하여 계획했다고 피력했다.[26] 대한제국의 첫 박물관의 창설이 일본 관료들의 의도에 따라 과거 일본 박물관 제도의 경험을 바탕으로 추진되면서 한국인이 소외될 수밖에 없었던 상황에서 더욱 그러할 수밖에 없었을 것이다. 일본의 경우는 박물관이 황실의 권위 신장을 위해 기획되었지만, 대한제국의 경우는 일본제국이 보다 원활하게 통감통치를 수행하기 위한 황실 및 궁내부의 개혁 조치 중 하나로 이뤄졌던 것이다.[27] 게다가 한 가지 분명한 것은 식민지화 이전에 창설된 '이왕가박물관'은 제국 일본의 경험이 반영되었다는 사실이다. 단지 박물관이라는 역사적인 경험이나 이념에서 뿐만 아니라 실제적인 차원에서도 제

25 물론 이 논설은 신문의 사회적 기능을 강조하기 위해 쓰인 글이다.

26 이성시, 「조선왕조의 상징공간과 박물관」, 『비판과 연대를 위한 동아시아 역사포럼 공개 토론회 국사의 해체를 향하여 자료집』(2003년 8월 21일), 60쪽 참조.

27 『순종 1권』의 1907년 11월 8일자 기사에 따르면, 당시 궁내부 차관(宮內府次官)인 고미야 미호마쓰는 내부 차관 기노우치 주시로(木內重四郞)와 탁지부 차관 아라이 겐타로(荒井賢太郞)와 함께 임시로 제실 소유 및 국유 재산 조사국 임시 위원(國有財産調查局臨時委員)에 임명된 후, 帝室財産整理局 長官으로 임명되었다.

국의 경험에 충실했다고 할 수 있다. 그 점에 대해서는 궁내부 서기관 이노우에 마사지의 진술을 통해 구체적으로 알 수 있다.[28] 그에 따르면, 박물관 설립을 위해 당시 오사카부립 심상尋常중학교에서 교유로 재직 중이던 시모고리야마 세이치下郡山誠一를 촉탁으로 초청했는데, 그는 일본의 박물학 인력 양성기관이자 졸업 후 일선 교사로 진출할 수 있는 도쿄제대 제1임시교원양성소의 박물과博物科를 1904년에 졸업한 인물이었다. 또한 이노우에는 그로 하여금 "3개월 동안 도쿄, 교토, 오사카 등의 각종 박물관을 실지實地 조사"토록 지시했다고 한다. 여기서 우리가 추측할 수 있는 것은 우선 두 가지일 것이다. 하나는 이 박물관이 제국 일본의 과거 박물관의 경험=역사에 기초한 것이지만 제국 일본의 동시대적 형식을 따르고 있다는 사실이다. 이는 이 박물관이 한국 유일의 박물관으로서보다는 제국 일본 속에 위계화된 제諸박물관의 모델로서 창설되었을 가능성을 의미하는 것이다. 또 다른 하나는 부재로서의 박물관이 이 시점에 와서 가시화되었지만, 그것이 오히려 근대적 국가의 부재로부터 출발했다는 사실일 것이다. 이는 한국 박물관이 전적으로 제국 일본이라는 컨텍스트 안에서 국가(주의)가 누락된 채 이식된 근대 기술로서 출발했음을 의미하는 것이다.

28 井上雅二, 「博物館及動植物園の設立に就て」, 『朝鮮』 1908년 6월, 68쪽.

3. '조선 미술'을 말하다

박물관 창설 계획이 공론화되는 가운데 잡지 『조선』에서 눈에 띄게 늘어나는 논의 중 하나는 바로 조선 미술과 관련된 것이었다. 그에 앞서 조선 미술사와 관련된 획기적인 사건 중 하나는, 1902년 도쿄제대의 공과대학 조교수

였던 세키노 다다시關野貞가 조선에 건너와 조선의 고건축을 사적으로 조사한 결과로서 제출한 『한국건축조사보고』(1904)일 것이다. 이 보고서는 조선의 고건축과 미술공예에 대한 조사 기록이자 조선을 필드로 한 고고학 조사의 신기원이라고 할 만한 것이었다. 그 조사 도중에 발표된 다른 논문에서 그는 조사의 목적에 대해서 '독립'한 조선 건축술의 "내력변천來歷變遷"과 일본 건축술 사이의 역사적 관계를 새롭게 규명할 수 있기를 기대한다고 밝히고 있다.29 하지만 보고서의 총론은 조선의 역사적 예속성과 빈약한 국세國勢, 그리고 낮은 민도民度를 지적하며 시작된다. 니시카와 히로시西川宏의 비판처럼, 그러한 그의 견해는 고건축 조사로부터 귀납된 결론이 아니라, 이미 제국 일본의 아카데미즘이 창출한 조선사 담론의 '반복'에 지나지 않는 것이었다.30 이처럼 당시 일본 아카데미즘이 조선을 대상으로 한 서술물의 성격을 단적으로 보여주는 예는 무엇보다 고고학 쪽에 있었다.

일본 고고학은 1886년 『도쿄인류학잡지東京人類學雜誌』가 '종합인류학General Anthropology'으로서 형태인류학, 고고학, 민족학을 포함한 종합적 학문을 지향하는 가운데 성립했다.31 『도쿄인류학잡지』의 제1호에 실린 쓰보이 쇼고로坪井正五郎의 「본회약사本會略史」에 따르면, 인류학회는 1877년에 미국의 생물학자 E.S.모스Morse의 도쿄 오모리大森 패총의 발굴

29 關野貞, 「新羅時代の遺物」, 『考古界』 제3권 제2호, 1903년 7월.

30 西川宏, 「日本帝国主義における朝鮮考古学の形成」, 『朝鮮史研究会』, 1970. 6. 1889년 일본에서는 "서양 역사 연구의 법(法)을 참고하여" "국사의 사적을 고증하며 혹은 그것을 편성하여 국가의 비익(裨益)"토록 하려는, 이른바 근대적 학문 방법에 의한 사학 연구를 목적으로 한 '사학회'가 조직되었다. 이 학회는 관학 아카데미즘이 주도한 국사편수사업과 밀접한 관련 속에서 만들어진 조직이었다. 사학회가 발행한 『사학회잡지』(1892년 12월(37호) 이후 『사학잡지』로 개칭)에는 간 마사토모(菅政友), 쓰보이 구메조(坪井九馬三), 나카 미치요(那珂通世), 하야시 다이스케(林泰輔), 시라도리 구라키치(白鳥庫吉) 등에 의해 조선사에 관한 많은 논문들이 실렸다. 西川宏의 비판은 이러한 사학회를 중심으로 아카데미즘이 문헌 중심의 조선사 연구를 반복하였음을 지적한 것이다. 또한 1886년에 창간되는 『東京人類學雜誌』에 실린 초기 논문들을 분석하게 되면 마찬가지 경향을 보이는데, 여기에서 더욱 흥미로운 점은 조선에 대한 연구가 문헌이라는 텍스트를 넘어서 '실지조사'에 착수하는 과정이 거기에 드러난다는 점이다. 특히, 이때를 즈음하여 고고학이 본격적인 학과로 성립하게 되는데, 그 후 가령 『考古學會雜誌』(1896), 『考古』(1900), 『考古界』(1901)가 연이어 창간되었다. 당시 일본 고고학의 수장 역할을 했던 쓰보이 쇼고로는 초기의 이들 잡지에서 「고고학의 가치」를 설파하는 가운데 특히 '사학과와의 구별'과 '사학과로부터의 독립'을 주장했다.

에 따른 논쟁이 촉발되었는데, 그 논쟁에 자극을 받은 쓰보이 자신이 중심이 되어 총 14명으로 결성한 학회였다. 그리고 1892년 도쿄제대 이학대학에 인류학 강좌를 개설하여 그 자신이 주임교수 자리에 앉았다. 그 이듬해에 '인류학교실'이 설치되었는데, 이 연구실에서는 이후 야기 소자부로八木奘三郎, 마키타 소지로蒔田鎗次郎, 도리이 류조鳥居龍臟 등을 직접 조선에 파견하여 실지조사를 실시했다. 이렇게 '실지조사'가 이뤄지기 이전인 1895년에 야기 소자부로八木奘三郎[32]가 『도쿄인류학잡지』(제107호)에 실은 논문은 매우 흥미로운 점을 시사하고 있다. "경성 내 있는 수혈류사의 소옥朝鮮内に存

31 中生勝美 편,『植民地人類學の展望』, 風響社, 2000년, 32쪽. 본래 인류학이란 식민지주의 안에서 '서양'의 자기동일성을 보증하는 '학문'이었는데, 그러한 설정은 '일본인종론'의 경우에도 가능하다. 즉 '아이누'와 '류큐인' 등의 주변을 '학문'의 대상으로서 취급하는 가운데, 일본인이라는 자기동일성이 보증되었던 것이다. 그러한 '분류'의 기법에 의해서 결국 자기와 타자 사이의 두 카테고리를 표출해갔던 것이다(富山一郎,「國民の誕生と'日本人種'」,『思想』1994년 11월 참조). 그와 마찬가지 방법으로서 일본인과 조선인 사이에서도 인종론은 민족적 아이덴티티나 민족적 유사성의 인식을 구축하는데 이용되었다고 할 수 있는데, 여기에 당시 인류학의 정치성이 존재한다고 할 수 있다.

32 야기 소자부로는 일찍이 1898년에 『日本考古學』(東京嵩山房)을 저술했다. 그러니 1900년대 초반에 행해진 그의 조선 답사는 일본 고고학의 이론과 방법론을 토대 위에 조선을 필드로 삼아 실시된 것이라고 해야 할 것이다.

する竪穴類似の小屋"이라는 이 짧은 문장은 당시 경성학당의 교사였던 오카쿠라 요시사부로岡倉由三郎의 '수혈竪穴'에 관한 보고를 참고로 한 것이었다. 다시 말해 야기의 이 논문은 '실지조사'가 아니라 재조선 일본인으로부터 전달된 정보에 근거하여 이른바 '참조'와 '상상'에 의해서 씌어진 것이었다. 아직 당시의 인류학은 조선에 대해서 조직적이고 계통적인 조사가 이뤄지지 않았을 뿐만 아니라, 나카那珂나 하야시林를 비롯한 문헌학자들의 연구는 물론 오카쿠라와 같이 조선에 주재 중인 일본인이 제공해준 정보에 의존한 바가 컸던 것이다. 이윽고 1900년부터 '실지조사'를 위해서 조선으로 파견된 야기八木나 마키타蒔田는 그때의 조사기록을 "한국잡기韓國雜記"나 "한국탐험보고韓國探險報告" 등의 타이틀로 보고문을 연재하고 있는데, 이 글들은 앞서 야기의 "경성 내 있는 수혈류사의 소옥"과는 전혀 다른 차원에서 이뤄진 보고라고 할 수 있다. 바로 이때가 일본 제국의 아카데미즘이 조선을 필드로 시행한 본격적인 고고학 조사를 시작했던 시기였다.[33]

이러한 역사적 맥락 위에서 행해진 세키노 다다시의 『한국건축조사보고』는 기왕에 조선에 관한 '文=문헌'의 해석을 통한 '이념'과 실제 '物=실지'의 발견을 통해 보고 느끼는 감각의 '정신'이 결합된 결과물이라고 할 수 있다.[34] 그 후자인 감각의 정신은 미감으로 대표되는데, 그것을 통해 구한국을 바라보는 시선은 주로 조선 '미술' 혹은 예술의 발견으로 향했다. 그런데 중요한 것은 그것이 단순한 발견이 아니라 조선인을 대신하여 이뤄지는 사명이었다는 것이다. 도리고에 세이시鳥越靜岐는 "미술을 무시한 결과 조선인에게는 미美라는 감념感念을 잃고 말았고, 미술국美術國임을 자랑삼는 일본인이 처음 조선에 와서 놀란 것은 [······] 한눈에도 황량하여 그 어떤 미를 느낄 수 있는 것이 없"[35]었다는 점이라며 조선을 "미감美感 없는 나라"로 규정했다. 즉, 그들은 조선인의 '미감'의 부재를 대신할 사명을 스스로에게 부여했던 것이다. 그러한 사명은 조선인을 대신해 조선의 미적 가치를 만들어내고 또 '미술사'를 창안하게 되었다. 그 과정에서 중심적 역할을 수행한 것은 박물관 제도와 박물관의 사람들일 것이다. '이왕가박물관'에서 총독부박물관(1915)으로 이어지는 초기 박물관 정책을 통해 식민지 유물은 '미술'로 인식되기 시작했던 것이다.

'일본 미술'에 관한 어휘론과 제도론에 주목하여 그것이 서구 미술의 개념을 번역·이식한 것임을 밝힌 사토 도신佐藤道信의 지적처럼, '일본 미술'이란 "기본적으로 서구 미술의 가치관이나 가치체계에 따라 구축된 이념"이었다.[36] 즉, 미술은 "19세기 후반의 국제정세를 전제로 한

34 또한 이것은 향후 식민 권력의 적극적인 개입과 인구의 이동을 통해 '실지조사'의 비중이 더욱 확대되어갈 것을 알리는 신호이기도 했다. 실제 세키노는 통감부가 구한국의 사법행정권 이양을 강행하는 1909년에 조수 다니이 사이이치(谷井済一)나 구리야마 슌이치(栗山俊一)와 함께 대규모의 고건축과 고적 조사를 주도한다.

35 鳥越靜岐,「美感なき國」,『朝鮮』 1908년 10월, 47쪽.

36 佐藤道信, 『'日本美術'の誕生: 近代日本の'ことば'と戰略』, 講談社選書メチエ, 1996년, 20쪽.

대내외의 국가 전략으로서" 취급되었고,[37] 특히 미술사는 미술 용어로서의 언어적 차원을 넘어서는 담론이었던 것이다.

[37] 위의 책, 171쪽.

근대 창안물로서의 일본 미술이 국가론 차원의 자기완결적 담론이었다면, 1900년대에 일어난 식민지 미술과의 조우는 국가를 넘어서는 새로운 차원의 미술론이 펼쳐질 가능성은 존재했지만, 오히려 '미술국' 일본과 대비되는 '미감 부재'의 조선을 언급하는 순간 한층 자기완결적 구조=자기언급의 담론을 강화시키고 말았다.[38] 따라서 1910년을 전후해 도리고에 세이시와 같은 인물들이 지적하는 조선인의 미감의 부재, 아니 미술사의 부재는 오히려 "조선인의 미술 사상은 조선의 두뇌에서 구할 수밖에 없으나 선인鮮人의 두뇌는 아직 공空이기 때문에 지금은 일본 미술 사상을 새롭게 주입할 수밖에 없다"[39]는 자기언급의 차원에서 진행된 구한국 미술과 미술사의 발견을 의미하는 것이었으며, '국가 전략'의 차원에서 부여된 자신들의 사명감을 언급하는 것이었다. 한마디로 '쇠퇴론'[40]에 기초했던 그 시기의 조선 미술사는 이러한 맥락에서 탄생한 것이며, 또한 그것은 향후 조선에서의 미술의 전시화나 제도화에 중요한 이념으로서 줄곧 제공되었다.

[38] 이 점에 대해서는 '이왕가박물관'이 단일한 세력과 의미망의 산물이 아니라 이질적인 세력들 간의 충돌하고 경합하는 '포럼(forum)'의 장이 아니라 끊임없이 그 포럼의 측면을 억제하고 통제한 박물관이었다고 주장한 박소현의 「고려자기」는 어떻게 '미술'이 되었나-식민지시대 '고려자기열광과 이왕가박물관의 정치학」(『사회연구』 2006년 4월) 참조.

[39] 末松熊彦, 「朝鮮美術私觀」, 『朝鮮』 1912년 6월, 20쪽.

[40] 비슷한 시기에 씌어진 大岡力의 「朝鮮繪畵に就て」(『朝鮮』 1909년 4/8/9월호 연재)와 小宮三保松의 「朝鮮の美術」(『朝鮮』 1909년 7월호), 그리고 関野貞의 「朝鮮藝術の變遷に就て」(『朝鮮』 1909년 12월호/1910년 1월호 연재)는 공통적으로 '쇠퇴론'에 근거하여 기술되어 있다. 이 중 오오카 쓰토무는 조선 회화의 연구에 있어서 곤란한 점이 조선회화의 재료가 적다는 것과 회화에 관한 서적이 없기 때문이라고 구체적으로 제시했고, 고미야는 조선 미술이 쇠퇴한 원인을 예술가의 보호가 이뤄지지 않은 탓이라고 지적하며 자신이 주도하는 박물관의 창설에 기대를 보였다. 고미야와 같이 미술에 관한 제도적 부재를 지적하는 다른 글로는 鮎貝房之進의 「朝鮮の繪畵」(『朝鮮』 1911년 6/7월호)가 있는데, 이렇게 그들에 의한 조선 미술사의 기술은 제도적인 측면에서 '부재'의 문제를 지적하는 방식으로 만들어졌다.

잡지 『조선』(1910년 9월호)에 실린 '합방' 기념 사진

4. 조선총독부박물관과 토착화

한일 '합방'의 기념호격으로 발행된 『조선』(1910년 9월호, 31호)에는 속지 첫 면에 6장의 사진이 "합방 대일본제국조선 기념合邦 大日本帝國朝鮮 紀念"이라는 제호를 달고 상징적으로 배열되어 있다. 상하 2열로 각각 3장씩 모두 6장이 배열된 사진들 중에는 상단에 경성(상단 중앙), 인천(좌), 부산(우) 등 3장을 배치 했고, 하단에는 평양(하단 중앙), 조선의 시골(좌), 창덕궁의 인정전仁政殿(우) 등 3장을 배치했다. 그리고 상단 중앙의 경성 사진과 하단 좌우의 조선의 시골 과 인정전 사진을 다른 3장에 비해 큰 사진으로 배치했다. 전체 사진틀 바깥 의 좌단에 주로 상단에 배치된 사진들에 대한 설명에 해당하는 "부산, 인천, 경성의 각 시가는 즉 우리 내지인이 30년을 거쳐 세운 신일본"이라는 설명을 부치고 있다. 이 세 도시는 다름 아닌 1876년 '조일수호조약' 이후 주요 일본 인 거류지역에 속하는 지역이었다. 이 "부산, 인천, 경성"의 도시 모습을

통해 '합방'의 역사성을 부각하는 동시에 재조일본인의 조선에 대한 토착성을 가시화하고 있는 것이다. 그것이야말로 "신일본"으로서 '조선'을 표상하면서 일본 혹은 일본인이 시각화된 공간이었다.

하지만 하단의 두 사진 즉 조선의 시골과 인정전에 대해서는 아무런 부연이 없다. 이는 상단의 사진과 묘한 대비를 이룬다. "부산, 인천, 경성의 각 시가는 즉 우리 내지인이 30년을 거쳐 세운 신일본"이라는 작은 글씨의 설명에도 불구하고 6장의 모든 사진은 그 설명에 부합하지 않는다. 우선 삼각 구도의 조합으로 짜인 큰 사진 3장은 인정전 - 경성 - 조선의 시골이라는 3단계의 위계적인 구성을 통한 조선의 전체화=완전성을 담고 있다. 이는 '합방'의 완전성을 의미한다. 그렇게 해석하고 보면, 다른 3장의 작은 사진은 큰 경성(상단 중앙) 사진을 중심으로 배치된 대표 지방이라는 위치에 놓이게 된다. 그렇듯 이 사진들의 배열은 조선 전체의 위계적인 구성과 지역적 구성을 완전하게 함축해 보여주고 있다. 이렇게 해서 한 면에 배열된 이 사진들의 이미지는 "대일본제국" 속의 조선 전체로 의미화될 수 있었던 것이다. 즉 지역적인 동시에 위계적으로 전체화한 이미지 구성으로서의 조선은 다시금 "대일본제국" 속에서 위계화되고 지역화된 공간으로 표상되었던 것이다.

그러면서 '한국'이라는 국호가 일본 제국 속 '조선'이라는 지명으로 공식화되는 순간,[41] 가령 한국 황제는 이왕전하가 되고 한성漢城은 공식적으로

---

41 '합방' 후 조선이라는 명칭에 대해 논쟁이 있기도 했다. 당시 귀족원 의원이었던 사와야나기 마사타로(沢柳政太郎)는 1911년 2월에 조선이라는 이름은 '지나'의 속국인 상태에서 부르던 것이며, '지나'로부터 독립해서 겨우 '한국'으로 이름을 바꿨는데, '합병' 후 다시금 조선으로 이름을 되돌린 것에 대해 무지함에서 비롯된 것이라고 개탄한다(「朝鮮 と云ふ名に就いて」, 『朝鮮』 1911년 2월, 63~64쪽). 그러자 다음 호에 시오카와 다로(鹽川太郎, 취조국 사무관)는 사와야나기의 취지를 흥미롭게 여기면서도 기자 조선에 관한 역사 기술까지를 반박하며 그 의견이 역사적 맥락에서 이해가 부족하다고 논박하고 있다(鹽川太郎, 「朝鮮 と云ふ名に就いて」, 『朝鮮』 1911년 3월). 하지만 이 논쟁은 역사학자 이마니시 류(今西龍)에 의해서 중단된다. 이마니시는 동양 제국의 명칭에는 정치적 명칭과 지리적 명칭이 존재하는데, 지리적 명칭은 어떤 정치적 변혁에도 상관없이 변하지 않는 것이니 조선이라고 부르는 것이 옳다는 견해를 발표했다(今西龍, 「朝鮮 という 名に就いて」, 『朝鮮』 1911년 4월). 이는 통치자=부르는 자의 정치적 권력이 행사되는 방식을 여실히 보여주는 대목이라 할 수 있다.

경성京城이 되었듯 기존 질서에 대한 수많은 조정이 필요해졌다.[42] 그것은 제국이라는 컨텍스트 안에서 혹은 제국 - 식민지라는 위계 속에서 조선이 표상됨을 의미한다. 그 순간 이후 어떠한 조선의 표상일지라도 그러한 정치적 자장에서 자유로울 수 없는 질서가 구축되는 것이다.

이러한 한일 '합방' 이후의 역사적 맥락에서 박물관의 역사를 검토할 필요가 있다. 1915년 12월에 총독부는 시정施政 5주년을 기념하여 물산공진회를 개최하였는데, 그 "조선물산공진회物産共進會 미술관을 인계 받아 경복궁 내에 조선총독부박물관을 개관하여 일반에게 관람을 허가"[43]하였다. 이를테면 이는 '합방' 후 총독부가 '신일본'과 '구한국'의 관계성을 근거로 한 새로운 전시화와 표상화의 필요에 따라 설치된 것이다. 주요 전시관은 물산공진회 당시 신축되었던 서양식 2층 건물의 미술관이었다. 이렇게 조선왕조의 주궁인 경복궁에 박물관을 설치한 것은 '신흥' 경성과 인정전의 사진을 『조선』에서 비교 배치했던 것처럼, 제국이 구성한 시각적 '지知'에 따라 구한국 유물을 배치하는 제국 일본의 퍼포먼스였으며, 구한국 권력의 상징이었던 경복궁 그 자체에 대한 재영역화의 차원에서 이뤄진 것이기도 했다.[44]

메이지 시기의 일본 미술의 중요한 특징은 19세기 후반의 국제정세를 전제로 한 대내외의 국가 전략으로서 미술이 취급되었다는 사실이다. 그래서 정부 주도로 다양한 '미술의 제도화'가 진행되었으며, 그 관제화된 구체적인 미술 정책으로는 ① 식산흥업으로서의 미술공예품의 진흥과 수출, ②

42 旭邦生(이 잡지의 주간 釋尾春芿의 필명)의 「小宮前宮內府次官を訪ふ」에서 합병에 따른 한국 황제의 지위 변화에 대해 쓰고 있다(『朝鮮』 1910년 9월, 73쪽). '이왕'이라는 명칭은 한국을 합병한 일본이 일본 황실 안에 조선의 왕계를 편입하여 일본 황실보다 격이 낮은 여러 왕가의 하나로서 붙인 것이다. 또한 경성이라는 명칭은 그 이전부터 쓰였던 것이긴 하지만 이때부터 공식화됨에 따라 한성으로 부르던 조선인에게는 새롭게 경성이라는 심상적인 지리상(像)이 생겼다고 할 수 있다.

43 「朝鮮總督府官報」1915년 11월 19일; 「每日申報」1915년 12월 5일.

44 결국 경복궁은 공진회에 의해 왕실의 권력은 사라졌고, 그 자리에 역사적 유래가 분명한 유물을 전시함으로써 시간과 공간의 관리자가 누군인가를 증명하는 기념비로 만들어졌다(이성시, 앞의 글, 66쪽).

고미술 보호, ③ 미술교육제도의 확립 등 세 가지로 정리할 수 있을 것이다.[45] 이러한 정책이 그 후에도 지속되었다는 사실을 생각하면, 적어도 그 정책적 취지는 식민지 조선으로까지 연장되었으며 그것을 근거로 하여 정책이 입안되었으리라 생각한다. 이왕직 차관이자 이왕가박물관의 창설을 입안했던 고미야는 "세계에서 가장 미술품의 전세傳世되지 않는 나라라고 할 만한" 조선을 대신해 "조선 미술의 장래"를 전망하고,[46] "이 도자기(고려자기 — 인용자)는 실로 고려조 혹은 조선의 예술이자 크게 세계에 자랑할 만한 가치"[47]를 발견했는데, 이 조선 미술의 가치를 세계에 전시화할 책무는 조선총독부박물관 시대에 비로소 현실화되었다.[48] 물론 조선 미술의 상품 가치에도 등한시하지 않았다. 하지만 '식산흥업'으로서의 조선 미술은 자본과 권력에 의해 시간의 지배를 받는 공간 속에서 재생산되었으며 이 공간은 다름 아닌 과거로서의 전시된 공간이기도 했다. 가령, 일찍이 1907년에 이왕직 소관의 미술제작소를 두었는데, 그곳은 "흰옷의 선인鮮人과 삼엄하게 서 있는 순사, 그리고 홍록紅綠의 색깔이 뒤엉켜 선인의 소녀가 묘하게 시선에 들어온" 풍경이 마치 "궁전에라도 들어와 있는 듯한 느낌"이 드는 곳으로 연출되었듯이 말이다.[49]

그리고 "공적인 도굴"을 용인한 제도로 비판을 받는 「고적 및 유물보존

[45] 佐藤道信, 앞의 책, 171쪽.

[46] 小宮三保松, 「朝鮮美術の變遷と其將來」, 『朝鮮及滿洲』 1913년 11월, 57쪽.

[47] 小宮三保松, 「高麗朝時代に於ける朝鮮の美術工藝」, 『朝鮮及滿洲』 1914년 6월, 50쪽. 그는 덧붙여 고려자기는 "당대 이후 일체의 예술이 점차 퇴보하는 사이에 고립되어 조선예술이 명예를 유지한 효로(效勞)는 영구히 망각해서는 안 될 것"(같은 쪽)이라고 피력한다.

[48] 실제 1915년에 설립된 조선총독부박물관은 "조선 고래의 제도, 종교, 미술, 공예와 기타 역사의 증거 참고가 되는 것들을 모아서 반도 민족의 근원을 찾아 그 민족성을 밝히고, 이 지역에 발달해온 공예 미술의 특질을 조사해 널리 세계에 소개하고, 우수한 예술품을 진열해 새로운 공예 미술 진흥에 이바지하려는 것"을 경영 방침으로 삼았다(「朝鮮總督府博物館略案內」, 朝鮮總督府博物館, 『博物館報』 1-1, 1926년 4월, 3쪽).

[49] 嘲花生, 「美術製作所を訪ふ」, 『朝鮮及滿洲』, 1916년 4월, 137쪽. 미술제작소는 한성미술제작소의 소관을 이왕직에 옮기면서 출발하였다. 이에 관한 연구는 아직 진행된 바 없는데, 『조선급만주』에는 그곳을 방문한 기사가 몇 차례 실렸다. 「漢城美術品製作所」, 一記者, 『朝鮮及滿洲』 1914년 1월, 137쪽; 「美術品製作所を見る」, 『朝鮮及滿洲』 1914년 2월, 81~82쪽, 참조.

규칙古蹟及遺物保存規則」(조선총독부령 제52호)이 1916년에 공포되었었는데,[50] 이 규

50 최석영, 『한국 박물관의 '근대적' 유산』, 서경문화사, 2004년, 24쪽.

칙 또한 그보다 앞서 설치된 총독부박물관과 무관하지 않다. 고미야가 "이왕가사설박물관의 작업은 지금까지 여러 곳에 흩어져 있던 '조선'의 각종 미술품을 한 장소에 모아둔 것에 불과하다. 조선의 미술공예에 대한 체계적 연구는 훗날로 미루지 않을 수 없다"[51]고 언급했던 그 "훗날"은 적어도 제도적 차원에서 보면 조선총독부박물관이나 고적조사위원회를 통해 현실화되었던 것이다. 1916년에는 "조선에서 고적, 금석물 기타 유물 및 명승지 등의 조사 및 보존에 관한 사항을 심사"[52]하는 고적조사위원회가 설립되었고, 또 「고적조사보존규칙」이

51 小宮三保松, 「緒言」, 『李王家博物館所藏品寫眞帖』, 1912년.

52 「古蹟調査委員會規程」 제1조, 『朝鮮總督府官報』 총독부훈령 제29호, 1916년 7월 4일.

마련되면서 5개년 계획의 본격적인 고적조사사업이 실시되었다. 이러한 변화 과정 중에 중요한 점은 이제까지 세키노, 구로이타 가쓰미黒板勝美, 하마다 고사쿠濱田耕作, 이마니시 류今西龍 등 식민지 본국의 제국대학 교수들에 의해 주도되었던 고적조사사업이 고다마 히데오兒玉秀雄, 야쓰이 세이치谷井濟一, 오다 미키지로小田幹次郎 등과 같이 통감부 시절부터 조선에 거주해온 토착세력의 식민 지식계가 적극 참여하는 방향에서 이뤄졌다는 사실이다. 이런 변화가 본격적으로 총독부에 반영된 것은 1920년대라고 할 수 있다. 총독부는 1919년 3·1운동이 진압되면서 그 해 8월 19일에 관제 개편을 단행하고, 이에 따라 내무부 산하에 학무국을 두면서 그 학무국 산하에 새로이 고적조

53 직원은 과장 1인, 鑑査官 1인, 囑 2인(1인 겸), 기수 2인, 촉탁 10명, 雇員 2인(1인 겸)을 두고 별도로 무급 사무촉탁 2인을 두어 박물관 경주 분관 설치 준비를 하고 경주에 촉탁 1인, 고원 1인을 두었다 (藤田亮策, 「朝鮮古蹟調査」, 『朝鮮學論考』, 藤田先生紀念事業會刊, 1963년, 79쪽).

사과를 신설했는데, 과장직에 오다 쇼고小田省吾를 임명했다.[53] 오다는 1899년 도쿄제대 사학과를 졸업하고 1908년 12월에 한국 정부(통감부)의 초빙으로 한국에 건너와 학무편집국 서기관으로서 보통학교 교과서의 편찬에 종사했다. 1910년에는 총독부 학무국 편집 및 고적답사과장에 취임,

1922년에는 총독부 학무국장에 오른다. 그 후 그런 경력을 바탕으로 경성제대 예과 부장(1924)으로 부임하여 조선사 및 '수신' 과목을 가르치며 학생들의 생활지도를 담당하는 기숙사감을 맡았다. 또한 교과서 편찬이나 고적 답사 사업 등에 관여하고 교육 정책을 비롯해 교육사와 유교사, 그리고 각 시대사 등 다양한 방면의 연구를 구관제舊慣制 조사의 일환 혹은 그 연장으로 진행하였다. 경성제대 예과의 개학 준비 과정에서 그 실무를 맡아 일하다가 본과의 '조선사학' 강좌를 담당했을 때도 식민지 관료 출신의 대표격인 몫으로 그 역할을 하였다. 조선과 관련한 학문의 통합 개념으로서 '조선학'에서 조선 사가 대표성을 획득할 수 있었던 것도 그가 1921년에 조직한 조선사학회와 무관하지 않다는 점을 생각하면, 경성제대 이전의 조선사 연구의 성과를 대표하는 존재였다고 할 만 했다. 또한 구로카와의 추천으로 궁내성 서육부 書陵部 재직 중에 박물관 주임으로 부임해온 후지타 료사쿠藤田亮策의 존재도 그런 의미에서 새롭다고 할 수 있다. 왜냐하면 후지타는 박물관 주임으로 재직하면서 고적조사에 임하다가 경성제대의 개교 이듬해 '조선 고고학' 강좌를 개설하는데,[54] 이로써 조선에서의 박물관 사업이 고고학(학문) - 인력 - 권력이 일체화된 토착성을 지니는 전기가 마련되었기 때문이다. 이런 면에서 어쩌면 조선총독부박물관의 설립 자체가 조선에서의 박물관 사업에 토착성을 부여하는 계기였는지도 모른다. 그런데 그 토착성이란 식민지 조선을 식민지 본국과의 관계 속에서 지역적으로 분할하고 또 역사화/재영역화하는 맥락에서 이해되어야 할 문제일 것이다.

[54] 사실상 이 강좌는 '물건= 유물'을 통해 이야기되는 조선의 '과거=기억'을 철저한 권력의 전유를 위해 기획된 강좌=학과였을 뿐만 아니라, 이마니시 류와 오다 쇼고가 담당했던 2개의 조선사학 강좌 외에 제3의 조선사 강좌에 해당한 것이었다.

조선반도와 같이 제국 분립의 역사를 지니고 다른 정권이 별도의 도성에 특수한 문화를 발전시켰던 곳에서는 지방별로 박물관을 설치하여 기타의 고적과

병행해서 보존하는 것이 가장 편리하고, 지방인의 문화적 자각을 촉진시키는
데 효력이 있다고 생각한다.[55]

55 黒川勝美, 『朝鮮古蹟調査』, 76쪽(이순자의 「일제강점기 고적조사사업 연구」(숙명여대 박사학위논문, 2007년, 243쪽 재인용).

도쿄제대의 교수인 구로카와의 이 발언처럼, 지방박물관은 제국의 시선에서 조선 내 지방(역사)의 발견이라는 거시적 맥락에서 바라봐야 하겠지만, 또한 토착화된 식민들과 조선인 토착유지들이 주로 활동했던 지방고적보존회가 중심이 되어 시작되었던 사업이라는 점에서 그것은 그들, 즉 토착 식민들이 '조선'이라는 장소와 역사에 어떻게 동일화를 꾀하면서 새롭게 자신들의 아이덴티티를 모색하려 했는지와도 깊은 연관성을 지닌 것이었다. 통감시절에 조선에 건너와 이왕직에 주로 근무했던 고미야 미호마쓰가 일찍이 "고대 역사를 봄에 피아彼我 거의 동일한 국민"이고, "종교 즉 불교 및 유교가 동일"한 즉 "민족 사상에 있어서 자연 동일"해서 "도덕적 관념과 같은 것이 완전히 일치"하고, "언어는 그 근본이 되는 문전文典에서 역시 완전히 동일"하여 "내지인內地人

56 小宮三保松, 「渡鮮者の覺悟を永住のならしめざる可からず」, 『朝鮮及滿洲』, 1913년 10월, 32~33쪽. 이 글의 경우 "어떻게 토착심을 양성해야 할까(如何にして土着心を養成す可きか)"라는 물음에 답을 찾기 위해 기획된 글로서, 그 답을 특히 "정신적 위적(慰籍)의 방법과 사회적 설비의 급무"라는 측면에서 찾고자 했던 취지에서 쓰인 글임을 유의하여 읽어야 할 것이다.

57 지방고적보존회에 관해서는 이순자의 앞의 논문(233~307쪽)을 참조. 그는 "경기도 8개, 충청도 11개, 전라남도 4개, 경상도 13개, 강원도 6개, 황해도 3개, 평안도 3개, 함경북도 1개로 총 49개에 이르는"(241쪽) 지방고적보존회(보승회)를 명칭, 구역, 주지, 설립 시기, 회계, 시설 및 사업, 역원, 발굴품 등의 항목에 따라 비교할 수 있도록 표를 제시하고 특히 경주, 부여, 평양, 개성, 공주를 중심으로 자세히 다루고 있다. 특히 이순자가 앞의 논문에서 소개한 『국립중앙박물관 보관 고문서 목록』 중 각 지방 고적보존회문서 자료는 이 글을 쓰는데 크게 도움을 받았음을 밝힌다.

의 집단으로부터 떨어져 선인鮮人 사이에서 잡거雜居하여 그 어떤 불편함이 없"으니 "도선자渡鮮者"의 각오는 영주永住적이어야 한다고 요구했던 것처럼,[56] 그후 "도선자"들은 자신이 거주하는 지방의 장소적 의미와 결합한 자기 아이덴티티의 모색으로 경주해갔다. 특히, 경주고적보존회, 부여고적보존회, 평양명승구적보존회, 개성보승회 등과 같은 고도古都의 지방고적보존회가 지방박물관의 모태 역할을 했던 점은[57] 박물관이 그런 역할을 수

행하는 장소로 이용되었음을 보여주는 중요한 대목이라고 할 수 있을 것이다.

5. 지방박물관의 탄생_향토 식민의 토착성과 관련하여

1932년에 일본박물관협회가 편찬한 『전국박물관안내全國博物館案内』에 따르면 조선총독부박물관을 비롯해 '창경원박물관', 경주박물관, 평양박물관, 개성부립박물관이 소개되어 있다. 이미 이 시점은 조선의 지방박물관이 전국=제국적 구도 안에 정립된 후였다. 박물관 제도란 의미 있는 사물들을 조사, 연구, 수집, 보존, 전시하여 향유하고 소통하게 하는 하나의 수단이기 이전에 그 사물들을 시각적으로 재배치하여 삶을 기획하고 표상해내는 뛰어난 장치다.[58] 그 의미 있는 사물들은 자연적 존재로 간주되면서 "만들어진 전통"[59]에 위치하거나 "영원한 현재"로 표상되곤 한다. 식민지 조선에서의 경우, 메이지 시기 이후 사학계를 중심으로 한 제국사 기획에 따라 그것들이 동화와

<table>
<tr><td>58 이인범, 앞의 글, 36쪽.</td></tr>
<tr><td>59 에릭 홉스봄, 『만들어진
전통』, 박지향 외 옮김, 휴머
니스트, 2004년.</td></tr>
</table>

배제의 대상으로 조정되는 가운데 박물관이란 '민족 상상'의 공간인 동시에 식민 지배와 문화적 헤게모니를 위한 기억의 배치가 반복된 공간으로 위치하게 되었다. 그 표상과 반복이 경합의 가능성을 지니고는 있는 것이지만, 동시에 경합 자체를 봉합하는 기제로도 작동했던 것이다. 그러한 맥락에서 보면, 앞서 언급한 지방고적보존회는 식민과 고도古都라는 특별한 장소(혹은 과거에 의미 있던 어떤 장소)가 결합하여 만들어낸 조직임에 틀림없지만, 그 결합의 기제로 깊이 관여한 것은 바로 제국사 기획의 경험이라고 할 수 있다.

　가령, 경주고적보존회는 "1910년에 결성된 경주 시민의 모임인 경주

신라회가 모체가 되어 신라의 문화유적을 보존하기 위한 목적"으로 1913년 5월에 설립되었는데.[60] 경주는 일찍이 일본에서의 고고학 성립과 동시에 '실지조사'의 필드로서 '조선'에 대한 관심을 갖기 시작하면서 선택된 장소이기도 했다.[61] 즉, 이러한 제국사 구상의 경험을 바탕으로 한일 '합방' 이전부터 혹은 그 직후에 식민과 경주라는 장소가 결합했던 것이다. 회령에서 근무하다 1915년에 경주로 옮겨온 오사카 긴타로大坂金太郎는 회고하기를, "한일합방 후 일찍이 경주로 와서 신라 문화의 연구, 보존 내지는 그 소개와 선전에 노력한 일본인은 고故 기무라 시즈오木村静夫 씨(작가 기무라 기[木村毅] 씨의 친형), 고 오쿠다 데이奥田悌 씨(水戶人, 한학자),[62] 거기에 고 모로가 히데오諸鹿央雄 씨"라고 했는데,[63] 이들은 모두 경주신라회 시절부터 '신라'와 경주를 자기화했던 토착 식민으로서의 위치에 있던 인물들이었다. 그 중 모로가 히데오는 총독부박물관 경주분관의 초대 분관장을 지냈는데, 1932년에는 경주박물관의 금제金製가 도난당한 사건이 발생했을 때 경찰 당국의 조사 과정에서 모로가가 도굴범과 골동품상과 연루되었다는 사실이 밝혀지자, 당시 민족계열 신문으로부터 "속칭 경주왕慶州王의 말로"니 "경주를 좌우左右튼 유일의 권력가"[64]라고 비난받았던 인물이었다.

1921년 12월에 경주고적보존회는 임시 사무소에서 진열관 건립에 관한 위원회를 열고 건축 공사비로 약 1만 원을 책정한 후 그 이듬해 이윽고 진열관을 설립하였다. 그리고 1922년에는 "경주에서 신라의 유적, 유물은 실로 동양 문화의 진보를 세계에 과시하기에 족함과 동시에 과거 조선 민족의 비상한 발달을 입증함과 아울러 내선결합의 진제眞諦를 설명하기에 귀중

60 이영훈, 「경주박물관의 지난 이야기」, 『다시 보는 경주와 박물관』, 경주국립박물관, 1993년, 96쪽.

61 関野貞가 「新羅時代の遺物」(『考古界』 1903년 7월)라는 글을 발표한 것을 비롯해 1904년과 1906년에는 도쿄제대 '인류학교실'의 주임이었던 坪井正五郎의 지도 아래 柴田常惠나 今西龍 등이 경주와 김해에 대해 고적조사한 결과를 『東京人類學雜誌』에 글로 발표한다.

62 奥田悌는 『慶州誌-新羅舊都』(玉村書店, 1920년)의 저자이기도 하다.

63 大坂金太郎, 「在鮮回顧十題」, 『朝鮮學報』 46, 1967년 88~89쪽.

64 「동아일보」 1933년 5월 3일자.

한 자료가 된다"[65]는 취지로 재단법인을 총독부에 신청하였다. 또 1923년에는 1921년의 금관총 발굴을 계기로 금관고金冠庫 건물을 마련하였는데, 이러한 일련의 활동은 온갖 우여곡절 끝에 1926년에 조선총독부박물관 최초의 분관으로서 경주박물관을 개관토록 만들었다.[66]

　　1923년 재단법인으로 등록할 당시에 임원 명단 중에는 앞서 인용한 모로가 히데오 등의 이름이 보이지 않는다. 그때 모로가만이 학무국 산하의 고적조사과에 "경주고적보존 사무촉탁"으로 이름을 올려놓고 있다. 이렇게 특정 지역을 지정하여 고적보존 사무촉탁으로 임명한 곳은 경주가 유일했다. 또 그 명단을 좀더 보면 이사 5명, 명예고문 3명, 고문 24명, 평의원 23명으로 구성되었는데, 회장은 후지카와 리사부로藤川利三郎 당시 경상북도 지사를 추대하고 부회장에는 경북 내무부장秦秀作과 경주군수朴光烈가 각각 임명되었다. 그리고 명예고문 '약간 명'의 자리에는 사이토斎藤 총독을 비롯해 내무대신과 총독부 정무총감이 앉았으며, 고문에는 총독부 부장 내지는 국장급과 중추원 간부를 비롯해 도쿄제대 교수 및 재계의 유력 인물들로 채워졌다. 한편, 평의원은 주로 경북 지역 내의 정재계의 유력 인사들로 구성되었는데, 이런 네트워크는 "속칭 경주왕"이니 "경주를 좌우튼 유일의 권력가"로 불렸던 모로가 히데오를 비롯한 향토 토착 식민들의 기획에 의해 구성된 것이 아닌가 싶다. 이렇게 경주라는 장소를 전국적 지위에 올려놓는 것은 바로 경주 내 향토 식민들의 역할이었으며, 또 그것은 자신들을 조선의 역사와 장소에 대해 일체화함으로써 '내지' 혹은 식민지 권력과 소통하려는 토착화의 방식에 따른 것이었다. 덧붙여 말하자면, 재단법인 경주고적보존회의 임원에는 이름이 누락되었지만, 1926년에 경주박물관의 초대관장에 모로가가

65 『국립중앙박물관 보관 고문서 목록』 문서번호 102 재단법인 고적보존회 문서철 중 재단법인 경주고적보존회 문서. 이순자, 앞의 논문 245쪽에서 재인용.
66 "朝鮮總督府博物館 慶州分館을 慶北 慶州郡 慶州面 東部에 設置하고 6月 20日부터 開館하여 一般에게 觀覽을 許可한다고 告示한다"(「朝鮮總督府官報」 1926년 6월 16일).

당시 경주박물관(위)
(「동아일보」 1939년 4월 2일)

모로가 히데오를 "속칭 경주왕"이
라 부른 기사(아래)
(「동아일보」 1933년 5월 3일)

임명될 수 있었던 것처럼 그것은 자신들을 토착적 권력으로 위치짓기 위한 방법이기도 했던 것이다.

앞서 언급한 1932년의 금제 도난 사건의 발생 후 그 처리 과정에서 관장직을 사임하게 되는 모로가를 대신해 부임한 인물은 약관 26세의 신진 고고학자 사이토 다다시斎藤忠였다.[67] 그는 교토京都제대 '고고학교실' 출신으로서 "미지의 반도"에 대한 "불안과 취직 결정의 기쁨이 교차하는 복잡한 감동 속에"[68] 경주에 부임했다. 교토와 나라의 고적 조사를 수행하던 그는 경주 부임이 결정된 직후 「오사카 마이니치신문」(奈良版)과의 인터뷰에서 "경주는 조선의 나라奈良이며 고도古都에 남겨진 사적史跡이 많을 것입니다. 이 지방에 그 어떤 족적도 남기지 않고 떠나는 것은 유감입니다만 조선의 고도로서 우리 나라奈良와 닮은 사적을 조사하는 것도 어떤 인연으로서 기쁘게 생각합니다"[69]라고 했다. 이렇듯 경주에 대한 매우 일반적인 정보에 기초한 막연한 이미지와 나라와 경주의 유사성에 매력을 품고 경주 생활을 시작했던 것이다. 그는 '경주왕'이라고 불릴 정도로 이미 경주에 토착화된 권력을 행사했던 전임 박물관장인 모로가와는 전혀 다른 전통적 아카데미즘 출신이었다. 사이토는 자신이 길을 지나가면 경주 사람들이 "박사, 박사"라고 수군거렸다니 하며, 모로가는 경주에서 "위세"를 부리던 인물로, 그리고 오사카는 "보통학교 교장"으로 회고하면서 아카데미즘의 세례를 받은 자신과 그들 사이의 차별성을 실제 강조하고 있다.[70] 그가 경주박물관을 맡게 된 데는 총독부박물관이 분관에 대한 영향력을 높이면서도 총독부박물관의 학술적 기능, 즉 조사와 연구의 기능을 분관에서도 강화할

[67] 사이토가 경주박물관에 부임할 당시의 실제 신분은 진열 주임이었다. 하지만 총책의 역할을 수행했던 사실과 오사카 긴타로 등이 그를 박물관장으로 기억하고 있는 것처럼 실질적인 의미에서 박물관장의 역할을 수행했던 것으로 판단된다(斎藤忠, 『考古学とともに七十五年』, 学生社, 2002년, 58쪽).

[68] 위의 책, 58쪽.

[69] 위의 책, 58쪽,

[70] 위의 책, 59쪽. 사이토는 오사카 긴타로를 전임 박물관장으로 기억하고 있는데, 그것은 기억상 착오인 것으로 여겨진다. 오사카가 회고했던 것처럼 그는 모로가의 후임이었으나 그가 그렇게 기억했던 이유는 아마도 오사카가 경주박물관과 경주고적보존회에 끼친 영향력 때문이었을 것으로 생각된다.

목적에 부합하는 인물로 판단되었기 때문이다.[71]

71 사이토 다다시는 경주박물관장으로 부임 이후 경주에 대한 고적조사의 결과를 '내지'의 학계는 물론 조선의 여러 저널에 발표했다. 당시 그가 발표한 글을 몇 가지 언급해 두면 다음과 같다. 「新羅の瓠形墳: 新羅墓制資料の一整理」(『考古學雜誌』 27-5, 1937년); 「慶州近況」(『考古學雜誌』 26-9, 1936년); 「慶州所在の「立樹鳥文」彫刻に就いて」(『考古學雜誌』 27-9, 1937년), 「慶州附近發見の磨石器: 聚成圖を中心として」(『考古學』 8-7, 1937년), 「新羅陵墓外飾の石彫像に就いて」(『考古學雜誌』 28-5, 1938년), 「新羅「玉兎蟾蜍文」瓦當に就いて」(『綠旗』 1939년 11월), 「新羅の金冠」(『綠旗』 1939년 7월), 「新羅繪畵に關する一考察: 特に瓦塼文より見たる」(『考古學』 10-2, 1939년); 「考古學より見たる古代の内鮮關係」(『綠旗』 1939년 3월).

72 『광복이전 박물관 자료 목록집』, 1997, 기타 부분 문서번호13, 昭和 8년~18년 탄원서와 청원서철 가운데 1. 조선총독부박물관 부여분관 설치에 관한 건 청원(이순자, 앞의 논문, 268쪽에서 재인용).

73 「동아일보」 1928년 9월 4일.

74 최석영, 『한국 박물관의 '근대적' 유산』, 서경, 2004년, 140~142쪽.

75 大坂金太郎, 앞의 글, 91쪽.

이에 비해 부여에서 박물관 설치는 더디게 진행되어 1939년에 비로소 총독부박물관의 분관으로서의 지위를 얻기까지는 오랜 시간이 걸렸다. 경복궁에서 '시정 5년 기념'의 조선물산공진회가 개최된 1915년에 발족한 부여고적보존회는 1929년에 재단법인화하면서 "백제의 구도 부여를 중심으로 西南鮮의 史蹟遺物" 보존과 "일본 불교의 濫觴을 통해 부여의 불교예술을 탐방하는 사람들이 해마다 증가하며, 또 고대 내선관계의 연구"에 중요한 거점으로서의 역할을 수행하였다.[72] 이에 "조선총독부 고적조사회는 부여고적보존회에 보조금을 주어 재단법인으로 하는 동시 동지 무량사 경내에 부여박물관을 건립키로" 예정하였다.[73] 최석영의 조사에 따르면, 부소산성 입구에 있는 구객사舊客舍가 이미 구한말에 관제官制 폐지 이후 학교 교사, 박물관, 진열관으로 사용되었으며 이를 '백제관'이라 불렀는데 1927년의 기록에도 '백제고고관百濟考古館'이라는 편액을 단 건물이 있었다고 한다.[74] 이렇듯 부여고적보존회는 '백제관'을 기원으로 한 총독부박물관의 분관설치에 힘을 썼던 것을 알 수 있다. 그로 인해 '백제관'의 관장이었던 오사카는 같은 글에서 자신을 '백제박물관장' 혹은 '부여박물관장'으로 회고할 정도였다. 그는 1932년에 관장직을 맡았는데, 그는 "쇼와 7년(1932년-인용자 주) 11월 나는 백제박물관장으로서 부여에 부임"했다고 말하거나,[75]

오사카 긴타로, 『취미의 경주』

총독부박물관장인 "후지타 료사쿠 씨나 충청남도지사 오카자키 데쓰로岡崎哲郎 씨의 요청을 받아 부여박물관장이 되어"[76] 백제 유적을 조사하게 되었다고 회고하고 있다. 그 부임을 두고, 민족계 신문은 "신라 고적을 연구하는 사계(史界-인용자 주) 권위자 대판금태랑大坂金太郎 씨를 작년부터 촉탁으로 부여에 주재케 하야 백제 고적을 연구케 하는 중"[77]이라는 반응을 보였다.

이상의 사실들을 통해 흥미로운 점을 세 가지만 짚고 넘어가보자. 하나는 '부여박물관'이라는 이름이 1928년 이후 선행해 회자되었다는 점이다. 또 다른 하나는 최석영의 조사에서 밝혀진 것처럼, '부여박물관'은 보존회의 주체를 "부여 지방 사람들"이라고 명기했듯이 부여 지역민을 중심으로 한 '백제관' 활동이라는 오랜 전사前史를 지닌 사업임에도 불구하고,[78] "신라 고적을 연구하는 사계권위자" 즉 오사카를 관장으로 불러온 사실이다. 마지막으로는 그것과 연관하여 준비 과정에서 "백제 고도 부여를 경주나 평양에 지지 않는 역사적 유람지로 만들고저"[79] 한다는 식으로 경주와 평양을 비교의 대상으로 삼고 있다는 점이다. 이 세 가지는 모두 연관되어 있는 문제인데, 여기서는 주로 오사카 긴타로를 중심으로 좀 더 논의를 진행해 보자. 그의 회고에 따르면, 그가 직접적으로 조선 고적에 관심을 갖게 된 계기는 회령 근무 시절인 1911년에 도리이 류조鳥居龍藏가 총독부의 위촉을 받아 고적조사차 방문했을 때

76 위의 글, 96쪽.
77 「百濟古都 扶餘에 大遊覽地計劃」, 「동아일보」 1933년 4월 9일.
78 최석영, 앞의 책, 192쪽 참조.
79 「百濟古都 扶餘에 大遊覽地計劃」, 「동아일보」 1933년 4월 9일.

80 大坂金太郎, 앞의 글, 71쪽.

부터였던 것으로 짐작된다.[80] 그는 1915년에 경주로 부임하면서 이 지방의 식민 네트워크를 이용하여 본격적인 고적 및 문헌 조사에 임한다. 그런 그의 활동은 『취미의 경주趣味の慶州』(財團法人 慶州古蹟保存會, 초판 1931)와 『경주의 전설慶州の傳說』(田中東洋軒, 초판 1932)이라는 대표적인 성과로 집약되어 나타난다. 그렇게 볼 때, 이 책들의 성격을 규명하는 것은 곧 오사카를 부여의 박물관장으로 위촉하게 된 배경의 한 단면을 설명하는 것일 수 있겠다. 이 책에서 필명으로 사용한 오사카 록손大坂六村의 '육촌'은 신라 건국신화인 '육촌 천강민족天降民族'설에서 따온 것인데, 특히

81 大坂六村, 「はしがき」, 『趣味の慶州』, 財團法人 慶州古蹟保存會, 1934년, 1쪽.

그는 이 책을 출판하게 된 연유를 "오랜 동안 경주에 거주한 관계상"[81]이라는 토착성을 강조하면서 그 전설에 대해서 이렇게 적고 있다. "소위 육촌六村의 천강민족은 내부에 일어난 복잡한 사정과 외부에 나타난 이민족의 발흥에 자극받아 지금까지 서로 간에 갈등을 빚고 있던 일체의 이해나 감정으로부터 흔쾌히 해방된 현명한 고려考慮나 활달한 태도로서 일로대동단결一路大同團結의 뜻을 가지고 평화롭게 부족연맹을 만들었다. 그래서 이윽고 도래할 국가에의 기초가 되고

82 위의 책, 24~25쪽. 이러한 토착성을 강조하는 내용은 『慶州の傳說』에서도 마찬가지로 드러난다. "만약 경주를 방문했을 때 이런 전설들(유적에 담긴 전설―인용자 주)을 알지 못하고 지나쳤다면 경주는 단지 황량한 기와돌 터로밖에 여기지 않을 것이다. 보는 이에게나 보이는 경주에게나 유감이라고 하지 않을 수 없다."라는 이 책의 의의를 밝히고, 이 책에 실린 40가지의 전설에 관한 배열 방법에 대해서는 "소재지 순으로 경주면에서 내남(內南)·천북(川北)·견곡(見谷)·서면(西面)·내동면(內東面)·외동면(外東面) 및 해안지방에 관해서 썼다. 우선 관람의 편의를 제공하기 위해서"라고 하여 경주인='신라인'으로서 경주를 외부인에게 안내하는 취지를 서문에서 밝히고 있다(大坂六村, 「序文」, 『慶州の傳說』, 田中東洋軒, 1932년, 1쪽).

83 藤田亮策, 「序文」, 위의 책, 5쪽.

또 후세 대신라大新羅가 될 그 핵자核子이기도 했다."[82] "대신라"의 "핵자" 즉 신라의 기원에 자신을 동일화하는 자기규정의 차원에서 이 '육촌'이라는 필명이 탄생했던 것이다. 총독부박물관장 후지타는 『취미의 경주』의 서문에서 "여행자(旅人)에게는 단지 민둥산의 이용異容인 감을 품는 데 지나지 않지만 신라인의 생활과 밀접하여 떼려야 뗄 수 없었던 남산 일대"[83]를 언급하면서 "경주에 살며 경주를 사랑

하고 생애를 그 연구에 바치듯 하는 록손 선생의 정진精進에 감격"[84]을 표하고, "쇼와 6년 1월 경복궁에서" 이라고 하며 "경복궁에서"=총독부박물관장이라는 자신의 위치와 비교하여 이 책의 저자 소개와 추천사를 대신하고 있다.

84 藤田亮策, 「위의 책」, 7쪽.

1934년에 일본 재계의 거두인 시부자와 게이조渋沢敬三가 부여를 방문했을 때 백제관장으로서 안내를 맡은 오사카 긴타로는 "부여는 경주에 비하면 너무도 초라한 곳"[85]이며 "신라는 많은 고분과 석조물을 남겼지만 백제는 자연의 풍광風光을 남겼습니다"[86]라고 비교하여 소개하면서, 지금 눈앞에 존재하는 그 "자연의 풍광"에

85 大坂金太郎, 「在鮮回顧十題」, 100쪽.

86 위의 글, 102쪽.

고대 "백제의 도읍"으로서의 역사를 덧씌우는, 즉 폐허의 부여와 "1400년 전 일본인이 동경한 땅"으로서 백제라는 시간상의 간극을 상쇄하는 상상력을 발휘하여 현재화한다. 역사지리상 박물관의 필요성이 분명했음에도 "부여박물관"이라는 이름만이 선행했을 뿐이었던 것은 경주처럼 신라의 고분과 석조물이 남아 있지 않기 때문이기에 오사카를 비롯한 부여 거주 식민들은 그 "자연의 풍광"에 역사를 입히는 사업에 진력했던 것이다. 더구나 그러한 상상력은 "1400년 전"의 일본인과 현재 부여 거주의 일본인 사이의 간극을 무화無化시키고 고스란히 그 역사를 자기화하는 서사 방식으로 구현되었다. 또 그것은 순전히 조선에 토착화된 식민의 발상이라고 할 만한 것이었다. 그리고 보면 오사카로 대표되는 선험적인 경주 혹은 '신라'의 경험을 토대로 혹은 그로부터 변형된 형태로 '백제'를 박물관화하는 것이 필요했을 것이고, 그런 필요성에 따라 오사카 긴타로와 같은 인물을 '백제관장'으로 불러온 것이 아닐까. 오사카는 1934년에 총독부박물관장이자 경성제대 교수인 후지타 료사쿠가 고인돌의 조사차 부여를 방문했을 때 "부여읍내에서 백마강을 건너 서쪽으로 약 1.5리(약 6km―인용자 주)를 걸으면

백제관의 모습

서 부여 주변의 유적, 진열관의 현황, 부여지방민의 요망 등을 보고"하였는데, 이 당시 부여 지역에서는 "부여의 박물관이 이번에 정말로 박물관이

87 위의 글, 92쪽.

된다는 소문"이 자자했다.[87] 이렇게 향토 토착 식민을 중심으로 부여에 대한 식민의 상상력이 발휘된 자기역사화, 식민 지식 권력의 네트워크를 통한 호소, 지방민의 의지 전달 등의 활발한 활동에도 불구하고, 총독부박물관 분관으로서 부여박물관은 일본의 조국肇國 2600년을 기념하는 사업의 일환으로 부여에 새롭게 신궁을 건설하는 계획과 맞물려 '신도神都' 구상의 차원에서 실현되었다.

6. 결론을 대신하여

1930년대 들어서 박물관은 유물이 말하는 역사를 바탕으로 사회교육기관으로서의 역할을 하게 된다. 그것은 주관 부처가 1932년에는 학무국 종교과에서 사회과로, 그리고 1937년에는 사회교육과로 이관되면서부터였다. 그 사이에 총독부는 '시정 25주년'을 기념하기 위해 본격적으로 대규모 종합박물관 설립 계획을 추진하였다. 이 계획 중인 박물관은 조선총독부박물관을 신축하는 것을 비롯해 미술관, 과학관 등을 갖춘 그야말로 종합박물관의 모습이었다. 1935년 9월에는 건축 설계를 현상 공모하고 12월에 당선자를 발표하였는데 그 설계안을 변경하여 1937년 중에는 완성할 것이라고 하고, 경복궁 내에서 지진제地鎭祭를 성대하게 개최하기도 했다. 또한 1937년에는 정무총감을 위원장으로 하는 박물관건설위원회를 설치하여 활동에 들어갔다. 이렇게 식민지 중앙의 박물관을 기획하는 한편, 앞서 5장에서 살핀바와 같이 총독부박물관 분관이 차례로 설치되는 것을 비롯해 개성부립박물관(1931)과 평양부립박물관(1933)과 같은 향토박물관이 설치되어 역할을 확대하기도 했다. 이와 같이 식민지 조선에서 중앙과 지방 사이에서 쌍방적으로 이뤄진 박물관 사업은 식민지 정책상에서 드러나는 중앙과 지방의 긴장 관계의 단면이기도 하면서 지방 식민들의 토착성을 획득하려는 의도를 엿볼 수 있는 대목이라 하겠다.

2009년은 한국 근대 박물관의 출발 100년이 되는 해이다. 통칭 '이왕가박물관'을 기점으로 한 한국 박물관의 역사는 식민지 본국의 박물관의 역사를 컨텍스트로 하여 이뤄진 것이라는 점에서 필연적으로 지배 민족과 피지배 민족 간의 위계가 작동하는 전시 공간의 역사일 수밖에는 없다. 따라서 그 자체로 식민지 지배의 역사를 내포하고 있는 것이라고 하겠다. 하지만 본문에서 살펴본 바와 같이 지배와 피지배의 관계가 균질하게 나타난 것이라기보다 때로는 그것을 둘러싸고 명명의 정치학이 작용했다고 할 만큼 식민지 권력 사이에서, 혹은 지방박물관의 형성 과정을 통해 살펴보았듯이 토착 식민의 형성 과정에서 균열의 양상이 드러나기도 했다. 특히 식민지 조선에서 총독부박물관을 비롯한 지방박물관의 전국적 구성은 가령 '신라', '백제', '낙랑', '고려' 등으로 분절화함으로써 한반도 역사를 분할하는 방식으로 구현되었던 것이다. 또한 여기에는 총독부 권력의 일방적인 주입에 의해서가 아니라 지방 토착 식민들이 그 장소와 역사에 자기를 동일화하는 정치적 맥락이 결합되었음을 인식할 필요가 있다.

참고문헌

伊藤寿朗,「日本博物館発達史」, 伊藤寿朗/森田恒之編,『博物館概論』所収, 学苑社.

伊藤寿朗監修,『博物館基本文献集』全21巻, 大空社.

倉内史郎/伊藤寿朗/森田恒之編,『日本博物館沿革要覧』(「野間教育研究所紀要別冊」),
　　　　　講談社.

椎名仙卓,『日本博物館発達史』, 椎名閣出版.

椎名仙卓,『図解博物館史』, 椎名閣出版.

日本博物館協会,「博物館研究」各号.

博物館史研究会,「博物館史研究」各号.

서장

[단행본]

吉田憲司,『文化の「発見」』, 岩波書店.

[논문]

伊藤寿朗,「戦後博物館行政の問題」,『月刊社会教育』1971年 11月号, 国土社.

笹原亮二,「地域の誕生一博物館における地域あるいは郷土」, 相撲原市教育委員会博
　　　　　物館建設事務所,『研究報告』第1集.

千野香織,「戦争と植民地の展示ーミュージアムの中の『日本』」, 栗原彬/小森陽一/佐
　　　　　藤学/吉見俊哉編,『越境する知1 身体: よみがる』所収, 東京大学出版会.

橋本裕之,「物質文化の劇場: 博物館におけるインターラクティヴ・ミスコミュニケー
　　　　　ション」,『民俗学研究』第62巻 第4号, 1998年.

福田珠己,「地域を展示するー地理学における地域博物館論の展開」,『人文地理』第49
　　　　　巻 第5号, 1997年.

森田恒之,「いま博物館は」,『月刊社会教育』1994年 3月号, 国土社.

1장

[단행본]

海老原治善, 『続・日本教育政策史』三一書房, 1967年(海老原治善著作集2『現代日本教育政策史 下』, エムティ出版, 1991年に 再録).

神田川県立教育センター編・神奈川県教育委員会監修, 『神奈川県教育史』資料編, 第2巻, 1972年.

近代日本教育制度史料編纂会, 『近代日本教育制度史料』第14巻, 講談社, 1957年.

国立科学博物館, 『国立科学博物館百年史』, 1977年.

倉内史郎, 『明治末期社会教育観の研究』, 『野間教育研究所紀要』第20集, 1961年.

佐藤道信, 『明治国家と近代美術ー美の政治学』, 吉川弘文館, 1999年.

椎名仙卓, 『明治博物館事始め』, 思文閣出版, 1989年.

高木博志, 『近代天皇制の文化史的研究: 天皇就任儀礼・年中行事・文化財』, 校倉書房, 1997年.

棚橋源太郎, 『博物館・美術舘史』, 長谷川書房, 1957年(伊藤寿朗監修『博物館基本文献集』第16巻[大空社, 1991年に再録]).

東京国立博物館, 『東京国立博物館百年史』, 1973年

東京国立博物館, 『東京国立博物館百年史』, 資料編, 1973年

日本博物舘協会, 『わが国の近代博物舘施設発達資料の集成とその研究 大正・昭和編』, 1964年.

[논문]

伊藤寿朗, 「戦前博物館行政の諸問題ー現代博物舘行政の基礎作業として」, 『月刊社会教育』1971年 9月号, 国土社.

金子淳, 「学校教育と博物館『連携』論の系譜とその位相」, 『日本博物館発達史』所収, 椎名閣出版, 1988年.

丸子亘, 「大正昭和期の博物館発達の展望と問題点」, 日本博物舘協会, 『わが国の近代博物館施設発達資料の集成とその研究 大正・昭和編』, 1964年.

安川寿之輔, 「国家総動員体制下の教育政策」, 国立教育研究所編, 『日本近代教育百年史』第1巻 所収, 1973年.

2장

[단행본]

池井優, 『オリンピックの政治学』 丸善, 1992年.

井上章一, 『アート・キッチュ・ジャパネスク』, 青土社, 1987年.

株式会社三越, 『株式会社三越85年の記録』, 1990年.

上泉徳弥, 『大日本の建設』, 国風会出版部, 1923年.

紀元二千六百年祝典事務局, 『紀元二千六百年祝典記録』 全12冊(近代未刊史料叢書,
　　　　　　『紀元二千六百年祝典記録』全12巻, ゆまに書房, 1999年に再録).

近代日本教育制度史料編纂会, 『近代日本教育制度史料』 第1巻, 講談社, 1956年.

久保義三, 『昭和教育史 上』, 三一書房, 1994年.

高島屋百三十五年史編集委員会編, 『高島屋百三十五年史』, 高島屋, 1968年.

長沢直太郎編, 『上泉徳弥伝』, 非売品, 1955年.

乃村工藝社社史編纂委員会, 『70万時間の旅－II』, 乃村工藝社, 1975年.

古川隆久, 『皇紀・万博・オリンピック－皇室ブランドと経済発展』, 中公新書, 1998年.

文部省, 『学制八十年史』, 1954年.

山本信良/今野敏彦, 『大正・昭和教育の天皇制イデオロギー[II]－学校行事の軍事的・疑
　　　　　似自治的性格』, 新泉社, 1977年.

吉見俊哉, 『博覧会の政治学－まなざしの近代』, 中公新書, 1992年.

[논문]

石田加都雄, 「戦時教育行政の展開創始」, 国立教育研究所編, 『日本近代教育百年史』 第
　　　　　1巻 所収, 1973年.

坂本太郎/林屋辰三郎/井上光貞, 「座談会・国立歴史民俗博物館(歴博)をつくる」, 『日本
　　　　　歴史』 第397号, 吉川弘文館, 1981年 6月.

衆議院/参議院編, 『講会制度百年史料編』, 大蔵省印刷局, 1992年.

白幡洋三郎, 「幻の万国博」, 吉田光邦編, 『図説万国博覧会』 所収, 思文閣出版, 1985年.

吉川隆久, 「紀元二千六百年奉祝会開催イベントと三大新聞社」, 津金澤聰廣/有山輝雄編
　　　　　著, 『戦時期日本のメディア・イベント』 所収, 世界思想社, 1998年.

吉川隆久, 「紀元二千六百年奉祝記念事業をめぐる政治過程」, 『史学雑誌』 第百三編 第9号,
　　　　　1994年 9月.

丸山二郎,「仮称国史館」, 黒板博士記念会 編,『古文化の保存と研究―黒板博士の業績
　　　　を中心として』所収, 1953年.

「現在の議院跡に憲政博物館」,『博物館研究』8-3, 1935年 3月

「皇紀二千六百年記念東京科学博物館拡張計画」, 東京科学博物館,『自然科学と博物館』
　　　　第87号, 1937年3月.

「皇紀二千六百年記念事業」, 東京科学博物館,『自然科学と博物館』第82号, 1936年 10月.

[미공간사료]

上泉徳弥,『国体舘建設健議経過に関する報告書』, 年代未詳.

国風会,『皇紀二千六百年記念事業国風会計画建議案』, 1935年.

文部省,「国土舘施設内容要綱案」1940年 11月.

「国土舘造営敷地として帝国議会旧議事堂跡地を充当せんとするに至りたる従来の経
　　　　過」年代未詳.

3장

[단행본]

富塚清,『ある科学者の戦中日記』, 中公新書, 1976年.

富塚清,『総力戦と科学』, 大日本出版, 1942年.

日本科学史学会編,『日本科学技術史体系』第4巻, 1966年.

日本青年教師団,『中央協力会議 教育翼賛の声』, 弘学社, 1941年.

廣重徹,『科学の社会史』, 中央公論社, 1973年.

宮本武之輔,『現代技術の課題』, 岩波書店, 1940年.

安川寿之輔,『十五年戦争と教育』, 新日本出版社, 1986年.

[논문]

荒木貞夫,「国家の興隆と博物館の重要使命」,『自然科学と博物館』131号, 1940年11月.

荒 宏,「まぼろしの大東亜博物館」,『大東亜科学綺譚』, 筑摩書房, 1991年.

伊藤寿朗,「戦後博物館行政の問題」,『月刊社会教育』1971年 11月号, 国土社.

大羽昇一,「文化政策と博物館事業」,『教育』第6巻 第10巻, 岩波書店, 1938年.

小沢熹,「教育審議会による国家総動員体制下の教育改革」,『講座日本教育史』第4巻 所収, 第一法規出版, 1984年.

加藤茂生,「植民地科学の展開」, 東京大学科学史/科学哲学研究室,『科学史・科学哲学研究』第11号, 1993年.

金子淳,「解説－大羽昇一『文化政策と博物館事業』博物館史研究」第5号, 1997年.

椎野力,「社会教育に関する教育審議会の答申」『教育』第9巻 第6巻, 岩波書店, 1941年 6月.

富塚清,「科学及び工業知識普及とその実行方策」,『機械及電気』1939年(富塚清,『工業教育の再建－科学知識の普及, 技術の向上, 研究の振興』[帝国教育出版部, 1941年]に再録).

富塚清,「科学及び工業知識普及とその実行方策」,『機械及電気』1939年1月.

富塚清,「高度国防と科学」,『国防教育』所収, 1941年5月(富塚清,『工業教育の再建－』に再録).

細井克彦,「戦時下の科学技術政策と大学－『科学の動員』を中心として」,『東京大学教育学部紀要』第16号, 1977年3月.

宮本武之輔,「科学教育振興方策」,『科学の動員』所収, 改造社, 1941年.

宮本武之輔,「国民生活の科学化」,『科学の動員』所収, 改造社, 1941年.

宮本武之輔,「新体制化の科学と技術」,『改造』第22巻 第16号, 1940年9月.

安川寿之輔,「国家総動員体制下の教育政策」, 国立教育研究所編,『日本近代教育百年史』第1巻 所収, 1973年.

「教育審議会諮問第1号特別委員会会議録」,『日本近代教育資料叢書史料篇三』第13巻 所収, 宣文堂書店, 1971年.

「大政翼賛会調査委員会速記録』,『大政翼賛運動資料集成』, 柏書房, 1988年.

「帝国議会教育関係議事録」,『近代教育制度史料』第12巻 所収, 講談社, 1956年.

4장

[단행본]

E・J・H コーナー,『思い出の昭南博物館』, 中公新書, 1982年.

田中舘秀三,『南方文化施設の接収』, 時代社, 1944年.

棚橋源太郎, 『眼に訴える教育機関』, 宝文館, 1930年(伊藤寿朗監修『博物館基本文献集』
　　　　第1巻[大空社, 1991年]に再録).

名古屋博物館, 『新博物館態勢: 満州国の博物館が戦後日本に伝えていること』, 1995年.

日本博物館協会, 『郷土博物館建設に関する調査』, 1942年.

[논문]

荒俣宏, 「幻の昭南博物館長」, 『奇った怪紳士録』, 平凡社ライブラリー, 1993年.

石井美樹子, 「訳者あとがき」, E・J・H コーナー, 『思い出の昭南博物館』, 中公新書, 1982年.

石川準吉, 「大東亜建設審議会議事経過概要」, 『国家総動員史』, 資料編第4, 国家総動員
　　　　史刊行会, 1976年.

石川準吉, 「大東亜戦争開戦前後の重要諸施策関係資料」, 『国家総動員史』資料編第4,
　　　　国家総動員史刊行会, 1976年.

犬塚康博, 「新京の博物館「改造」」, 東海教育研究所, 『満州国'教育史研究』第2号, 1994年
　　　　8月.

犬塚康博, 「藤山一雄と棚橋源太郎ー小規模博物館建設論から見た日本人博物館理論の
　　　　検討」, 『名古屋博物館研究紀要』第18巻, 1995年.

犬塚康博, 「大東亜博物館の地平」, 『文学史を読みかえる④戦時下の文学』所収, インパ
　　　　クト出版会, 2000年.

今関六也, 「国民文化向上へ 聖戦完遂と博物館の施設」, 「朝日新聞」1942年3月13日付.

梅谷蔾花, 「日本博物館協会過去十五年間の足跡」, 『博物館研究』16-10, 1943年10月.

椎名仙卓, 「戦前に於ける博物館令制定運動」, 『博物館研究』44-2, 1971年8月.

椎名仙卓, 「大東亜博物館設立準備委員会等の奏請に関して」, 博物館史研究会, 『博物館
　　　　研究』第2号, 1996年.

多田礼吉, 「南方建設と科学技術」, 『軍事と技術』1943年5月.

西村健吉, 「戦時下の博物館経営ー特に共栄資源展示に就て」, 『博物館研究』15-5, 1942
　　　　年5月.

文部省科学局総務課, 「昭和十九年八月 各国主要博物館の概況」, 博物館史研究会, 『博
　　　　物館史研究』第7号, 1999年.

「大東亜博物館建設案」, 博物館史研究会, 『博物館史研究』第1号, 1995年.

종장

[단행본]

本場一夫, 『新しい博物館ーその機能と教育活動』, 日本教育社, 1949年(伊藤寿朗監修,
『博物館基本文献集』第9巻[大空社, 1991年]に再録).

国立歴史民俗博物館, 『国立民俗博物館十年史』1991年.

日本博物館協会編, 『全国博物館総覧』2000年.

L.Low, *The Museum as Social Instrument*, Metropolitan Museum of Art, 1942.

[논문]

犬塚康博, 「解説ー1994年/1949年」, 博物館研究会, 『博物館史研究』第7号, 1999年.

犬塚康博, 「展覧会の肉声」, 名古屋市博物館, 『新博物館態勢』所収, 1995年.

鶴田総一郎, 「博物館総論」, 日本博物館協会編, 『博物館学入門』所収, 理想社, 1965年.

鶴田総一郎, 「『博物館学入門』の『博物館総論』編を執筆した経緯」, 伊藤寿朗監修, 『博
物館基本文献集』別冊所収, 大空社, 1991年.

福田珠己, 「テクストとしての博物館ー地域博物館研究に向けて」, 大阪府立大学, 『歴史
研究』第36号, 1998年.

역자 보론

[자료]

「대한매일신보」 1908.1.9일자.

「매일신보」 1915.12.5일자.

「동아일보」 1928.9.4일자.

「동아일보」 1933.4.9일자.

「동아일보」 1933.5.3일자.

大韓協會, 『大韓協會會報』제3호, 1908. 6./제6호, 1908. 9.

朝鮮雜誌社, 『朝鮮』(1908.3~1911.12)/『朝鮮及滿洲』(1912. 1~1915. 12)

日本博物館協會 편, 『全国博物館案内』, 1932.

[논문 및 단행본]

金達河, 「박람회」, 『西友』제11호, 1907.10.

목수현, 「일제하 이왕가 박물관의 식민지적 성격」, 『미술사학연구』 227호, 2000.9.

박소현, 「'고려자기'는 어떻게 '미술'이 되었나-식민지시대 '고려자기열광과 이왕가박물관의 정치학」, 『사회연구』, 2006.4.

에릭 홉스봄, 박지향 외 옮김, 『만들어진 전통』, 휴머니스트, 2004.

송기형, 「'창경궁박물관' 또는 '李王家박물관'의 연대기」, 『역사교육』 72호, 1999.

李奎澈, 「無何郷」, 『太極學報』 제20호, 1908.5.

이성시, 「조선왕조의 상징공간과 박물관」, 『비판과 연대를 위한 동아시아 역사포럼 공개 토론회 국사의 해체를 향하여 자료집』(2003.8.21).

임지현 외 편, 『국사의 신화를 넘어서』, 휴머니스트, 2004.

이순자, 「일제강점기 고적조사사업 연구」, 숙명여대 박사학위논문, 2007.

이영훈, 「경주박물관의 지난 이야기」, 『다시 보는 경주와 박물관』, 경주국립박물관, 1993.

滄海生, 「韓國研究」, 『大韓興學報』 제9호, 1910.1.

최석영, 『한국 박물관의 '근대적' 유산』, 서경문화사, 2004.

大坂金太郎, 「在鮮回顧十題」, 『朝鮮學報』46, 1967.

大坂六村, 『趣味の慶州』, 財團法人 慶州古蹟保存會, 1934.

大坂六村, 『慶州の傳説』, 田中東洋軒, 1932.

奥田悌, 『慶州誌-新羅舊都』, 玉村書店, 1920.

金子敦, 『博物館の政治學』, 青弓社, 2001.

斎藤忠, 『考古学とともに七十五年』, 学生社, 2002.

佐藤道信, 『'日本美術'の誕生: 近代日本の'ことば'と戰略』, 講談社選書メチエ, 1996.

関野貞, 「新羅時代の遺物」, 『考古界』1903.7.

朝鮮總督府博物館 편, 「朝鮮總督府博物館略案内」, 『博物館報』(1-1), 1926.4.

中生勝美 편, 『植民地人類學の展望』, 風響社, 2000.

富山一郎, 「國民の誕生と「日本人種」」, 『思想』, 1994.11.

藤田亮策, 『朝鮮學論考』, 藤田先生紀念事業會刊, 1963.

찾아보기